元脱脱等撰

宋史

第二九册

卷三〇一至卷三一五（傳）

中華書局

宋史卷三百一

列傳第六十

邊肅字安國，應天府楚丘人。進士及第，除大理評事、知於潛縣，累遷太常博士。三司使魏羽薦爲戶部判官，祀南郊，超薦尚書度支員外郞。帝以三司鈎取無法，至道初，置行帳司，以會財用之數，命肅主之。帳成，遷工部郞中。

眞宗幸大名府，命肅經度行在糧草。改判開拆司，出知曹州，徙邢州。會契丹大入，先是地屢震，城堞摧圮，無守備，帝在澶州，密詔肅：「若州不可守，聽便宜南保他城。」肅匿詔不發，督丁壯乘城而闔諸門，悉所部兵陣以代之。騎傳城下，肅與戰小勝，契丹莫測也，居三日，引去。時鎭、魏、深、趙、磁、洺六州閉壁不出，老幼趨城者，肅悉開門納之。擢樞密直學士，徙宣州。車駕朝陵，徙河南府。還，勾當三班院。出知天雄軍；徙眞定府，累遷給事中。以王嗣宗代肅。嗣宗與肅有舊隙，諷通判東方慶訟肅前在州，私以公錢貿易規利，遣吏彊市民羊，買女口自入。嗣宗上其事，帝以肅近臣，不欲屬吏，遣劉綜、任中正以章示之，肅引伏。以守城功，止奪三官，貶岳州團練副使。久之，徙武昌、安遠軍節度副使，起知光州，以泰寧軍節度副使徙泗州，又徙泰州，卒。

子調，終尚書兵部員外郎、福建路轉運使。

梅詢字昌言，宣州宣城人。少好學，有辭辨。進士及第，爲利豐監判官。後以秘書省著作佐郎、御史臺推勘官，預考進士於崇政殿，眞宗過殿廬，奇其占對詳敏，召試中書，除集賢院。

李繼遷攻靈州急，吳淑上書請遣使諭秦、隴以西諸戎，使攻繼遷。詢亦請以朔方授潘羅支，使自攻取。帝問誰可使羅支者，詢請行，未至而靈州陷。還，爲三司戶部判官。詢自以爲遇主知，屢上書陳論西北事。時契丹數侵河北，詢請遣大臣臨邊督戰，募遊手擊賊。

又論曹瑋、馬知節才可用，傅潛、楊瓊敗當誅，田紹斌、王榮等可責其效以贖過，凡數十事，其言甚壯。

帝欲命知制誥，李沆力言其險薄望輕，不可用。後斷田訟失實，降通判杭州，知蘇州，就徙兩浙轉運副使，判三司開拆司。坐議天書，出知濠州。爲湖北轉運使，擅假驛馬與邵曄子省親疾而馬死，奪官一級，降通判襄州。知鄂州，徙蘇州，爲陝西轉運使。坐薦舉朱能，貶懷州團練副使。又以善寇準，徙池州。起知廣德軍，歷楚、壽、陝州。復直集賢院，改直昭文館、知荆南，擢龍圖閣待制，糾察在京刑獄。歷龍圖閣直學士、樞密直學士，知通進銀臺司，判流內銓，爲翰林侍讀學士、羣牧使。累遷給事中、知審官院。

仁宗御邇英閣，讀正說養民篇，覽歷代戶口登耗之數，顧謂侍臣曰：「今天下民籍幾何？」詢對曰：「先帝所作，蓋述前代帝王恭儉有節，則戶口充羨；賦斂無藝，則版圖衰減。炳然在目，作鑒後王。自五代之季，生齒彫耗，太祖受命，而太宗、眞宗休養百姓，天下戶口之數，蓋倍於前矣。」因詔三司及編修院檢閱以聞。病足，出知許州，卒。故事，侍讀學士無出外者。天禧中，張知白罷參知政事，領此職，始出知大名府。非歷二府而出者自詢始。

詢性卞急好進，而侈於奉養，至老不衰。然數爲朝廷言兵。在濠州，夢人告曰：「呂丞相至矣。」既而呂夷簡通判州事，故待之甚厚。其後，援詢於廢斥中，以至貴顯，夷簡力也。

馬元方字景山，濮州鄄城人。父應圖，嘗知頓丘縣，太宗攻幽州，應圖部芻糧，沒虜中。元方去髮爲浮屠，間行求父尸，不得，訴於朝。上哀之，爲官其兄元吉。

元方，淳化三年進士及第，爲韋城縣主簿，改大理寺評事、知萬年縣。諸將討李繼遷，關輔轉餉踰瀚海，多失亡，獨元方所部全十九。以勞，遷本寺丞，爲御史臺推勘官，遷殿中丞。戶部使陳恕奏爲判官，元方言：「方春民貧，請預貸庫錢，至夏秋，令以絹輸官。」行之，公私果便，因下其法諸路。

知徐州，改太常博士、梓州路轉運使。後知鄆州，量括牧地數千頃。爲京東轉運副使，遷轉運使。按部至濮州，被酒毆知州蔣信，降知宿州，下詔切責之。徙滑州，爲京西轉運使，知應天府，累遷太常少卿。擢右諫議大夫、權三司使公事，衆論不以爲允。眞宗謂宰臣曰：「元方在三司，何多謗也？」王旦曰：「元方盡心營職，然其性卞急，且不納僚屬議，而醜言詆之，所以賈怨。」帝曰：「僚屬顧不有賢俊邪！」歲餘，以煩苛罷。進給事中、權知開封府。以樞密直學士知幷州，留再任，賜白金五百兩，詔中書諭以委屬之意。官至兵部侍郎，卒。

薛田字希稷，河中河東人。少師事种放，與魏野友善。進士，起家丹州推官。李允正知延州，辟爲從事，向敏中至，亦薦其材。改著作佐郎、知中江縣。眞宗祀汾陰，田時居父喪，經度制置使陳堯叟奏起通判陜州。還，拜監察御史，以母憂去。會祀太淸宮，又用丁謂奏，起通判亳州。遷殿中侍御史、權三司度支判官，改侍御史、益州路轉運使。民間以鐵錢重，私爲券以便交易，謂之「交子」，而富家專之，數致爭訟。田請置交子務，以榷其出入，未報。及寇瑊守益州，卒奏用其議，蜀人便之。

就除陜西轉運使，進直昭文館、知河南府，復入度支爲副使。使契丹還，擢龍圖閣待制、知天雄軍。未幾，擢知開封府，以樞密直學士知益州，累遷左司郎中。代還，知審刑院。羌人內寇，特遷右諫議大夫、知延州。久之，以疾徙同州，又徙永興軍，辭不行，卒。

田性頗和厚，初以幹敏數爲大臣所稱，後屢更任使，所治無赫赫名。

寇瑊字次公，汝州臨汝人。初，母夢神人授珠，吞之而娠，生而眉目美秀。擢進士，授蓬州軍事推官。李順餘黨謝才盛等復起爲盜，瑊設方略，擒送京師。

徙開封推官。會施州蠻叛，轉運使移瑊權領施州。先是，戍兵仰他州餽糧，瑊至，請募人入米，償以鹽，軍食遂足，而民力紓。復招諭高州刺史田彥伊子承寶入朝，得給印紙爲高州官族。未幾，溪南蠻復內寇，瑊率衆擒其酋領戮之，以白芀子弟數百人築柵，守其險要。

就除大理寺丞、知開州，遷殿中丞、通判河南府。坐解送諸料失實，降監晉州稅。以太常博士通判并州，改監察御史。眞宗祀汾陰，王嗣宗知永興，辟權通判，專領祠事。遷殿中侍御史，爲開封府判官。嘗奏事，帝詢施州備禦之術，因諭之曰：「東川控蠻夷，爾功已試，其爲朕鎭撫之。」命爲梓州路轉運使。

晏州多剛縣酋斗望刼瀘州，燒淯井監，殺官吏。瑊趨富順監，命部兵多張旗幟，踰山西北趨戎州，盡取公私舟載糧甲，具音樂，合兩路兵至江安，誘納溪、藍、順史箇松〔一〕，南廣移、悅等州刺史及八姓烏蠻首領，使斷賊徑。用夷法，植竹爲誓門，橫竹繫猫、犬、鷄各一於其上，老夷人執刀劍，謂之打誓，呼曰：「誓與漢家同心擊賊。」即刺牲血和酒而飲。瑊給鹽及酒食、針梳、衣服等，付以大榜，約大軍至，揭榜以別逆順，「不殺汝老少，不燒汝欄柵。」夷人大喜。

帝遣內殿崇班王懷信議攻討招輯之宜，瑊奏：「夷人嘗於二年春燒淯井監，殺吏民。既赦貸其罪，復來寇邊，聲言朝廷且招安，得酒食衣服矣。若不討除，則戎、瀘、資、榮、富順監諸夷競起爲邊害矣。」詔發陝西兵，益以白艻子弟合六千三百人，緣淯井溪轉門，凡十一陣，破之。夷人相率來附，納牛羊、銅鼓、器械甚衆，而斗望猶旅拒不從。瑊命懷信分兵拔其柵，與都巡檢使符承順進戰思晏江口，斗望等始驚遽，勢稍却。明日，復分三道來拒王師，懷信等格戰，瑊乘其後，大破之。斗望衆萬餘，囂不能軍，溺死者衆，遂降。因籍軍之勇悍千人，分五都以隸禁軍，爲寧遠指揮，使守淯井監。更建砦柵，濬三壕以環之。就加侍御史，召爲三司鹽鐵判官，逾月，出爲河北轉運使。

天禧中，河決澶淵。瑊視役河上，隄埽數里，衆皆奔潰，而瑊獨留自若。須臾，水爲折去，衆頗異之。遷工部郎中，上言：「契丹約和以來，河北減戍卒之半，而復刺土兵，其實益三分之一，而塞下軍儲不給。請行入中、鑿頭、便羅三說之法。」入爲三司度支副使。未幾，以右諫議大夫、集賢院學士知益州。

仁宗即位，遷給事中。瑊與丁謂厚善，帝謂輔臣曰：「瑊有吏幹，毋深譴也。」徙鄧州，坐失舉，降少府監、知金州，復右諫議大夫。會河決，徙知滑州，總領修河。既而以歲飢罷役，瑊言：「病民者特楗芻耳，幸調率已集，若積之經年，則朽腐爲棄物，後復興工斂之，是重困也。」乃再詔塞河。河平，擢樞密直學士。

明年，復給事中、知秦州，又坐失舉奪一官。召權三司使，復其官如故。時有議茶法者，帝訪以利害，珹曰：「議者未知其要爾。河北入中兵食，皆仰給於商旅。若官盡其利，則商旅不行，而邊民困於饋運，茶法豈可以數更？」帝然之。權知開封府，戚里有毆妻至死，更赦事發者。太后怒曰：「夫婦齊體，奈何毆致死邪？」珹對曰：「傷居限外，事在赦前，有司不敢亂天下法。」卒免死。天聖末，再使契丹，未行而卒。

珹少孤，鞠於祖母王氏，及登朝，以妻封邑回授之，朝臣得回封祖母自珹始。性頗疎財，通音律，知術數。初附丁謂，故少達，及謂敗左遷，鬱鬱不自得，秘書丞彭齊賦喪家狗以刺之。

楊日嚴字垂訓，河南人。進士及第，試秘書省校書郎、知安丘縣。三司辟爲檢法官，遷大理寺丞，又爲本寺檢法官，監都進奏院，通判亳、陳二州，判吏部南曹兼登聞鼓院。出知襄州，徙廬、鄆二州〔三〕，入爲開封府判官。

使契丹還，爲兩浙轉運副使。未行，會靑、徐饑，改京東轉運使。因請江、淮、陝西轉粟五十萬，以賑貧民；又開清河八十里抵㬉水河，並堤起倉廩，以便漕運。加直史館，徙益州轉運使，又徙江、淮制置發運使。還，歷三司戶部、度支、鹽鐵副使。累遷太常少卿，以右諫議大夫、集賢院學士知河中府，加樞密直學士、知益州。

時用兵伐元昊，三司急財用，有詔析戶版爲十等，第賦役；民以歲租占佃官田廬者，高其估，募輸錢就市爲己業，人苦其擾。又陝西奏收市益、梓、利路溪洞馬，而不知其實無馬也。日嚴皆奏罷之。遷勾當三班院、知通進銀臺司。聞後爲守者，其政不便蜀人，因進對，猶從容言：「遠方所宜撫安之，無容變法以生事。」遷給事中，以龍圖閣學士知澶州。召權知開封府，吏械囚不謹，囚自殺，坐是罷府事。判太常、司農寺，同知審官院，卒。

日嚴初爲益州轉運使，無他治能，及知益州，頗爲蜀人所信愛。兄日華，歷官至太常少卿、三司副使。

李行簡字易從，同州馮翊人。家貧，刻志於學，讀六經每至夜分，寒暑不易。又聚木葉學書，筆法遒勁。與里中富人楊士元同學，旣而同時中進士第，士元資遺行簡，謝不取。起家隴州司理參軍，徙彭州軍事推官。

陵州富民陳子美父死，繼母詐爲父書逐出之，累訴不得直，轉運使檄行簡劾正其獄。改秘書省著作郎，再遷太常博士、知坊州。御史中丞王嗣宗薦爲監察御史，王旦數稱其才，眞宗雅亦知之，再遷侍御史。陝西旱蝗，命往安撫，發倉粟救乏絕，又蠲耀州積年逋租。還，擢龍圖閣待制，歷尚書刑部郎中。帝數幸龍圖閣，命講周易，間訪大臣能否，行簡所對無怨昵，各道其所長，人以爲長者。久之，拜右諫議大夫、集賢院學士。乾興初，改給事中，以足疾請外，得知河中府，徙虢州，卒。

章頻字簡之，建州浦城人。與弟頔皆以進士試禮部預選，會詔兄弟毋並舉，頻卽推其弟，棄去。後六年，乃擢第。自試秘書省校書郎、知南昌縣，改大理寺丞、知九隴縣，遷殿中丞。

眉州大姓孫延世僞爲劵奪族人田，久不能辨，轉運使使按治之。頻視劵墨浮朱上，曰：「是必先盜印然後書。」旣引伏，獄未上，而其家人復訴于轉運使，更命知華陽縣黃夢松覆按，無所異。夢松用此入爲監察御史，頻坐不時具獄，降監慶州酒，徙知長洲縣。

天禧初，增置諫官、御史十二人，頻以選得召對，稱旨，擢監察御史。陳、亳間民訛言兵起，老幼皆奔，命安撫京西。還，爲三司度支判官。青州廝士瑤殺從子温裕，幷其財，遣往按治，士瑤伏誅。又詔鞫邛州牙校訟鹽井事。皇城使劉美依倚后家受賕，使人市其獄，頻請捕繫，眞宗以后故不問。忤旨，出知宣州，改殿中侍御史，遷侍御史。

頻雅善丁謂，謂貶，左遷尙書比部員外郎、監饒州酒。起知信州，進刑部員外郎、知福州。王氏時，賦民官田，歲輸租稅而已。至是，或謂鬻之可得緡錢二十餘萬，頻疏以爲不可。徙知潭州。改廣西轉運使，擿宜州守貪暴不法，既罷去，反訟頻子許嘗被刑，而冒奏爲秘書省校書郎，頻坐謫知饒州。復入爲度支判官，累遷刑部郎中。使契丹，至紫濛館卒。契丹遣內侍就館奠祭，命接伴副使吳克荷護其喪，以錦車駕橐駝載至中京，斂以銀飾棺，又具鼓吹羽葆，吏士持甲兵衞送至白溝。詔遣其子訪乘傳扈其柩以歸。訪官三班奉職，即許也。

陳琰字伯玉，澶州臨河人。進士及第，歷溧陽、欒城縣主簿，遷大理寺丞、監眞定府稅，知金堂、夏津二縣。再遷太常博士。轉運使盧士倫，曹利用壻也，怙勢聽獄不以直，訟者不已，付琰評決，琰直之。御史知雜韓億聞其事，奏爲監察御史。丁父喪，哀毁，墳木連理。憂除，遷殿中侍御史。

天聖五年祀南郊，中外以爲丁謂復還，琰上疏曰：「亂常肆逆，將而必誅，陰懷姦慝，有殺無赦。丁謂因緣險佞，據竊公台。賄賂包苴，盈於私室；威權請謁，行彼公朝。引巫師妖術，厭魅宮闈；易神寢龍岡，冀消王氣。今禋柴展禮，渙汗推恩，必慮謂潛輸琛貨，私結要權，假息遐荒，冀移善地。李德裕止因朋黨，不獲生還；盧多遜曲事王藩，卒無牽復。請不原赦。」帝然之。

爲三司度支判官，遷侍御史。歷京西、河東、河北轉運副使，三司戶部、度支、鹽鐵副使。汴倉納粮綱，概量不實，操舟者坐亡失所載，或杖背徒重役。琰始奏選官監視，謂之「定計斗面」。積遷至尙書工部郎中，卒。

李有字仲嚴，唐之後裔，自吳徙靑，遂爲靑人。祖成，五代末，以詩酒遊公卿間，善摹寫山水，至得意處，疑非筆墨所成。人欲求者，先爲置酒，酒酣落筆，烟景萬狀，世傳以爲寶。父覺，見儒林傳。

宥幼孤，不好弄，長讀書屬文，不雜交游。舉進士，調火山軍判官。入館校勘書籍，遷集賢校理，遂直院。知蘄州，歲凶人散，委嬰孩而去者，相屬于道。宥令吏收取，計口給穀，俾營婦均養之，每旬閱視，所活甚衆。或殺人，以米十石給傭者，使就獄，曰：「我重賄吏，爾必不死。」宥得其情，論如法。

提點荆湖刑獄，權戶部判官，利州轉運使，判戶部勾院，知制誥，糾察在京刑獄，同判太常寺。舊宗廟五饗，輔臣攝事，中廢且久，止差從官。宥因對力言，遂復故事。以諫議大夫知江寧府。民有告人殺其子者，曰：「吾子去家時，巾若巾，今巾是矣。」民自誣服。宥疑，召問，卒伸其枉。府舍火，宥畏兵亂，闔門不救，降秘書監致仕。起分司南京，改太子賓客，判留司御史臺，卒。

宥性清介，然與物無忤，好奬拔士人。外族甚貧，宥有別業，以券畀之。既死，家無餘財，官賜錢十萬。

張秉字孟節，歙州新安人。父諤，字昌言，南唐秘書丞、通判鄂州。宋師南伐，與州將許昌裔叶議歸款，太祖召見，勞賜良厚，授右贊善大夫。蜀平，選知閬州。太平興國中，卽除西川轉運副使。先是，士人罕習舟楫，取峽江中競渡者給漕運役，覆溺常十四五。謂建議置威櫂軍分隸管勾，自是無覆舟之患。累遷荆湖、江、浙等道制置茶鹽副使，卒。

秉舉進士，儀狀豐麗，屬詞敏速，善書翰，太宗喜之，擢寘甲科。解褐將作監丞、通判宣州。遷監察御史，深爲宰相趙普所器，以弟之子妻之。會有薦其才，得知鄭州。召還，直昭文館，遷右司諫。會以趙昌言爲制置茶鹽使，秉與薛映副之。入爲右計司河南西道判官，俄換鹽鐵判官、度支員外郎、知制誥、判吏部銓、知審官院。唐朝故事，南省首曹罕兼掌誥，多退爲行內諸曹郎。至是，用此制，其後進改，多優遷首曹，遂隳舊制矣。遷工部郎中，依前知制誥。

眞宗嗣位，進秩兵部郎中、判昭文館。時草敍用官制，有「頃因微累，謫於遐荒」之語，上覽之曰：「若此，則是先朝失刑矣。」遂除秉左諫議大夫，連知潁、襄二州。徙鳳翔府，訴以母老貧窶，詔給裝錢，未行，改江陵。丁母憂，起復，知河南府。景德初，徙河陽，換澶州。車駕將幸河上，又徙知滑州。道出韋城，秉迎謁境上，俾預從官侍食；遣與齊州馬應昌、濮州張晟往來河上，部丁夫鑿凌，以防契丹南渡。

召歸闕，復判吏部銓〔三〕，拜工部侍郎、同知審官院、通進銀臺司，糾察在京刑獄。復與周起同試東封路服勤辭學、經明行修舉人。出知永興軍府，會祀汾陰，爲東京留守判官，轉禮部侍郎，加樞密直學士，復知幷州。將行，懇求御詩爲餞，上爲作五言賜之。徙相州。九年〔四〕，復糾察在京刑獄，暴疾卒。

秉典藩府，無顯赫譽，及再至太原，臨事少斷，多與賓佐博弈。雖久踐中外，然無儀檢，好諸戲，人不以宿素稱之。好飭衣服，潔饌具，每公宴及朋友家集會，多自挈肴膳而往。家甚貧，常質衣以給費焉。

張擇行字行先，青州益都人。進士起家，歷北海、臨沂主簿，自宣州觀察推官爲大理寺丞。初，石亭縣掾檄將陵塞決河〔五〕，衆欲登舟以濟，擇行獨以爲不可，皆笑其怯。既而舟果覆，擇行坐堤上董役，埽卒不潰。

除監察御史、殿中侍御史，改言事御史、右司諫。與唐介、包拯共論張堯佐除節度、宣徽〔六〕兩使不當，語甚切。又論河北兵多、財不足，願分兵就食內地，不報。遷侍御史知雜事，擢天章閣待制、知諫院，累遷吏部員外郎。御史皆言宰相陳執中嬖妾笞小婢，死外舍。擇行以爲主命妾笞婢，於律不當坐，御史固迫之，因中風不能語。除戶部郎中、集賢殿修撰，提舉兗州仙源縣景靈宮，踰年而卒。

鄭向字公明，開封陳留人。舉進士中甲科，爲大理評事、通判蔡州，累遷尙書屯田員外郎、知濠州，徙蔡州。召試集賢院，未幾，除三司戶部判官，修起居注。遷度支員外郎，爲鹽鐵判官。出爲兩浙轉運副使，疏潤州蒜山漕河抵于江，人以爲便。復爲鹽鐵判官，擢知制誥、同勾當三班院。使契丹，再遷兵部郎中、提點諸司庫務，以龍圖閣直學士知杭州，卒。

五代亂亡，史册多漏失，向著開皇紀三十卷，摭拾遺事，頗有補焉。

郭稹字仲微，開封祥符人。世寓鄭州，舉進士中甲科，爲河南縣主簿。除國子監直講，議者以其資淺，罷還河南。時孫奭、馮元判監事，因奏稹學問通博，他選莫能及，乃得留。居二歲，陳堯咨知大名，辟簽書府判官事，改大理寺丞。奭等復薦爲直講。奭出知兗州，又薦稹與賈昌朝赴中書試講說，而稹固辭。召試學士院，爲集賢校理。馮元知河陽，辟爲通判，徙通判河南府。入爲三司度支、戶部判官，累遷尙書刑部員外郎，同修起居注。

康定元年使契丹，告用兵西鄙。契丹厚禮之，與同出觀獵，延稹射。稹一發中走兎，衆皆愕視，契丹主遺以所乘馬及他物甚厚。既還，轉兵部，知制誥，判吏部流內銓，擢龍圖閣直學士、權知開封府。暴感風眩卒。

稹性和易，文思敏贍，尤刻意於賦，好用經語對，頗近於諧。聚古書畫，不計其貲購求之。婦張悍嫉，無子。初，稹幼孤，母邊更嫁王氏，既而母亡，稹解官服喪。知禮院宋祁〔七〕言稹服喪爲過禮，詔下有司博議，用馮元等奏，聽解官申心喪，語在禮志。

論曰：肅之守邢，以羸兵却勍敵，開門納避難之民，功在王府。元方爲并州，有勤留之命，其宜民可知。宥在蘄，則活饑氓；在江寧，則直冤獄。吏之良者歟，然皆不能無小累也。日嚴、行簡臨政，視秉、擇行、向、稹雖無瑕可指，亦皆無赫赫名。詢以厚呂夷簡，復致貴顯；瑊、頻坐善丁謂，並遭斥謫，固無足議者。琰言謂姦邪，不當用南郊恩牽復，與唐袁高論執盧杞正相類，識者韙之。

趙賀字餘慶，開封封丘人。少時，嘗喪明，久之，遇異醫輒愈。喜飲酒，至終日不亂。事繼母至孝。舉毛詩及第，補臨朐縣主簿。賀有幹力，知州寇準且知賀。淳化中，調丁壯塞澶州決河，衆多逸去，獨賀全所部而歸。臨朐父老張樂迎賀，準使由譙門過，曰：「旌賀之能也。」改大理評事。鹽池吏欺緡錢，選賀往解州鈎校出入，賀悉得其姦。

契丹入寇，眞宗決策澶淵，遣使八人省州縣，賀以太子中舍安撫京東。改殿中丞，歷通判明州、宿州。徙知漢州，蜀吏喜弄法，而賀精明，吏不敢欺，事更賀所，多被究詰，人目爲「趙家關」，謂如關梁不可越也。

召權三司戶部判官，眞補度支判官，出爲京東轉運副使，徙京西。又徙益州路轉運使，尋糾察在京刑獄，累遷尙書工部郎中、提舉諸司庫務，爲江、淮制置發運使。發運司占隸三司軍將，分部漕舡，舊皆由主吏白遣〔八〕，受賕不平，或數得詣富饒郡，因以商販，貧者至不能堪其役。賀乃籍諸州物產厚薄，分劇易爲三等，視其功過自裁定，由是吏巧不得施，歲漕米溢常數一百七十萬。

蘇州太湖塘岸壞，及並海支渠多湮廢，水侵民田。詔賀與兩浙轉運使徐奭兼領其事，伐石築堤，浚積潦，自吳江東赴海。流民歸占者二萬六千戶，歲出苗租三十萬。遷刑部郎中，歷三司戶部、度支、鹽鐵副使，知延同秦三州、江陵府，累遷光祿卿，入判大理寺，以右諫議大夫知永興軍，徙鄧州。歲餘，判宗正寺，出知越州。坐失舉，降知濠州，改廬州。遷給事中，復判宗正寺，知鄭、蔡、壽三州，卒。

在臨朐時，用轉運使李中庸薦改官。中庸沒，無子，賀爲主葬，圖其象，歲時祠于家。子宗道，終集賢校理。

高覿字會之，宿州蘄人。進士起家，爲嘉興縣主簿。後以孫奭薦，改祕書省著作佐郎，累遷尚書屯田員外郎、通判泗州。詔定淮南場茶法，覿陳說利害，不報。擢提點利州路刑獄，召爲三司戶部判官，安撫河北。還，爲京西轉運使。徙益州。彭州廣濤、麗水二峽地出金，宦者挾富人請置場，募人夫採取之。覿曰：「聚衆山谷間，與夷獠雜處，非遠方所宜，且得不償失。」奏罷之。王蒙正恃章獻太后親，多占田嘉州，詔勿收賦，覿又極論其不可。坐失察嘉州守張約受賕，貶通判杭州，徙知福州。入爲三司鹽鐵判官，歷陝西、河北轉運使，累遷兵部郎中，復入戶部、鹽鐵爲副使，遷右諫議大夫、河東都轉運使，加集賢院學士，判尚書刑部，進給事中、知單州，卒。

子秉常，爲梓州路轉運使。

袁抗字立之，洪州南昌人。舉進士，得同學究出身，調陽朔縣主簿，薦補桂州司法參軍。撫水蠻寇融州，轉運使俞獻可檄抗權融州推官，督兵糧與謀軍事。蠻治舟且至，抗即楊梅、石門兩隘建水栅二，據其衝，賊不得入，後因置戍不廢。事平，特遷衡州推官，改大理寺丞，累遷國子博士、知南安軍，擢提點廣南東路刑獄。浙東叛卒鄂鄰鈔閩、越，轉南海，與廣州兵逆戰海中。値大風，有告鄰溺死者，抗獨曰：「是日風勢趣占城，鄰未必死。」後果得鄰於占城。

還爲度支三司判官，以尚書金部員外郎爲梓州路轉運使，徙益州路。時三司歲市上供綾錦、鹿胎萬二千匹，抗言：「蜀民困憊，願少紓其力，以備秦中他日之用。」是年郊祀，蠲其數之半。黎州歲售蠻馬，詔擇不任戰者卻之。抗奏：「朝廷與蠻夷互市，非所以取利也。今山前後五部落仰此爲衣食，一旦失利侵侮，不知費直幾馬也。臣念蜀久安，不敢奉詔。」尋如舊制。除江、淮發運使，召爲三司鹽鐵副使。時抗老矣，爲御史所劾，罷知宣州。累遷光祿少卿，分司南京。明堂覃恩，改少府監，卒。

抗喜藏書，至萬卷，江西士大夫家鮮及也。抗子陟，少刻厲好學，善爲詩，終殿中丞。

徐起字豫之，濮州鄄城人。舉進士，試祕書省校書郎、知隰川縣，積官尙書都官員外、知楚州。樞密直學士張宗象薦之，擢提點廣南西路刑獄。入判三司開拆司，歷開封、三司度支判官。館伴契丹使，還奏：「所過州縣，使者旣去，官吏將校皆出郊旅賀，燕飮久之，城邑爲之空。」乃下約束禁止之。出爲荆湖北路轉運使，部有戍卒殺人繫獄，其徒欲刼之。起聞，亟往按誅之，分其徒隸他州。

徙江西，知徐州，就爲轉運使。募富室得米十七萬斛，振餓殍，又移粟以贍河北、京西者，凡三百萬。與安撫使劉夔不相能，徙京西。又徙江東，起請開長淮舊浦，以便漕運。知洪州，徙兗州。有都巡檢虐所部，而部兵百餘人，持兵至庭下。州人大恐，起不爲動，以禍福開諭之，衆感泣聽命。因按致其首，奏罷都巡檢。復爲度支判官，累遷秘書監、知湖州，卒。

張旨字仲微，懷州河內人。父延嘉，頗讀書，不願仕，州上其行，賜號嵩山處士。旨進保定軍司法參軍，上書轉運使鍾離瑾，願補一縣尉，捕劇賊以自效。瑾壯其請，爲奏徙安平尉，前後捕盜二百餘人。嘗與賊鬥，流矢中臂，不顧，猶手殺數十人。擢試祕書省校書郎、知遂城縣，遷著作佐郎。

明道中，淮南饑，自詣宰相陳救禦之策。命知安豐縣，大募富民輸粟，以給餓者。既而浚淠河三十里，疏泄支流注芍陂，爲斗門，溉田數萬頃，外築堤以備水患。再遷太常博士、知尉氏縣，徙通判忻州。

元昊反，特遷尙書屯田員外郎、通判府州。州依山無外城，旨將築之，州將曰：「吾州據險，敵必不來。」旨不聽。城垂就，寇大至，乃聯巨木補其罅，守以強弩。中外不相聞者累日，人心震恐。庫有雜綵數千段，旨矯詔賜守城卒，卒皆東望呼萬歲，賊疑以救至也。州無井，民取河水以飲，賊斷其路。旨夜開門，率兵擊賊少卻，以官軍壁兩旁，使民出汲。復以渠泥覆積草，賊望見，以爲水有餘。督居民乘城力戰，賊死傷者衆，隨解去。以功遷都官員外郎，徙知萊州。

葉淸臣舉材堪將帥，召對，改知邢州，擢提點河東路刑獄。范仲淹、歐陽脩復言其騺武有謀略，除閤門使，固辭。進工部郎中、知鳳翔府，加直史館、知梓州，以直龍圖閣知荆南。入判尙書刑部，累遷光祿卿，知潞、晉二州。以老疾，權判西京御史臺，尋卒。

齊廓字公闢，越州會稽人。舉進士第，自梧州推官累遷太常博士、知審刑詳議官，知通、泰州。提點荆湖南路刑獄。潭州鞫繫囚七人爲強盜，當論死。廓訊得其狀非強，付州使劾正，乃悉免死。平陽縣自馬氏時稅民丁錢，歲輸銀二萬八千兩，民生子，至壯不敢束髮，廓奏蠲除之。歷三司度支、開封府判官，出爲江西、淮南轉運使。時初兼按察，同時奉使者，競爲苛刻邀聲名，獨廓奉法如平時，人以爲長厚。入判鹽鐵勾院，加史館〔九〕、知荆南府，徙明、舒、湖三州，積官光祿卿、直祕閣，以疾分司南京，改祕書監，卒。

廓寬柔恭謹，人犯之不校。弟唐，爲吉州司理參軍，博覽彊記，嘗舉賢良方正，對策入等。越州蔣堂奏廓及唐父母垂老，窮居鄉里，二子委而之官，唐復久不歸省。於是罷唐，令歸侍養。廓方使湖南，雖置不問，然士論薄之。

鄭驤字士龍，河南人。登進士第，更慶、汝、鄭、秦州推官，改祕書省著作郎、知垣曲縣。康繼英辟簽書衞州判官事，劉從德代繼英，又表驤有善狀，進一官。尋監左藏庫，遷太常博士、知乾州，提點益州路刑獄，爲三司度支判官。建言：「蜀人引江水溉田，率有禁，歲旱利不均，宜弛其禁。」又言：「京西旱，舊禁粟無出國門，可且勿禁。」

慶曆中，與魚周詢刺陝西民兵十餘萬。除陝西轉運、按察使兼三門發運使，加直史館、河北轉運使，入爲度支副使。河決德州，入王紀口，議欲徙州，詔驤往視之，還言州不當徙，已而州果無患。又爲河北轉運使。王則反，討平之。除天章閣待制、知鳳翔府。先是，皇甫泌、夏安期皆爲轉運使，泌先謫去，安期後至，不及賞，驤因辭不受，願命推功與二人。復爲河北都轉運使，累遷尚書工部郎中，以疾知華州，卒。

論曰：歷觀數子，風跡雖不同，其爲政愛民，謙己利物，有古道焉。若旨浚淠河，覿罷採金，抗論互市，起振窮戢暴，驤推功與人，皆無所愧矣。趙賀不忘李中庸，而齊廓兄弟棄親以徇榮，用心何其不同哉！

校勘記

〔一〕納溪藍順史箇松　「納」字原脫。按長編卷八一作「納溪、藍順州刺史史个松」；宋會要蕃夷五之一七同長編，但「个」作「介」。補「納」字。

〔二〕徙盧鄆二州　按宋無「鄆州」，「鄆」疑爲「蘄」字之訛。

〔三〕復判吏部銓　「判」原作「拜」。按本書卷一六三職官志「吏部」條：「判流內銓二人，以御史知雜以上充掌。」上文已說張秉「判吏部銓」，此句亦當作「復判吏部銓」。「拜」是「判」字之訛，據改。

〔四〕九年　承上文此當是景德九年，但景德只有四年。上文祀汾陰係大中祥符四年事，見本書卷八眞宗紀，此「九年」當是大中祥符九年，此處失書紀元。

〔五〕石亭縣掾檄將陵塞決河　按宋縣無「石亭」，此句疑有誤。

〔六〕宣徽　原作「宣撫」，據本書卷四六三張堯佐傳、長編卷一六九、綱目備要卷一四改。

〔七〕宋祁　原作「宋郊」，據本書卷一二五禮志、宋會要禮三六之一〇改。

〔八〕舊皆由主吏白遣　「白遣」，長編卷一〇一作「自遣」。

〔九〕加史館　據本卷張旨、鄭驤傳例，「加」下當脫一「直」字。

宋史卷三百二

列傳第六十一

王臻　魚周詢　賈黯　李京　吳鼎臣附　呂景初　馬遵附　吳及

范師道　李絢　何中立　沈邈

王臻字及之，潁州汝陰人。始就學，能文辭。會致堯知壽州，有時名，臻以文數十篇往見，致堯覽之，歎曰：「潁、汝固多奇士。」舉進士中第，爲大理評事，歷知舒城、會昌縣，通判徐、定二州，以殿中丞知兗州，特遷監察御史。

中使就營景靈宮、太極觀，臻佐助工費有勞，遷殿中侍御史，擢淮南轉運副使。時發運司建議濬淮南漕渠，廢諸堰，臻言：「揚州召伯堰，實謝安爲之，人思其功，以比召伯，不可廢也。濬渠亦無所益。」召爲三司度支判官，而發運司卒濬渠以通漕，臻坐前異議，降監察御史、知睦州。道復官，徙福州。閩人欲報仇，或先食野葛，而後趨仇家求鬥，即死其處，以誣仇人。臻辨察格鬥狀，被誣者往往釋去，俗爲之少變。又民間數以火訛相驚，悉捕首惡杖之，流海上，民乃定。

仁宗卽位，遷提舉在京諸司庫務，歷三司戶部、度支副使，擢龍圖閣待制、權知開封府，累遷尚書工部郎中。姦人僞爲皇城司刺事卒，嚇民以取賕，臻購得其主名，黥竄三十餘人，都下肅然。以右諫議大夫權御史中丞，建言：「三司、開封府諸曹參軍及赤縣丞尉，率用貴游子弟，驕惰不習事。請易以孤寒登第、更仕宦書考無過者爲之。」又言：「在京百司吏人入官，請如長定格，歸司三年。」皆可其奏。未幾，卒。臻剛嚴善決事，所至有風迹。

魚周詢字裕之，開封雍丘人。早孤，好學。舉進士中第，爲大理評事，歷知南華、分宜、靜海三縣，遷太常博士、通判漢州。城中夜有火，部衆救之，植劍于前曰：「攘一物者斬！」火止，民無所失亡。以尚書屯田員外郎知眞州，徙提點荊湖南路刑獄。求便郡，知安州，徙蔡州，召爲侍御史。陝西用兵，科斂煩數，命安撫京西路，還賜緋衣銀魚。爲開封府判官，又使陝西刺民兵，判三司理欠、憑由司。進起居舍人、知諫院，固辭，乃以尚書戶部員外郎兼侍御史知雜事，爲三司鹽鐵副使。時渭州城水洛，尹洙、鄭戩爭未決，詔周詢與都轉運使程戭相利害。周詢是戭議，遂城之。遷吏部員外郎，擢天章閣待制、知成德軍，徙河北都轉運使，拜右諫議大夫、權御史中丞。

慶曆八年，手詔近臣訪天下之務。周詢對曰：

陛下患西陲禦備，天下繹騷，趣募兵士，急調軍食，雖常賦有增，而經用不足。臣以謂唐季及五代，彊臣專地，中國所制，疆域非廣。及祖宗有天下，俘吳、楚、蜀、晉，北捍獯鬻，西服羌戎，所用甲兵，所入租賦，比之于今，其數尙寡。然而摧堅震敵，軍府無空虛之弊，縣官無煩費之勞，蓋賞信罰必，將選兵精之效也。

近元昊背惠，西方宿師。朝廷用空疏闒茸者爲偏裨，以游惰怯懦者備行伍，故大舉卽大敗，小戰輒小奔。徒日費千金，度支不給，賣官鬻爵，淆雜仕流，以鐵爲錢，隳壞國法。而又官立鹽禁，驅民賫輦，蕩析恆產，怨咨盈路。去秋水旱繼作，今春饑饉相屬，生靈重困，於茲爲劇。今元昊幼子新立，迺朝廷寬財用、惜民力之時也，速宜經度，以紓匱乏。願委安撫使與本路守邊、掌計臣僚同議，裁減冗兵，節抑浮費，禁止橫斂，廩假貧民，去武臣之庸懦，出守宰之貪殘。仍冀特發宸衷，出內帑錢助關陝費，使通鹽商之利，改錢幣之法，宣布德澤，與民休息。然後勸勉農桑，隱括稅籍，收遺利，抑兼幷，則公有羨財，私有餘力矣。

陛下患承平寖久，仕進多門，人汚政濫，員多闕少，滋長奔競，靡費廩祿。臣以謂國家於制舉、進士、明經之外，復有任子、流外之補，負瑕釁、服輿臺者，亦寘班列。歷年既久，紛猥塞路，求人任事，適用者鮮，而又亟更數易，交錯道塗，額置有常，詔除無限，凡守一闕，動踰再期。預閩籍、服武弁者，坐費水衡之給，虛計歲考之期；赴銓調、守選格者，居多困乏之嘆，行寡廉恥之風。官冗之弊，一至於此！願陛下特詔，進士先取策論，諸科兼通經義，中第解褐，無令過多。其文武班奏薦并流外出官者，權停五七年，自然名器不濫，奔競衰息矣。

陛下患牧守之職，罕聞奏最。臣聞漢宣帝勉厲二千石，其有治效者，增秩賜金，或爵至關內侯，公卿缺，則以次用之，故良吏爲盛。國家鑒諸侯專地之患，一切用郡守治之。而班行寖冗，序遷者衆。迺有地處藩宣，秩爲卿監，而未歷省府提轉，則爲沈抑。內重外輕，何以求治？改絃易轍，正在此時。願詔兩府大臣，選委兩制、臺諫官參舉，如兩任通判可充知州軍京朝官，依次除補。若治狀尤異，卽升省府提轉。其常例入知州者，一切停罷，則進擢得人，牧守重矣。

陛下患將帥之任，鮮於稱職。臣聞晏子薦司馬穰苴曰：「文能附衆，武能威敵。」是知將帥之材，非文武兼備，則不可爲。我朝自二邊款附，久不用兵。近歲有西北之警，補授帥臣，出於遽猝，非自卒伍，即恩澤侯。無信義以結士心，無莊嚴以正師律，退則奔北，進則被擒，虧損威靈，取侮夷狄，命將之失，未有若今之甚也。願擇名臣，選擧深博有謀、知兵練武之士，不限資級，試以邊任，臨軒敦遣，假以威權，如祖宗朝任郭進、李漢超輩，閫外之事，俾得專之，無以謗讒輕有遷徙，使其足以取重，則安有不稱職之憂乎？

陛下患西北多故，邊情叵測，獻奇譎空言者多，陳悠久實效者少，備豫不虞，理當先物。臣聞國家和約北戎，爵命西夏，偃革止戈，踰四十載。而守邊多任庸人，不嚴武備，因循姑息，爲敵所窺，致元昊悖逆，耶律張皇。未免屈己爲民，息兵講好，皆用苟安之謀，而無經遠之策。此班固所謂「不選武略之臣，恃吾所以待寇而行貨賂，割剝百姓以奉寇讎」者也。願陛下特議減三路兵馬之駑冗者，以紓經費，以息科斂。然後選將帥，擇偏裨，使戢肅驕兵，飭利戎器，識山川形勝，用兵奇正。河朔曠平，可施車陣，亦宜講求其法。雖二邊異時侵軼，恃吾有以待之，庶幾無患矣。

時執政及近臣所對多疏闊，仁宗頗嘉周詢詳敏。知恩州張得一誅，坐失擧，出知永興軍；數日，改知成德軍，未行，卒。帝嗟悼之，特贈尙書工部侍郎。

周詢性和易，閑見該洽，明吏事。在安州時，閽吏見大蛇垂闌楯，即視之，乃周詢醉而假寐，世傳其異。

賈黯字直孺，鄧州穰人。擢進士第一，起家將作監丞、通判襄州。還爲祕書省著作佐郎、直集賢院，遷左正言、判三司開拆司。

黯自以年少遭遇，備位諫官，果於言事。首論韓琦、富弼、范仲淹可大用。杜樞覆張彥方獄，將駮正，忤執政意，執政以他罪絀樞。黯言：「樞無罪，且旨從中出，不因臣下彈奏。恐自此貴幸近習，言一得入，則將陰肆譭毀，害及善良，不可不察。」時言者或論事亡狀，輒戒勵窮詰。黯奏：「諫官、御史，迹旣疏遠，未嘗預聞時政，不免採於傳聞，一有失言，而詰難沮辱隨之，非所以開廣言路。請如唐太宗用王珪、魏徵故事，每執政奏事，聽諫官一人隨入。」執政又患言事官旅進，論議上前不肯止。乃詔：「凡欲合班上殿者，皆稟中書俟旨。」黯論以爲：「今得進見言事者，獨諫官、御史，若然，言路將壅，陛下不得聞外事矣。請如故便。」皆弗許。

儂智高反，余靖知桂州，楊畋安撫廣南東、西路，皆許便宜行事。黯言：「二人臨事，指蹤不一，則下將無所適從。又靖專節制西路，若賊東嚮，則非靖所統，無以使衆，不若幷付靖經制兩路。」從之。皇祐四年，同修起居注，徙判鹽鐵勾院，遷左司諫。建言天下復置義倉，下其說諸路，而論者不一，黯亦反復辨析，卒不果行。宰相劉沆請中外薦擧陳乞，一切以詔令從事，毋用例。論者以爲非便，黯奏罷之。狄青除樞密副使，黯言：「國初武臣宿將，扶建大業，平定列國，有忠勳者，不可勝數。然未有以卒伍登帷幄者。」不報。會靈觀災，又言：「天意所欲廢，當罷營繕，赦守衞者罪，以示儆懼修省之意。」擢知制誥。

初，仁宗視事退，御邇英閣，召侍臣講讀，而修起居注官獨先出。黯言：「君臣訪對，動關政體，而史臣不得預聞，請幷召侍經筵。」許之。初，邇英、延義二閣，講讀官自有記注。至是，乃罷焉。直龍圖閣錢延年擢天章閣待制，黯當命辭，卽詆延年不才，不宜汚侍從，封詞目還中書，命遂寢。

判吏部流內銓。益州推官桑澤〔一〕父留鄉里，死三年矣。澤爲弗知者而調京師，既覺而去。黯奏劾，廢終身。福州推官劉抃挾數術，言人禍福，多遊公卿門，黯奏以爲靈臺郞。時詔兩制、兩省官惟公事許至中書、樞密院見執政，羣臣心知其非，而嫌於自言。後黯知許州，乃言：「他官皆得見執政，而侍從近臣，反疏斥疑間如此。嘗聞先朝用王禹偁請，百官候謁宰相，並於政事堂；樞密使亦須聚坐接見，以防請託。令下，左正言謝泌上書，以謂非人主推赤心待大臣，大臣展四體報人主之誼。」卽時追寢前詔。

徙襄州，迎父之官，而父有故人在部中，遣直廳卒致問。黯輒笞卒，父恚，一夕歸鄉里。他日，疾且亟，黯內懷不自安，請徙郡及解官就養。不報，乃棄官去。而御史吳中復等劾黯輒委州印，撓朝廷法，絀知郢州。未及行，父死。服除，勾當三班院，爲翰林學士。唐介等坐言陳升之不當柄用，皆外補。黯奏介等敢言，請寬之。以疾請郡，改侍讀學士、知鄧州。未行，疾愈，復以爲翰林學士、知審官院。

時官吏有以祖父嫌名，援律爲請授他官。黯言：「禮不諱嫌名，二名不偏諱，律：『府號、官稱犯祖父名而冒榮居之，又上書若奏事犯祖廟諱，罪皆有差。』又曰：『若嫌名及二名偏犯者，不坐。』今官吏許避嫌名，則或有如此而不自言者，可坐以冒榮之律乎？國朝雍熙中，嘗詔：『除官犯私諱者，三省御史臺五品、文班四品以上，許用式奏改，餘不在此制。』請約雍熙詔書，自某品而上，以禮律從事。」詔非嫌名及二名，不以品秩高下皆聽避。

累遷尚書左司郎中、權知開封府。兩軍獄囚歲瘐死者衆，而吏不任其責。黯言：「吏或怠於視囚，飢渴疾病，因以致死，請歲計死者多少而賞罰之。」府吏額七百人，以罪廢復敍者，皆數外補之，黯請敍者須有闕乃補。然所斷治，或出己見，人不以爲允。御史中丞王疇與其屬陳經、呂誨、傅堯俞，諫官司馬光、龔鼎臣、王陶，皆言黯剛愎自任，赦書下府，罪應釋者反重行之。罷爲同提舉在京諸司庫務。

英宗即位，遷中書舍人。受詔撰仁宗實錄，權知審刑院，爲羣牧使。時封拜皇子，並除檢校太傅。黯言：「太師、太傅、太保，是爲三師，天子之所師法。子爲父師，於義不可，蓋前世因循弗思之過。請自今皇子及宗室屬卑者，皆毋兼師傅官，隨其遷序，改授三公。」下兩制議，請如黯奏。而中書亦謂：「自唐以來，親王無兼師傅者。國朝以三師、三公皆虛名，故因而授之，宜正其失。」詔可。

遷給事中、權御史中丞。未幾，以呂誨知雜事，誨嘗彈治黯，逡巡引避。黯言嘗薦誨爲御史，知其方正謹厚，一時公言，非有嫌怨，願終與共事，誨乃就職。

時帝初即位，王廣淵、周孟陽以藩邸之舊，數召對。黯言：「俊乂滿朝，未有一被召者，獨親近一二舊人，示天下以不廣。請如太宗故事，召侍從館閣之臣，以備顧問。」帝嘗從容謂黯曰：「朕欲用人，少可任者。」黯對：「天下未嘗乏人，顧所用如何爾。」退而上五事：一、知人之明，二、養育以漸，三、材不求備，四、以類薦舉，五、擇取自代。

後與兩制合議，請以濮王爲皇伯，執政弗從，數詣中書爭論。會大雨水，時黯已被疾，疏言：「簡宗廟[三]，逆天時，則水不潤下。今二三執政，知陛下爲先帝後，乃阿諛容說，違背經義，建兩統貳父之說，故七廟神靈震怒，天降雨水，流殺人民。」既病，求出，以翰林侍讀學士知陳州。未行，卒，年四十四。口占遺奏數百言，猶以濮王議爲請。贈尚書禮部侍郎。

初，黯母陳歸宗，繼母史在堂，後迎陳歸，二母不相善，黯能安以事之。黯修潔自喜，在朝數言事，或從或否，人稱其介直。然卞急，初通判襄州，疑優人戲己，以人㓙嗾之。在開封，爲罪人所詈，又嗾以人㓙，言者亦以是詆之。

李京字伯升，趙州人。進士中第，歷平定軍判官、冀州推官，改大理寺丞、知魏縣。奉法嚴正，吏不便，欲以苛中京，遂相率遁去。監司果議以苛刻斥京，知府任布曰：「如此，適墮吏計中。」京賴以免。徙永昌縣，通判趙州。王拱辰薦爲監察御史裏行，遷監察御史。

時，太史言日當食不食，羣臣皆賀。京上疏曰：「陛下因天之戒，恐懼修省，避正殿，減常膳，故精意感格，日當食而陰雲蔽虧。雖宋景公之熒惑退舍，商大戊之桑穀並枯，無以異也。然臣區區竊有所疑者，自寶元初，定襄地震，壞城郭，覆廬舍，壓死者以數萬人。殆今十年，震動不已，豈非西、北二邊，有窺中國之意乎？二月雷發聲，在易爲豫，言萬物出地，皆悅豫也。八月收聲，在易爲歸妹，言雷聲入地，避羣陰之害也。今孟夏雷未發聲，豈非號令不信乎？願陛下飭邊臣備夷狄，戒輔臣愼出命，以厭禍于未形。又尙美人棄外館多年，比聞復召入，臣慮假媚道以爲蠱惑，宜亟絕之。苗繼宗嬪御子弟，乃緣恩私，爲府界提點。

宜割帷薄之愛，重名器之分，庶幾不累聖政。」仁宗嘉納，授右正言、直集賢院、同管勾國子監，加史館修撰。

數上書論事，宰相賈昌朝不悅。京嘗屬侍御史吳鼎臣薦推直官李寔，鼎臣希昌朝意，以告中丞高若訥。若訥爲鼎臣上京簡，謫京太常博士、監鄂州稅。既至，引令狐峘、錢徽事言：「臣爲御史諫官，首尾五年，凡六上章、四親對，自陳疾故，懇求外補。臣之出處，粗有本末。向者在臺，見入閤圖，三院御史立班各異。聞元日將入閤，而御史王贄、何郯皆謁告歸。會推直官李寔歲將滿，因簡鼎臣宜留寔補御史，鼎臣亦謂議協公望，不意逾兩月，乃誣臣與寔爲朋黨。臣初被黜，閱諸橐中，鼎臣所遺私書別紙故在，臣令男諶亟悉焚毀。臣與寔僚友，鼎臣鄉曲之舊，鼎臣爲御史，臣延譽推引，實有力焉。待之不疑，因以誠告，豈謂傾險包藏，甘爲鷹犬，惟陛下察之。」未幾，卒官。詔錄諶爲郊社齋郎。

鼎臣，棣州人。既逐京，會昌朝罷，夏竦自北京召爲相。鼎臣先論竦在并州杖殺私僕，復與諫官、御史言竦論議與陳執中異，不可共事。竦既罷，遂以刑部員外郎知諫院。上言：「朝廷方與契丹保誓約，而楊懷敏增廣塘水，輒生事，民或怨叛，雖斬懷敏，無及矣。」遂爲河北體量安撫，令經度塘水利害，而鼎臣更顧望，依違不能決。昌朝與都轉運使施昌言議河事不合，鼎臣自度支副使拜天章閣待制，代昌言，數月卒。

呂景初字沖之，開封酸棗人。以父蔭試秘書省校書郎，舉進士，歷汝州推官，改著作佐郎、知夏陽縣，僉書河南府判官，通判幷州。高若訥薦爲殿中侍御史。

張貴妃薨，有司請依荆王故事，輟視朝五日，或欲更增日，聽上裁，乃增至七日。景初言：「妃一品當輟朝三日，禮官希旨，使恩禮過荆王，不可以示天下。」妃既追册爲皇后，又詔立忌，景初力爭，乃罷。

時兵冗，用度乏，景初奏疏曰：「聖人在上，不能無災，而有救災之術。今百姓困窮，國用虛竭，利源已盡，惟有減用度爾。用度之廣，無如養兵。比年招置太多，未加揀汰。若兵皆勇健，能捍寇敵，竭民膏血以啗之，猶爲不可，況羸疾老怯者，又常過半，徒費粟帛，戰則先奔，致勇者亦相牽以敗。當祖宗時，四方割據，中國纔百餘州，民力未完，耕植未廣，然用度充足者，兵少故也，而所征皆克。自數十年來，用數倍之兵，所嚮必敗。以此，知兵在精，不在衆也。議者屢以爲言，陛下不卽更者，由大臣媮安避怨，論事之臣，又復緘默，則此弊何時而息。望詔中書、樞密院，議罷招補，而汰冗濫。」

又言：「坐而論道者，三公也。今輔臣奏事，非留身求罷免，未嘗從容獨見，以評講治道。雖願治如堯、舜，得賢如稷、契，而未至於治者，抑由此也。願陛下於輔臣、侍從、臺諫之列，擇其忠信通治道者，屢詔而數訪之，幸甚！」又與言事御史馬遵、吳中復奏彈梁適與劉宗孟連姻，而宗孟與冀州富人共商販。下開封府劾治，所言不實，皆坐謫，景初通判江寧府。徙知衡州，復召還臺。

嘉祐初，大雨水，景初曰：「此陰盛陽微之誡也。」乃上疏稱：「商、周之盛，並建同姓；兩漢皇子，多封大國；有唐宗室，出爲刺史；國朝二宗，相繼尹京。是欲本支盛強，有磐石之安，則姦雄不敢內窺，而天下有所倚望矣。願擇宗子之賢者，使得問安侍膳於宮中，以消奸萌，或尹京典郡，爲夾輔之勢。」時狄青爲樞密使，得士卒心，議者憂其爲變。景初奏疏曰：「天象謫見，妖人訛言，權臣有虛聲，爲兵衆所附，中外爲之恟恟。此機會之際，間不容髮，蓋以未立皇子，社稷有此大憂。惟陛下蚤爲之計，則人心不搖，國本固矣。」數詣中書白執政，請出青。文彥博以青忠謹有素，外言皆小人爲之，不足置意。景初曰：「青雖忠，如衆心何，蓋爲小人無識，則或以致變。大臣宜爲朝廷慮，毋牽閭里恩也。」知制誥劉敞亦論之甚力，卒出青知陳州。

李仲昌以河事敗，內遣中人置獄。景初意賈昌朝爲之，卽言：「事無根原，不出政府，恐陰邪用此，以中傷善良。」乃更遣御史同訊。遷右司諫，安撫河北。還，奏比部員外郎鄭平占籍眞定，有田七百餘頃，因請均其徭役，著限田令。以戶部員外郎兼侍御史知雜事，判都水監，改度支副使，遷吏部員外郎，擢天章閣待制、知諫院，以病，未入謝而卒。

馬遵者字仲塗，饒州樂平人。嘗以監察御史爲江、淮發運判官，就遷殿中侍御史爲副使。入爲言事御史，謫知宣州，後復爲右司諫，以禮部員外郎兼侍御史知雜事，改吏部，直龍圖閣，卒。性樂易，善議論，其言事不爲激訐，故多見推行，杜衍、范仲淹皆稱道之。

吳及字幾道，通州靜海人。年十七，以進士起家，爲侯官尉。閩俗多自毒死以誣仇家，官司莫能辨，及悉爲讞正，前後活五十三人，提點刑獄移其法於一路。辟大理寺檢法官，徙審刑院詳議，累遷太常博士。

是時，仁宗春秋旣高，無子，及因推言閹寺，以及繼嗣事。至和元年，上疏曰：

臣聞「官師相規，工執藝事以諫。」臣幸得待罪法吏，輒原刑法之本，以効愚忠。切惟前世肉刑之設，斷支體，刻肌膚，使終身不息。漢文感緹縈之言，易之鞭箠，然已死而笞未止，外有輕刑之意，其實殺人。祖宗鑒既往之弊，蠲除煩苛，始用折杖之法，新天下耳目，茲蓋曠古聖賢，思所未至。陛下深惻民隱，親覽庶獄。歷世用刑，無如本朝之平恕，宜乎天降之祥。而方當隆盛之時，未享繼嗣之慶，臣竊惑焉。

或者宦官太多，而陛下未悟也。何則？肉刑之五，一曰宮，古人除之，重絕人之世。今則宦官之家，競求他子，勦絕人理，希求爵命。童幼何罪，陷於刀鋸，因而夭死者，未易悉數。夫有疾而夭，治世所羞，況無疾乎？有罪而宮，前王不忍，況無罪乎？臣聞漢永平之際，中常侍四員，小黃門十人爾。唐太宗定制，無得踰百員。且以祖宗近事較之，祖宗時宦官凡幾何人，今凡幾何人？臣愚以謂胎卵傷而鳳凰不至，宦官多而繼嗣未育也。伏望順陽春生育之令，濬發德音，詳為條禁。進獻宦官，一切權罷，擅宮童幼，寘以重法。若然，則天心必應，聖嗣必廣，召福祥、安宗廟之策，無先於此。

書奏，帝異其言，欲用為諫官，而及以父憂去。

嘉祐三年，始擢秘閣校理，踰月，改右正言。復上疏曰：「帝王之治，必敦骨肉之愛，而以至親夾輔王室。詩曰：『懷德惟寧，宗子惟城。』故同姓者，國家之屏翰；儲副者，天下之根本。陛下以海宇之廣，宗廟之重，而根本未立，四方無所係心，上下之憂，無大於此。謂宜發自聖斷，擇宗室子以備儲副。以服屬議之，則莫如親；以人望言之，則莫如賢。既兼親賢，然後優封爵以寵異之，選重厚樸茂之臣以教導之，聽入侍禁中，示欲爲後，使中外之人悚然瞻望，曰：『宮中有子矣。』陛下他日有嫡嗣，則異其恩禮，復令歸邸，於理無嫌，於義爲順，弭覬覦之心，屬天下之望，宗廟長久之策也。」既而又言：「開寶詔書：『內侍臣年三十無養父者，聽養一子爲嗣，并以名上宣徽院，違者抵死。』比年此禁益弛，夭絕人理，陰累聖嗣。願詔大臣明示舊制，上順天意，以綏福祐。」明年，遂權罷內臣進養子。

管勾登聞檢院。又上書論政事，謂：「倉廩空虛，內外匱乏，其弊在於官多兵冗。請汰冗兵，省冗官，然後除民之疾苦。」因條上十餘事，多施用之。建請擇館職，分校館閣書，并求遺書於天下，語在藝文志。

明年，日食三朝，及言：「日食者，陰侵陽之戒。在人事，則臣陵君，妻乘夫，四夷侵中國。今大臣無姑息之政，非所謂臣陵君，失在陛下淵默臨朝，使陰邪未盡屏也。后妃無權橫之家，非所謂妻乘夫，失在左右親倖，驕縱亡節也。疆場無虞，非所謂四夷侵中國，失在將帥非其人，爲敵所輕也。」因言孫沔在并州，苛暴不法，燕飲無度；龐籍前在并州，輕動寡謀，輒興堡砦，屈野之衄，爲國深恥。沔繇此坐廢。

又言：「春秋有告糴，陛下恩施動植，視人如傷。然州郡官司各專其民，擅造閉糴之令，一路饑，則鄰路爲之閉糴；一郡饑，則隣郡爲之閉糴。夫二千石以上，所宜同國休戚，而坐視流離，豈聖朝子育兆民之意哉！」遂詔：「隣州、隣路災傷而輒閉糴，論如違制律。」

久之，遷右司諫、管勾國子監。在職數年，以勁正稱，遇事無小大輒言。嘗請毋納羣臣上尊號，出後宮私身及非執事人，毋以御寶白箚子賜近倖家人冠帔及比丘尼紫衣；幷責執政大臣因循苟簡，畏避怨謗，宜用唐李吉甫故事，選拔賢俊，約杜預遺法，旌擢守令；復置將作監官屬，專領營造；論入內都知任守忠陵轢駙馬都尉李瑋及干求內降。

會諫官陳升之建請裁節班行補授，下兩制、臺諫官集議。主鐵冶者，舊得補班行。至是，議罷之。既定稿，及與御史沈起輒增注興國軍磁湖鐵冶如舊制。主磁湖冶者，大姓程叔良也。翰林學士胡宿等卽劾及與起職在臺諫，而爲程氏經營占錮恩例，請詔問狀，皆引伏。及出爲工部員外郎、知廬州，進戶部、直昭文館、知桂州。卒，錄其弟齊爲太廟齋郎。

及當官有守，初爲檢法官，三司請重鑄鐵錢法至死。下有司議，及爭不可，主者恚曰：「立天下法，當由一檢法邪？」及曰：「義理爲先，安有高下？」卒不爲詘。

范師道字貫之，蘇州長洲人。進士及第，爲撫州判官，後知廣德縣。縣有張王廟，民歲祠神，殺牛數千，師道禁絕之。通判許州，累遷都官員外郎，吳育舉爲御史。奏請罷內降推恩，擇宰相久其任，選宗室賢者養宮中備儲貳。

初，皇祐中，賈昌朝上議置五輔郡，設京畿轉運使、提點刑獄，號爲「拱輔京師」，而論者謂宦官謀廣親事親從兵，欲取京畿財賦贍之，因以收事柄。師道力奏非便，遂復舊制。又以四年貢舉，士苦淹久，請易爲三年。宰相劉沆護葬溫成皇后，禮官議稱「陵」，師道以爲非典制，數以爭，沆惡之，引著令「臺官滿二年當補外」，出知常州。臺諫官共言師道不當去，不報。徙廣南東路轉運使。舊補攝官皆委吏胥，無先後遠近之差，師道爲置籍次第之。召爲鹽鐵判官，道改兩浙轉運使，遷起居舍人、同知諫院，管勾國子監。

後宮周氏、董氏生公主，諸閤女御多遷擢。師道上疏曰：「禮以制情，義以奪愛，常人之所難，惟聰明睿哲之主然後能之。近以宮人數多而出之，此盛德事也。然而事有係風化治亂之大，而未以留意，臣敢爲陛下言之。竊聞諸閤女御，以周、董育公主，御寶白劄並爲才人，不自中書出誥。而掖庭覬覦遷拜者甚多，周、董之遷可矣，女御何名而遷乎？才人品秩既高，古有定員，唐制止七人而已。祖宗朝宮闈給侍不過二三百，居五品之列者無幾，若使諸閤皆遷，則不復更有員數矣。外人不能詳知，止謂陛下於寵幸太過，恩澤不節耳。夫婦人女子，與小人之性同，寵幸太過，則瀆慢之心生，恩澤不節，則無厭之怨起，御之不可不以其道也。且用度太煩，須索太廣，一才人之奉，月直中戶百家之賦，歲時賜予不在焉。況誥命之出，不自有司，豈盛時之事耶？恐斜封、墨勅，復見於今日矣。」

時大星隕東南，有聲如雷。又上疏曰：「漢、晉天文志：『天狗所下，爲破軍殺將，伏尸流血。』甘氏圖：『天狗移，大賊起。』今朝廷非無爲之時也，而備邊防盜，未見其至。雖有將帥，不老則愚，士卒雖多，勁勇者少。小人思亂，伺隙乃作，必有包藏險心，投隙而動者。宜揀拔將帥，訓練卒伍，詔天下預爲備禦。」仁宗晚年尤恭儉，而四方無事，師道言雖過，每優容之。遷兵部員外郎，兼侍御史知雜事、判都水監。與諫官、御史數奏樞密副使陳升之不當用，升之罷，師道亦出知福州。頃之，以工部郎中入爲三司鹽鐵副使。感風眩，遷戶部，直龍圖閣、知明州，卒。

師道厲風操，前後在言責，有聞卽言，或獨爭，或列奏。如陳執中家人殺婢，卒坐免；奪王拱辰宣徽使、李淑翰林學士；及王德用、程戡領樞密，宦官石全彬、閻士良升進，皆嘗奏數其罪焉。

李絢字公素，邛州依政人。少放蕩亡檢，兄綯敎之書，嚴其課業而出，絢遨自若，比暮綯歸，絢徐取書視之，一過輒誦數千言，綯奇之。稍長，能屬文，尤工歌詩。嘗以事被繫，既而逸去。

擢進士第，再授大理評事、通判邠州。元昊犯延州，並邊皆恐。邠城陴不完，絢方攝守，卽發民治城，僚吏皆謂當言上逮報，絢不聽。帝聞之喜，因詔他州悉治守備。還爲太子中允、直集賢院，歷開封府推官、三司度支判官，爲京西轉運使。是時，范雍知河南，王舉正知許州，任中師知陳州，任布知河陽，並二府舊臣，絢皆以不才奏之。

未幾，召修起居注，糾察在京刑獄。時宰相杜衍各拔知名士寘臺省，惡衍者指絢爲其黨。絢嘗舉陸經，經坐贓貶；而任布又言絢在京西苛察，出知潤州。改太常丞，徙洪州。時五溪蠻寇湖南，擇轉運使，帝曰：「有館職善飲酒者爲誰，今安在？」輔臣未諭，帝曰：「是往歲城邠州者，其人才可用。」輔臣以絢對，遂除湖南轉運使。絢乘驛至邵州，戒諸部按兵毋得動，使人諭蠻以禍福，蠻罷兵受約束。

復修起居注，權判三司鹽鐵勾院，復糾察在京刑獄。以右正言、知制誥奉使契丹，知審官院，遷龍圖閣直學士、起居舍人、權知開封府，治有能名。絢夜醉，晨奏事酒未解，帝曰：「開封府事劇，豈可沉湎於酒邪？」改提舉在京諸司庫務，權判吏部流內銓。初，慈孝寺亡章獻太后神御物，盜得，而絢誤釋之，詘知蘇州，未行，卒。

絢疏明樂易，少周遊四方，頗練世務。數上書言便宜。仁宗春秋高，未有繼嗣，絢因祀高禖還獻賦，大指言宜遠嬖寵，近賢良，則神降之福，子孫繁衍，帝嘉納之。性嗜酒，終以疾死。

何中立字公南，許州長社人。幼警邁，與狄遵度遊，遵度曰：「美才也！」其父棐遂以女妻之。進士及第，授大理評事，歷僉書鎭安、武勝二鎭節度判官，遷殿中丞，召試學士院，爲集賢校理。改太常博士、修起居注，遷祠部員外郎、知制誥，權發遣開封府事。

初，有盜慈孝寺章獻皇太后神御服器者，既就縶，李絢以屬吏，考掠不得其情，輒釋去。中立至，人復執以來，中立曰：「此眞盜也。」窮治之，卒伏罪。遷兵部員外郎，糾察在京刑獄。除龍圖閣直學士、知秦州。言者以爲非治邊才，改慶州。奏曰：「臣不堪於秦，則不堪於慶矣，願守汝。」不報。戍卒有告大校受贓者，中立曰：「是必挾他怨也。」鞭卒竄之。或曰：「貸姦可乎？」中立曰：「部曲得持短長以制其上，則人不自安矣。」還判太常寺，遷刑部郎中，進樞密直學士、知許州，改陳州。訛言大水至，居人皆恐，中立捕誅之。又徙杭州，暴中風卒。

中立頗以文詞自喜，然嗜酒無行。慶曆中，集賢校理蘇舜欽監進奏院，爲賽神會，預者皆一時知名士，中立亦在召中。已而辭不往，後舜欽等得罪，中立有力焉。

沈邈字子山，信州弋陽人。進士及第，起家補大理評事、知候官縣，通判廣州，累遷都官員外郎，歷知眞州、福州。慶曆初，爲侍御史。

時呂夷簡罷相，輔臣皆進官，邈言：「爵祿所以勸臣下，非功而授則爲濫。今邊鄙屢警，未聞廟堂之謀有以折外侮，無名進秩，臣下何勸焉。」又論：「夏竦除樞密使，而竦陰交內侍劉從愿。使從愿內濟狡譎，竦外專機務，姦黨得計，人主之權去矣。」其言甚切。權鹽鐵判官，轉兵部員外郎。時選諸路轉運加按察使，邈與張昷之、王素首被選。邈加直史館，使京東。歲餘，入爲侍御史知雜事。未幾，擢天章閣待制、知澶州，徙河北都轉運使，又徙陝西，歲中，加刑部郎中、知延州，卒。

邈疏爽有治才，然性少檢。在廣州時，歲遊劉王山，會賓友縱酒，而與閭里婦女，笑言無間。

論曰：慶曆以來，任諫官、御史，名有風采，見推於時者，𢇁臻、京之輩，凡數十人，觀其所陳，蓋不虛得。及之論閹宦，眞仁人之言，其最優乎！絢、中立、邈亦有美才，致位通顯，然皆以酒失自累，故不能無貶焉。

校勘記

〔一〕桑澤　原作「乘澤」，據長編卷一七六、劉攽彭城集卷三四賈黯行狀改。

〔二〕簡宗廟　原作「簡宗室」，據長編卷二〇六、王珪華陽集卷三八賈黯墓誌銘改。

宋史卷三百三

列傳第六十二

張昷之　魏瓘弟琰　滕宗諒劉越附　李防　趙湘　唐肅子詢
張逊　黄震　胡順之　陳貫子安石　范祥子育　田京

張昷之字景山。父秘，自有傳。昷之進士及第，補樂淸尉，潤州觀察推官，校勘館閣書籍，遷集賢校理，通判常州，知温州。蔡齊薦其材可用，擢提點淮南路刑獄。楊崇勳知亳州，恃恩爲不法，誣蒙城知縣王申罪，械送獄。昷之廉得寃狀，乃出申，配姦吏若干人。徙廣南東路轉運使。夷人有犯，其酋長得自治而多慘酷，請一以漢法從事。權度支判官，爲京西轉運使，加直史館，徙河北。被邊諸州發卒斬西山木，卒逃入契丹者歲數百人，敵旣利其所開地，又得亡卒，故不爭。昷之戒斬伐毋得深入北地，卒亦不敢逃。

還，爲鹽鐵副使，擢天章閣待制、河北都轉運按察使。保州、廣信、安肅軍自五代以來別領兵萬人，號緣邊都巡檢司，亦曰策先鋒，以知州、軍爲使，置副二人，分所領卒爲三部，使援隣道。太祖嘗用之有功，詔每出巡別給糧錢以優之。其後州將不復出，內侍爲副，數出巡，部卒偏得稟賜，軍中以爲不均。通判保州石待舉言於昷之，請合三部兵更出入，季一出卽別給錢糧，餘悉罷，仍請以武臣代內侍。時楊懷敏方任邊事，尤不悅巡檢司。雲翼卒惡石待舉，遂殺之以作亂。昷之自魏馳至城下，召諸將部分攻城，使人請懷敏曰：「不卽來，當以軍法從事。」既至，又以兵自衞，昷之曰：「諸將方集，獨敢以兵隨，將欲反邪！」叱去衞者。城開，田況潛殺降兵數百人，昷之預知其謀。除戶部副使，既而坐前事奪職，知虢州。王則反貝州，有言昷之在河北捕得妖人李教不殺，使得逸去，今乃爲則主謀，事平，無其人。會冀州人段得政詣闕，自言「嘗爲叔父屯田郎中曇賕免緣坐」，且言「曇以書屬昷之」，乃下御史按劾，雖不得書，猶奪三官，監鄂州稅。知漢陽軍，稍遷刑部郎中，復待制、知湖州，徙揚州。以光祿卿致仕，卒。昷之喜吏事，所至有聲。退居築家廟，率子弟歲時奉祠。

魏瓘字用之。父羽奏補秘書省校書郎、監廣積倉，知開封府倉曹參軍。持法精審，明吏事。上元起綵山，闕前張燈，與宦者護作，宦者挾氣，視瓘年少，輒誅索侵擾。瓘密以聞，詔杖宦者遣之。

瓘門人魏綱上疏詆天書，流海島，瓘亦坐是停官。復監鄧州稅、鄂州茶，以大理寺丞知衡山縣，通判壽州，歷知循、隨、安州，提點廣南西路刑獄。邕州獠戶緣逋負沒婦女爲傭者一千餘人，悉奏還其家。就除轉運使。劉鋹時計口以稅，雖舟居皆不免，至是而雷、化、欽、廉、高州猶未除，瓘爲除之。減柳州無名役四百人。召權度支判官。尋以罪降知洪州，徙梓州路轉運使，還知蔡州、潭州，爲京西轉運使，江、淮制置發運使，自主客郎中遷太常少卿，知廣州。築州城環五里，疏東江門，鑿東西澳爲水閘，以時啓閉焉。拜右諫議大夫，再任臨江軍判官。

史沆性險詖，嘗爲瓘所劾免。會廣州封送貢餘椰子煎等餉京師，輒邀留之，飛奏指以爲珍貨，詔遣內侍發驗無有，沆坐不實廢，瓘亦降知鄂州。未踰年，復爲陝西轉運使，徙河北。以給事中知開封府，政事嚴明，吏民憚之。內東門索命婦車，得賂遺掖庭物，付府驗治，獄未上，內降釋罪。諫官吳奎言法當執奏，而瓘不卽奏行，請以廢法論，降知越州。

儂智高寇廣東、西，獨廣州城堅守不能下。於是論築城功，遷工部侍郎、集賢院學士，復知廣州，兼廣東經略安撫使，給禁卒五千，聽以便宜從事。屬狄青已破賊，召還，糾察在京刑獄。議者請開六塔河，塞商胡北流，宰相主其說，命瓘按視，還奏以爲不可塞。下溪州蠻彭士羲叛，將發兵討除。進龍圖閣直學士、知荆南。瓘以爲「五溪之險，師行鳥道，諸將貪功生事，於國家何所利？」因條上三策，以招徠爲上，守禦爲下，功取爲失。不報。後卒如瓘議。徙澶州、滑州。又徙鄧州，不行，請老，以吏部侍郎致仕，卒。

瓘所至整辦，與人置對未嘗屈。史沆、王逵以善訟名天下，瓘既廢沆，又嘗奏抵逵罪，專任機數，不稱循吏。弟琰。

琰字子浩，以父恩授秘書省正字，爲吏強敏，名齊于瓘。嘗通判陳州，適歲饑，百姓相率強取人粟，坐死者甚衆，琰曰：「此迫於窮餓，豈得已者。」坐其首黥之。歷知壽、潤、滁、安州。壽州盜殺寺童子，有司執僧笞服，琰廉其非罪，命脫械縱去，一府爭以爲不可，後數日得眞盜。富人犯法當死而死獄中，琰曰：「是嘗欺匿異籍孤弱者財，所以自斃，覬不可窮治爾，其吏受賕而爲之謀乎？」後有告者如琰所料。累官司農卿、知福州，徙廣州。以疾告，得知江寧府。晚昏眊，縱私人亂法，日笞扑無罪吏卒。監司劾奏，召判刑部，乃致仕，進衞尉卿，卒。

滕宗諒字子京，河南人。與范仲淹同年舉進士，其後仲淹稱其才，乃以泰州軍事推官召試學士院。改大理寺丞，知當塗、邵武二縣，遷殿中丞，代還。會禁中火，詔劾火所從起，宗諒與秘書丞劉越皆上疏諫。宗諒曰：「伏見掖庭遺燼，延爇宮闥，雖沿人事，實繫天時。詔書亟下，引咎滌瑕，中外莫不感動。然而詔獄未釋，鞫訊尚嚴，恐違上天垂戒之意，累兩宮好生之德。且婦人柔弱，箠楚之下，何求不可，萬一懷冤，足累和氣。祥符中，宮掖火，先帝嘗索其類寘之法矣，若防患以刑而止，豈復有今日之虞哉。况變警之來，近在禁掖，誠願修政以禳之，思患以防之。凡逮繫者特從原免，庶災變可銷而福祥來格也。」疏奏，仁宗爲罷詔獄。時章獻太后猶臨朝，宗諒言國家以火德王，天下火失其性由政失其本，因請太后還政，而越亦上疏。太后崩，擢嘗言還政者，越已卒，贈右司諫，而除宗諒左正言。

劉越者字子長，大名人。少孤貧，有學行，亦宗諒同年進士。嘗知襄城、固始二縣，有能名。既贈官，又官其一子，賜其家錢十萬。

宗諒後遷左司諫，坐言宮禁事不實，降尚書祠部員外郎、知信州。與范諷雅相善，及諷貶，宗諒降監池州酒。久之，通判江寧府，徙知湖州。元昊反，除刑部員外郎、直集賢院、知涇州。葛懷敏軍敗於定川〔一〕，諸郡震恐，宗諒顧城中兵少，乃集農民數千戎服乘城，又募勇敢，諜知寇遠近及其形勢，檄報旁郡使爲備。會范仲淹自環慶引蕃漢兵來援，時天陰晦十餘日，人情憂沮，宗諒乃大設牛酒迎犒士卒；又籍定川戰沒者於佛寺祭酹之，厚撫其孥，使各得所，於是邊民稍安。

仲淹薦以自代，擢天章閣待制，徙慶州。上言：「朝廷既授范仲淹、韓琦四路馬步軍都總管、經略安撫招討使，而諸路亦帶招討稱號，非所宜。」詔罷之。御史梁堅劾奏宗諒前在涇州費公錢十六萬貫，及遣中使檢視，乃始至部日，以故事犒賚諸部屬羌，又間以饋遺遊士故人。宗諒恐連逮者衆，因焚其籍以滅姓名。仲淹時參知政事，力救之，止降一官，知虢州。御史中丞王拱辰論奏不已，復徙岳州，稍遷蘇州，卒。

宗諒尙氣，倜儻自任，好施與，及卒，無餘財。所蒞州喜建學，而湖州最盛，學者傾江、淮間。有諫疏二十餘篇。

李防字智周，大名內黃人。舉進士，爲莫州軍事推官。隨曹彬入契丹，授忠武軍節度推官。括磁、相二州逃戶田，增租賦十餘萬。因請均定田稅，又請縣有破逃五十戶者令佐降下考，百戶殿三選，二百戶停所居官，能招攜者旌賞之。改秘書省著作佐郎、通判潞州，遷秘書丞。體量二浙民饑，建言逃戶田宜卽召人耕種，使人不敢輕去畎畝，而官賦常在。又請京師置折中倉，聽人入粟，以江、浙、荆湖物償之。擢開封府推官，請與判官間三五日卽府司軍巡院察寃獄。出爲峽路轉運副使。先是沿江水遞，歲役民丁甚衆，頗廢農作，防悉以城卒代之。會分川、峽爲四路，徙防梓州路轉運使，累遷尙書工部員外郞，爲三司戶部判官。

景德初，江南旱，詔與張知白分東、西路安撫。上言：「秦羲嘗增江、淮、兩浙、荆湖榷酤錢，民頗煩擾。江南以歲饑權罷，而淮南、荆湖未被德音。」詔悉罷之，仍詔羲等毋得復增榷酤之利。遂爲江南轉運。淮南舊不禁鹽，制置司請禁鹽而官自鬻之，使兵夫輦載江上，且多漂失之患。防請令商人入錢帛京師，或輸芻糧西北邊，而給以鹽，則公私皆利，後釆用之。徙知應天府，鑿府西障口爲斗門，洩汴水，淤旁田數百畝，民甚利之。又徙興元府，入爲三司鹽鐵判官，失舉免官。後起通判河南府，徙知宿、延、亳三州，爲利州路轉運使，累遷兵部郞中、糾察刑獄，擢右諫議大夫、知永興軍，進給事中，復知延州，更耀、潞二州，卒。

防好建明利害，所至必有論奏，朝廷頗施行之。其精力過人。防在江南，晏殊以童子謁見，防命賦詩，使還薦之，後至宰相。

趙湘字巨源，華州人。進士甲科，歷彰武、永興、昭武三軍節度推官，遷秘書省著作佐郎、知新繁縣。以吏最，命知商州，徙隴州、興元府，再遷太常博士。上補政忠言十篇，召判宗正寺，賜白金二百兩。久之，上書言：「元德李太后母育聖躬，請祔太宗廟室。」後用其說。册趙德明，假尚書禮部員外郎，爲官告副使。

擢殿中侍御史，權判三司勾院，上言：「漢章帝以月令冬至之後有順陽助生之文，而無鞫獄斷刑之政，遂定令毋以十一月、十二月報囚。今季冬誕聖之月而決大辟不廢。願詔有司，自仲冬留大辟弗決，俟孟春臨軒閱視，情可矜惻者貸之，他論如法。」眞宗曰：「此固善矣，然慮繫囚益淹久，吏或因緣爲姦爾。」湘又上書請封禪。未幾，命管勾南宮北宅事。東封泰山，爲東京留守推官，禮成，遷侍御史。昇州火，命湘往致祠，兼問民疾苦。還言轉運使劉炤弛職不按部，知洪州馬景病不任事，皆罷黜之。

糾察刑獄，改尚書刑部員外郎兼侍御史知雜事。湘又言：「舊制文武常參官日趨朝，並赴待漏院俟禁門闢，今則辰漏上始放外朝，故朝者多後時乃入。望敕正衙門主者察晚至，以懲其慢。若風雨寒暑託病不朝者罪之。」時帝親製五箴以自儆，湘因言：「宗室風化所本，宜有以訓厲，願特製銘以賜南北邸。」帝悅，爲製宗室座右銘，賜寧王元偓以下并及湘，且諭之曰：「卿宗姓也，故賜卿。」祀汾陰，爲考制度副使，請如周官置土訓，錄所過州縣山川與俗好惡，日上奏御。兼判宗正寺。歷三司戶部、度支副使。祀太清宮，管勾留司三司事。爲鹽鐵副使，再遷工部郎中、直昭文館，出知河南府，徙河中府，爲京西轉運使。又徙鳳翔府、延州，遷太常少卿、知襄州。又知應天府，進右諫議大夫，復知河南，爲集賢院學士，以疾徙虢州，卒。

唐肅字叔元，杭州錢塘人。當錢俶時，始七歲，能誦五經，名聞其國中。後與孫何、丁謂、曹商游，學者慕之。舉進士，調郿縣主簿，徙泰州司理參軍。有商人寓逆旅，而同宿者殺人亡去，商人夜聞人聲，往視之，血沾商人衣，爲捕吏所執，州趣獄具。肅探知其寃，持之，後數日得殺人者。後守雷有終就辟爲觀察推官。遷秘書省著作佐郎，歷知聞喜、福昌縣，通判陝州。召拜監察御史。或薦肅爲羣牧判官，眞宗曰：「朕欲別用肅。」遂提點梓州路刑獄。遷殿中侍御史，入爲三司戶部判官，出知舒州。遷侍御史，爲福建路轉運使，判三司開拆司。再遷工部郎中、知洪州。尋爲江南東路轉運使，擢三司度支副使。奉使契丹，還，遷刑部。爲龍圖閣待制、登聞檢院，知審刑院，卒。子詢。

詢字彥猷，以父任爲將作監主簿。天聖中，詔許天下士獻文章，應詔者百數，有司第其善者，詢數人而已，詔賜進士及第、知長興縣。

後以太常博士知歸州，用翰林學士吳育薦爲御史，未至，喪母。服除，育方參政事，宰相賈昌朝與詢有親嫌，育數與昌朝言，詢用故事當罷御史，昌朝欲留詢，不得已，以知廬州。凡官外徙者皆放朝辭，而詢獨不用，比入見，中丞張方平乃奏留詢，育爭不能得，詢由是怨育而附昌朝。昌朝雅不善育，詢希其旨上奏曰：「賢良方正、直言極諫、茂才異等科，漢、唐皆不常置。若天見災異，政有闕失，則詔在位薦之，不可與進士同時設科。若因災異非時舉擢，宜如漢故事親策當世要務，罷秘閣之試。」育亦奏言：「三代以來，取士之盛，莫如漢、唐。漢詔舉賢良文學直言極諫之士，非有災異而舉。唐制科之盛，固不專於災異也。況災異之出，或稱年所無，則此舉奚設？或頻歲而有，則於事太煩。令禮部進士數年一舉，因以制科隨之，則事與時宜。又從而更張之，使遺材絕望，非所以廣賢路也。」仁宗是育言，詔禮部：「自今制科隨進士貢舉，其著爲令。」時育由制科進，帝以爲得人，故詢力肆排詆，意在育不在制科也。

育弟婦故駙馬都尉李遵勖妹，有六子而寡。詢又奏育弟婦久寡不使更嫁，欲用此附李氏自進。後詢終以故事罷御史，除尙書工部員外郎、直史館、知湖州，徙江西轉運使。

會詔淮南、江、浙、荆湖六路轉運司移文發運使如所屬，詢爭以爲不可，乃移福建路。還，爲三司戶部判官，又判磨勘司，出爲江東轉運使。上言：「執政純取科名顯者修起居注，非故事。」未幾，起居注闕人，帝特用詢，遂知制誥。以參知政事曾公亮親嫌，出知蘇州，徙杭、靑二州，進翰林侍讀學士，累遷右諫議大夫。召還，勾當三班院，判太常寺，進給事中，卒，贈禮部侍郎。有集三十卷。

詢少刻勵自修，已而不固所守，及知湖州，悅官妓取以爲妾。好畜硯，客至輒出而玩之，有硯錄三卷。子坰，附王安石爲監察御史裏行，自有傳。

論曰：宋承平日久，吏多以嚴刻爲治。昷之辨寃獄，配姦吏；瓘奏還婦女爲傭者若干人；琰吏事不下於瓘，脫械縱囚，審知姦弊，何其明且決也。宗諒、劉越以孤生立朝，請太后還政。越年不逮用，聲名與宗諒同矣。防請罷榷酤，興水利，湘廉問疾苦，按不稱職者，肅明於獄訟：皆不多見也。然昷之以殺降而奪官，瓘以能置對而興謗，詢傳會喜進，竊非其據，雖列侍從，君子所不與也。

張述字紹明，遂州小溪人。舉進士，調咸陽縣主簿，改大理寺丞，遷太常博士。皇祐中，仁宗未有嗣，述上書曰：「生民之命，繫於宗廟社稷，而繼嗣爲之本。匹夫有百金之産，猶能定謀託後，事出于素，况有天下者哉。陛下承三聖之業，傳之千萬年，斯爲孝矣。宗廟社稷未有託焉，此臣所以夙夜彷徨而爲陛下憂也。謂宜愼擇宗親才而賢者，異其禮秩，試以職務，俾内外知聖心有所屬，則天下大幸。」至和元年，復上疏曰：「臣聞『明兩作離，大人以繼明照四方』。離爲日，君象也。二明相繼故能久照，東昇西沒，晝夜迭運，數之常也。陛下御天下且三紀矣，是日之正中也，而未聞以繼照爲慮，臣竊疑之。歷觀前世或令出宮闈，或謀起閹寺，或姦臣首議，利幼主以專政，假後宮以盜權，安危之機發於頃刻。朝議恬然，曾不爲計，此臣拳拳爲陛下言也。」述前後七上疏，最後語尤激，仁宗終不以爲罪。

述慷慨喜論事，歷通判延州，知泗州，皆有政跡。後以尙書職方員外郎爲江、浙、荆湖、福建、廣南路提點坑冶鐵錢事〔三〕，行至萬州，道病卒。

黃震字伯起，建州浦城人。進士及第，累遷著作佐郎、通判遂州。嘗給兩川軍士緡錢，詔至西川，而東川獨不及，軍士謀爲變。震白主者曰：「朝廷豈忘東川邪？殆詔書稽留爾。」即開州帑給錢如西川，衆乃定，明日詔至。累遷尚書都官員外郎、提點湖北路刑獄，還，判三司磨勘司，擢江、淮發運使。

先是，李溥自三司小吏爲發運使十餘年，姦贓狠籍，丁謂黨之，無敢言者。震將行，上書自陳，辭頗憤激，眞宗知其意在溥也，諭之曰：「卿當與人和。」震對曰：「廉正公忠，臣職也。負陛下任使者，臣不敢與之和。」既至，發溥姦贓數十事，溥坐廢；而震亦爲溥訟，奪一官。罷，畏謂權，不敢自直，及謂貶，乃復官，知饒州，徙廣東轉運使。廣南歲進異花數千本，至都下枯死者十八九，道路苦其煩擾，震奏罷之。震在眞宗朝數論事，既卒，詔進其官一等。

胡順之字孝先，原州臨涇人。登進士第，試秘書省校書郎、知休寧縣。民有汪姓者豪橫，縣不能制，歲租賦常不入，適以訟逮捕，不肯出。順之曰：「令不行何以爲政。」命積薪環而焚之，豪大駭，少長趨出，叩頭伏辜，推其長械送州，致之法。爲青州從事。高麗入貢，中貴人挾以爲重，使州官旅拜於郊。順之曰：「青，大鎮也。在唐押新羅、渤海，奈何卑屈如此？」獨不拜。大姓龐士瑤陰結貴侍，匿兵械，服用擬尙方，親黨僕使甚多，州縣被陵蔑，莫敢發其姦。會士瑤殺兄子溫裕，其母訴于州，衆相視曰：「孰敢往捕者？」順之持檄徑去，盡得其黨。有詔鞫問，士瑤論死，其子弟坐流放者百餘人。改著作佐郎、知常熟縣，遷秘書丞，分司南京。

仁宗卽位，遷太常博士。天聖、明道間，再上宰相書，乞太后還政，宰相匿不以聞。太后崩，順之附疾置自言，求其書，出宰相家。仁宗嘉其忠，特遷尙書屯田員外郎。其後數論朝廷事，仲淹愛其才，然挾術尙權，喜縱橫捭闔。以目失明廢，州里皆憚焉。

陳貫字仲通，其先相州安陽人，後葬其父河陽，因家焉。少倜儻，數上疏言邊事。舉進士，眞宗識貫名，擢置高第。爲臨安縣主簿，以秘書省著作佐郎爲刑部詳覆官，改秘書丞，爲審刑院詳議官，歷知衞州、涇州。督察盜賊，禁戢不肖子弟，簿書筦庫，賦租出入，皆自檢覈。嘗謂僚屬曰：「視縣官物如己物，容有姦乎？」州人憚其嚴。擢利州路轉運使。歲飢，出職田粟賑飢者，又帥富民令計口占粟，悉發其餘。徙陝西，累遷尙書度支員外郎，入爲三司鹽鐵判官。領河北轉運使，請疏徐、鮑、曹、易四水，興屯田。徙河東，歷三司戶部、鹽鐵副使，以刑部郎中直昭文館，知相州。還朝卒。

貫喜言兵，咸平中，大將楊瓊、王榮喪師而歸，貫上書曰：「前日不斬傅潛、張昭允，使瓊輩畏死不畏法，請自今合戰而奔者，主校皆斬；大將戰死，裨校無傷而還，與奔軍同。軍屻城圍，別部力足救而不至者，以逗留論。」眞宗嘉納之。又嘗上形勢、選將、練兵論三篇，大略言：

地有六害。今北邊既失古北之險，然自威虜城東距海三百里，沮澤磽确，所謂天設地造，非敵所能輕入。由威虜西極狼山不百里，地廣平，利馳突，此必爭之地。凡爭地之利，先居則佚，後起則勞，宜有以待之。

昔李漢超守瀛州，契丹不敢視關南尺寸地。今將帥大抵用恩澤進，雖謹重可信，卒與敵遇，方略何從而出邪？故敵勢益張，兵折於外者二十年。

方國家收天下材勇以備禁旅，賴廩給賜予而已，恬于休息，久不識戰，可以衞京師，不可以戍邊境。請募土人隸本軍，籍丁民爲府兵，使北捍契丹，西捍夏人。敵之情僞，地勢之險易，彼皆素知，可不戰而屈人之兵矣。

後以疾卒。著兵略，世頗稱之。子安石。

安石字子堅，以蔭鎖廳及第。嘉祐中，爲夔、峽轉運判官。民蓄蠱毒殺人，捕誅其魁幷得良藥圖，由是遇毒者得不死。提點陝西刑獄，攝帥鄜延，能用諜者，敵動靜輒先聞。嘗敕邊民戒嚴，既而數萬騎奄至，無所獲而去，璽書嘉之。歷使京西、河東、淮南、京東，知蘇州、邠州、河中府。戶部副使韓絳鎮太原，議行鹽法，與監司多不合，加安石集賢殿修撰，爲河東都轉運使，議始定。謂其僚曰：「興事當有漸，急則擾。」乃出鹽付民而俾之券，使隨所得貿易，鬻畢而歸券，私販爲減。進天章閣待制。

官軍西征時，遣縣令佐督餉，安石謂文吏畏怯，武人邀功，乃但取敢行者。中約束以防衆潰，曰：「事不豫警，俟其犯而誅之，是罔民也。」王中正帥東師而西，報安石持四十日糧，而師駐白草平彌月。安石深念曰：「吾頓兵益久，而秦甲未至，倘不足於食，將以乏軍興罪我。」卽擅發民再餉，乃以聞。李舜舉劾其專，詔置獄於潞，安石自麟州會逮，俄而他路餽糧多不繼，神宗察其無罪赦之。

尙書省初建，召爲戶部侍郎。嘗與右曹李定同奏事，帝目留之曰：「卿豈非在淮南日不肯保李定持服者乎？」對曰：「詔問臣，臣不敢不以實奏。」帝曰：「以實事君，朕所與也。」進吏部侍郎。選人將改京官，須次久，臨當引對，率困於刑寺審問，或沮以微文，則一跌不復。安石則罷再問，以絕釁弊，遂爲後法。出知永興軍、鄧襄陳鄭州、河陽，至龍圖閣直學士。紹聖元年，卒，年八十一。

范祥字晉公，邠州三水人。進士及第，自乾州推官稍遷殿中丞、通判鎮戎軍。元昊圍城急，祥帥將士拒退之。請築劉璠堡、定川砦，從之。歷知慶、汝、華三州，提舉陝西銀銅坑冶鑄錢。祥曉達財利，建議變鹽法，後人不敢易，稍加損益，人輒不便，語在食貨志。提點本路刑獄，制置解鹽，累遷度支員外郎，權轉運副使。古渭砦〔三〕距秦州三百里，道經啞兒峽，邊城數請城之，朝廷以餽餉之艱不許。祥權領州事，驟請修築，未報，輒自興役。蕃部驚擾，青唐族羌攻破廣吳嶺堡，圍啞兒峽砦，官軍戰死者千餘人，坐削一官，知唐州。後復官，提舉陝西緣邊青、白鹽，改制置解鹽使，卒。

嘉祐中，包拯言：「祥通陝西鹽法，行之十年，歲減榷貨務使緡錢數百萬，其勞可錄。」官其子孫景郊社齋郎。熙寧中，平洮、岷、疊、宕、河州數千里，置郡縣，以古渭爲通遠軍。權陝西轉運副使張詵奏：「朝廷復洮、隴故地，自將帥至裨佐悉有功賞。臣見洮、渭父老言，皇祐中，轉運使祥因熟羌數被寇掠，其部族願輸土置城以爲守禦，乃即古渭爲砦。祥此舉足以消沮邊隙，可謂知攻守之利矣。兵出少挫，身黜謀廢，臣竊悲之。冀推原舊功，少賜褒卹，使天下知祥死猶被恩，且舒祥忠義之氣。」詔贈秘書，錄一子未官者。子育。

育字巽之，舉進士，爲涇陽令。以養親謁歸，從張載學。有薦之者，召見，授崇文校書、監察御史裏行。神宗諭之曰：「諸稱『聖諭說殄行』，此朕任御史之意也。」育請用大學誠意、正心以治天下國家，因薦載等數人。西夏入環慶，詔育行邊，還言：「寶元、康定間，王師與夏人三大戰而三北，今再舉亦然。豈中國之大，不足以支夏人數郡乎？由不察彼己，妄舉而驟用之爾。昨荔原之役，夏人聲言：『我自修壘，不與漢爭。』三犯之，然後掩殺，雖追奔亦不至境。由是觀之，其情大可見矣。」

又使河東，論韓絳築囉兀二砦：「始調外郡稍遠邊城前後三十萬夫，遼州最爲窮僻，然猶上戶配夫四百三十四，僦直計三千緡，下者十六人，其直十萬。輦運所經二十二驛，宣撫司不先告期，轉運使臨時督辦，致民皆破產，上下莫敢言。獨遼守李宏能約民力所勝，而餽不失期，顧以訴其實，翻令鞫罪。願貸被劾官吏，其芻糧在道者隨所至受之，使已困之民咸蒙德澤。」神宗皆從之。坐劾李定親喪匿服，罷御史，檢正中書戶房，固辭，乃知韓城縣。

詔往鄜延議畫地界，育言：「保疆不如持約，持約不如敦信。前日疆埸嘗嚴矣，一旦約敗兵拏，鬥者跌於前，耕者侵於後，是封溝不足恃也。使人左去而兵革右興，金繒朝委而烽烟夕舉，是持約不足恃也。今我見利而加兵，當講好之後，復自立界，不亦愧乎！」安南行營郭逵、趙卨以兵十萬伐交阯，行及長沙，病死相屬，逵、卨又不輯睦，育疏其不便，不從久之，知河中府，加直集賢院，徙鳳翔，以直龍圖閣鎮秦州。

元祐初，召爲太常少卿，改光祿卿、樞密都承旨。劉安世暴其閨門不肅，出知熙州。時又議棄質孤、勝如兩堡，育爭之曰：「熙河以蘭州爲要塞，此兩堡者蘭州之蔽也。棄之則蘭州危，蘭州危則熙河有腰膂之憂矣。」又請城李諾平、汝遮川，曰：「此趙充國屯田古榆塞之地也。」不報。入爲給事中、戶部侍郎，卒。高宗紹興中，採其抗論棄地及進築之策，贈寶文閣學士。

田京字簡之，世居滄州，其後徙亳州鹿邑。舉進士，調蜀州司法參軍，自秦州觀察推官改秘書省著作佐郎，爲大理寺詳斷官。

趙元昊反，侍讀學士李仲容薦京知兵法，召試中書，擢通判鎮戎軍。夏守贇爲陝西經略使，奏兼管勾隨軍糧料。入對，陳方略，賜五品服。尋爲經略安撫判官。守贇既罷，以武略應運籌決勝科，及試秘閣，與他科偕試六論，京自以記誦非所長，引去。

又參夏竦軍事。會遣翰林學士晁宗慤卽軍中問攻守孰便，衆欲大舉入討，京曰：「夏人之不道久矣，未易破也。今欲驅不習之師，深入敵境，與之角勝負，此兵家所忌，師出必敗。」或曰：「不如講和。」京曰：「敵兵未嘗挫，安肯降我哉？」未幾，元昊使黄延德叩延州乞降，以奇兵出原、渭，敗大將任福。夏竦素不悅京，坐是改通判廬州，徙知邵武軍，提點河北路刑獄事。乃上言：「請擇要官守滄、衞，鑿西山石臼廢道以限戎馬，義勇聚教，復給糧，置卒守烽燧，用奇正法訓兵，徙戰馬內地以息邊費。」凡十餘事，仁宗頗嘉納之。

入爲開封府判官，坐械囚送獄道死，出知蔡州，徙相、邢二州，復提點河北刑獄事。王則據恩州反，京縋城趣南關，入驍健營撫士卒。保州振武兵焚民居欲應賊，京捕斬之乃定。賊遣其黨崔象僞出降，京以其持妖言惑衆，又斬以徇，由是營兵二十六指揮在外者皆慴服，不敢叛。州之南關，民衆多如城中，得不陷賊，京有功焉。京督士攻城甚力，賊係京妻子乘城迫使呼曰：「毋亟攻，城中將屠我輩矣。」京叱諸軍益進攻，注矢仰射，殺其家四人。賊知京無所顧，乃牽妻子去，恩州平。以不能預察賊，降監鄆州稅。

先是，駐泊都監田斌亦以賊發不能捕，待罪兵間，及城破，從諸將入，以功遷宮苑副使，而京獨被謫。御史言失察賊過輕，忘家爲國義獨重，不宜左遷，乃徙通判兗州。又徙知江陰軍，知密州，歷提點淮南刑獄事、京西轉運使，累遷兵部員外郎、直史館、知滄州轉運使。京能招輯流民，爲之給田除稅租，凡增戶萬七千，特遷工部郎中。然傳者謂流民之數多不實，又強爲人田非其所樂，侵民稅地，倣古屯田法，其後法不成，所給種錢牛價，民多不償，鞭笞督責，至累年不能平，公私皆患之。擢天章閣待制、陝西都轉運使，改兵部郎中，復知滄州，拜右諫議大夫，卒。

京喜論議，然語繁而迂，頗通兵戰、曆算、雜家之術。爲人尙氣節，少時與常山董士廉、汾陰郭京相友善，俱以倜儻聞。著天人流術、通儒子十數書，又有奏議十卷。

論曰：人臣之職，當奮不顧身，而庸人怯夫於國事則噎喑而不言，若胡越肥瘠之不相干，如張述者其亦忠且果矣。黃震指李溥忤權臣，胡順之擊強宗，爲衆人所不敢爲；陳貫論兵事，范祥畫邊計，皆一時雋士。妖盜竊發，京出孤力保城南，置妻孥之憂，先登示賊，其勇蓋可壯也。

校勘記

〔一〕定川　原作「定州」，據本書卷二八九葛懷敏傳、范仲淹范文正公集卷一三滕宗諒墓誌銘改。下同。

〔二〕提點坑冶鐵錢事　據宋會要職官四三之一一九「舊坑冶、鑄錢隸轉運司，元豐初間以他官兼領，至元祐元年以坑冶、鑄錢通爲一司。」同上書職官四三之一二〇，崇寧時有「江、淮、荆、浙、福建、廣南路提點坑冶鑄錢司」，疑「鐵」爲「鑄」之誤。

〔三〕古渭砦　原作「古渭州」，據下文及本書卷八七地理志改。

宋史卷三百四

列傳第六十三

周渭　梁鼎　范正辭子諷　劉師道　王濟　方偕　曹穎叔
劉元瑜　楊告　趙及　劉湜　王彬　仲簡

周渭字得臣，昭州恭城人。幼孤，養于諸父。力學，工爲詩。劉鋹據五嶺，昭州皆其地也，政繁賦重，民不聊生。渭率鄉人六百踰嶺，將避地零陵。未至，賊起，斷道絕糧，復還恭城，則廬舍煨燼，遂奔道州。爲盜所襲，渭脫身北上。

建隆初，至京師，爲薛居正所禮。上書言時務，召試，賜同進士出身，解褐白馬主簿。縣大吏犯法，渭即斬之。上奇其才，擢右贊善大夫。時魏帥符彥卿專恣，朝廷選常參官強幹者莅其屬邑，以渭知永濟縣。彥卿郊迎，渭揖于馬上，就館始與相見，略不降屈。縣有盜傷人而逸，渭捕獲，并暴廋匿者按誅之，不以送府。

乾德中，通判興州。州領罝口砦多戍兵，監軍傲狠，縱其下爲暴，居人苦之。渭馳往諭以禍福，斬其軍校，衆皆慴服。詔書嘉奬，命兼本砦鈐轄。開寶元年，鳳州七房冶主吏盜隱官銀，擇渭往代。周歲，羨課數倍，賜緋魚。又遷知棣州。殿直傅延翰爲監軍，謀作亂走契丹，爲部下所告，渭擒之以聞；命械至闕下，鞫得實，斬於西市。渭在郡以簡肅稱，及還，吏民遮道泣留，俄詔賜錢百萬。

太平興國二年，爲廣南諸州轉運副使。初，渭之入中原，妻子留恭城。開寶三年，平廣南，詔昭州訪求，賜錢米存卹之。及是，渭始還故里，鄉人以爲榮。渭奏去劉鋹時稅算之繁者，重定田賦，興學校。遷殿中丞。屬有事交阯，主將逗撓無功。有二敗卒擐甲先至邕州市，奪民錢，渭捕斬之。後至者悉令解甲以入，訖無敢犯。移書交阯，諭朝廷威信，將刻日再舉。黎桓懼，卽遣使入貢。就加監察御史，在嶺南凡六年。徙知揚州，進殿中侍御史，改兩浙東、西路轉運使，入爲鹽鐵判官。遷侍御史，歷判戶部、度支二勾院，出知亳州，賜金紫，俄換宋州。加職方員外郞，爲益州轉運使。坐從子違詔市馬，黜爲彰信軍節度副使。咸平二年，眞宗聞其淸節，召還，將復用，詔下而卒，年七十七。上閔其貧不克葬，賻錢十萬，以其子建中爲乘氏主簿。

渭妻莫荃，賢婦人也。渭北走時，不暇與荃訣，二子孩幼，荃尙少，父母欲嫁之。荃泣誓曰：「渭非久困者，今違難遠適，必能自奮。」於是親鬻績碓舂，以給朝夕，二子皆畢婚娶。凡二十六年，復見渭，時人異之。朱昂著莫節婦傳紀其事。

梁鼎字凝正，益州華陽人。祖鉞，仕蜀爲劍門關使。父文獻，乘氏令。鼎，太平興國八年進士甲科，解褐大理評事、知秭歸縣，再遷著作佐郎。端拱初，獻聖德徽號頌萬餘言，試文，遷殿中丞、通判歙州，以能聲聞，有詔嘉奬。徙知吉州，民有蕭甲者，豪猾爲民患，鼎暴其凶狀，杖脊黥面徙遠郡。太宗尤賞其強幹，代還，賜緋魚，舊例當給銀寶瓶帶，太宗特以犀帶賜之，記其名於御屏。

淳化中，上言曰：「書云：『三載考績，三考黜陟幽明。』此乃堯、舜氏所以得賢人治天下也。三代而下，典章尙存，兩漢以還，沿革可見。至於唐室，此道尤精，有考功之司，明考課之令，下自簿尉，上至宰臣，皆歲計功過，較定優劣，故人思激厲，績効著聞。五代兵革相繼，禮法陵夷，顧惟考課之文，祇拘州縣之輩，黜陟既異，名存實亡。且夫今之知州，卽古之刺史，治狀顯著者，朝廷不知；方略蔑聞者，任用如故。大失勸懲之理，寖成苟且之風。是致水旱薦臻，獄訟塡溢，欲望天下承平，豈可得也。伏惟陛下繼二聖之丕圖，爲億兆之司牧，念百官之未乂，思四海之未康，特詔有司，申明考績之法，庶幾官得其人，民受其賜矣。」俄爲開封府判官，遷太常博士、三司右計判官，又爲總計判官，會復三部，換度支判官。至道初，鼎洎陳堯叟建議興三白渠，及陳、許、鄧、潁、蔡、宿、亳數州用水利墾田，事具食貨志。遷都官員外郎、江南轉運副使，就改起居舍人，徙陝西。二年，五將分道擊李繼遷，李繼隆擅出赤檉路無功，還奏軍儲失期，鼎坐削三任。復爲殿中丞，領職如故。以母老求郡，歷知徐、密二州。眞宗踐位，復舊官。咸平四年，遷兵部員外郎、知制誥，賜金紫。時三司督逋負嚴急，有久被留繫者，命鼎與薛映按籍詳定，多所蠲免。踰月，拜右諫議大夫、度支使。

時西鄙未寧，建議陝西禁解池鹽，所在官鬻，詔從之。以鼎爲制置使，楊覃爲轉運使，張賀副之，又以內殿崇班杜承睿同制置鹽事。議者多言：「邊民舊食青鹽，其價甚賤。洎禁青鹽以困賊，令商賈入粟，運解鹽於緣邊，價直與蕃鹽不相遠，故蕃部齎鹽至者，不能貨鬻。今若禁解池鹽，與內地同價，則民必冒禁復市青鹽，乃資盜粮也。」時劉綜爲陝西轉運使，鼎奏罷之。綜歸朝，亦密陳其非便。鼎既行，卽移文禁止鹽商，所在約束乖當，延州劉廷偉、慶州鄭惟吉皆不從規畫。

又鼎奏運咸陽倉粟以實邊，粟已陳腐，鼎卽與民，俟秋收易新粟，朝廷聞而止之，上封章密陳其煩擾者甚衆，鼎始謀多沮，遂令林特乘傳與永興張詠會鼎等同議可否，於是依舊通鹽商。鼎坐首議改作非是，詔罷度支使，守本官。未幾，丁內艱，起復。景德初，知三班院、通進銀臺司兼門下封駁事，出知鳳翔府。以居憂哭泣傷目，表求判西京留司御史臺。三年，卒，年五十二，賜二子出身。

鼎偉姿貌，磊落尙氣，有介節，居官峻厲，名稱甚茂。好學，工篆、籀、八分。嘗著隱書三卷，史論二十篇，學古詩五十篇。子申甫、吉甫。

范正辭字直道，齊州人。父勞謙，獲嘉令。正辭治春秋公羊、穀梁，登第，調補安陽主簿。開寶中，判入等，遷國子監丞、知戎州，改著作佐郎。代還，治逋欠於淄州，轉運使稱其能，轉左贊善大夫，就知淄州。太宗征河東，諸州部糧多不及期，正辭所部長山縣吏張秀督民輸，受錢二千，即杖殺之，郡中畏服。

太平興國中，改殿中丞，通判棣、深二州，遷國子博士。御史中丞劉保勳奏充臺直，會有言饒州多滯訟，選正辭知州事，至則宿繫皆決遣之，胥吏坐淹獄停職者六十三人。會詔令料州兵送京師，有王興者，懷土憚行，以刃故傷其足，正辭斬之。興妻詣登聞上訴，太宗召見正辭，廷辨其事。正辭曰：「東南諸郡，饒實繁盛，人心易動。興敢扇搖，苟失控馭，則臣無待罪之地矣。」上壯其敢斷，特遷膳部員外郎，充江南轉運副使，賜錢五十萬。

饒州民甘紹者，積財鉅萬，爲羣盜所掠，州捕繫十四人，獄具，當死。正辭按部至，引問之，囚皆泣下，察其非實，命徙他所訊鞫。既而民有告羣盜所在者，正辭潛召監軍王愿掩捕之。愿未至，盜遁去，正辭卽單騎出郭二十里，追及之。賊控弦持矟來逼，正辭大呼，以鞭擊之，中賊雙目，執之。賊自刃不殊，餘賊渡江散走，追之不獲，旁得所棄贓。賊尚有餘息，正辭卽載歸，令醫傅藥，創旣愈，按其姦狀伏法，而前十四人皆得釋。

端拱二年，代歸，與洛苑副使綦仁澤、西京作坊副使尹宗諤同監折中倉。先是，令商人輸米豆而以茶鹽酬其直，謂之「折中」，復有言其弊，罷之，至是復置焉。遷倉部員外郎，同知幕府州縣官考課，改判刑部，歷戶部、鹽鐵二判官，遷考功員外郎，通判定、揚、杭三州。眞宗卽位，遷膳部郎中，召判三司勾院，俄復爲鹽鐵判官。咸平二年，出爲河東轉運使。三年，以本官兼侍御史知雜事。

時，李昌齡自忠武行軍起知梓州，董儼知壽州，王德裔、楊緘皆任轉運使，後失官宰畿邑。正辭上言：「昌齡輩貪墨著聞，願陛下罷其民政。」詔追還儼敕，餘悉代之。又言：「治民之官，牧宰爲急。」舉吳奮等五人堪任大郡，復請令奮等各舉知縣、縣令，從之。坐鞫任懿獄，貶滁州團練副使。會赦，復爲倉部考功員外郎、通判鄆州，知淮陽軍，復膳部郎中，以年老，求監兗州商稅。大中祥符三年四月，卒，年七十五。子識、諷，並進士及第。

諷字補之，以蔭補將作監主簿，獻東封賦，遷太常寺奉禮郎。又獻所爲文，召試入等，出知平陰縣。會河決王陵埽，水去而土肥，失阡陌，田訟不能決，諷分別疆畔，著爲券，民持去不復爭。諷辨數激昂，喜爲名聲，然亦操持在己，吏不敢欺。爲縣存視貧弱，至豪猾大家，峻法治之。

舉進士第，遷大理評事、通判淄州。歲旱蝗，他穀皆不立，民以蝗不食菽，猶可藝，而患無種，諷行縣至鄒平，發官廩貸民。縣令爭不可，諷曰：「有責，令無預也。」即出貸三萬斛；比秋，民皆先期而輸。徙知梁山軍，以母老不行，得通判鄆州。時知州李迪貶衡州副使，宰相丁謂戒使者持詔書促上道，諷輒留迪數日，爲治裝祖行。詔塞決河，州募民入芻揵，而城邑與農戶等，諷曰：「貧富不同而輕重相若，農民必大困。且詔書使度民力，今則均取之，此有司悞也。」即改符，使富人輸三之二，因請下諸州以鄆爲率，朝廷從其言。

徙知廣濟軍，民避水堤居，凡給徭於官者，諷悉縱使護其家，奏除其租賦。累遷太常博士，以疾監舒州靈仙觀。尙御藥張懷德至觀齋祠，諷頗要結之，懷德薦于章獻太后，遂召還。問所欲言，對曰：「今權臣驕悍，將不可制。」蓋指曹利用也。利用貶，拜右司諫、三司度支判官。百官轉對，敕近臣閱視其可行者，類次以聞。諷奏曰：「非上親覽決可否，則誰肯爲陛下極言者。」玉淸昭應宮災，下有司治火所起，諷曰：「此天之戒告，乃復置獄以窮治之，非所以應天也。」獄由是得解。議者疑復修，諷上書諫：「山木已盡，人力已竭，宮必不成。臣知朝廷亦不爲此，其如疑天下何。宜詔示四方，使明知之。」於是下詔罷修。改尙書禮部員外郎兼侍御史知雜事。

錢惟演自許州來朝，圖相位，諷奏：「惟演嘗爲樞密使，以皇太后姻屬罷之，示天下以不私，固不可復用。」遂以惟演守河南。使契丹，道過幽州北，見原野平曠，慨然曰：「此爲戰地，不亦信哉。」遼人相目不敢對。擢天章閣待制、知審刑院，出知青州，再遷戶部郎中。時山東饑，宰相王曾，青人，家積粟多，諷發取數千斛濟饑民，因請遣使安撫京東。入爲右諫議大夫、權御史中丞。又請益漕江、淮米百萬，自河陽、河陰東下以賑貸之。錢惟演倡議獻、懿二太后宜祔眞宗廟室，諷彈奏之；及言其在太后時權寵甚盛，且與后族連姻，請絀去。仁宗不聽，諷袖告身以對曰：「陛下不聽臣言，臣今奉使山陵，而惟演守河南，臣早暮憂刺客。願納此，不敢復爲御史中丞矣。」帝不得已可之，諷乃趨出，遂貶惟演隨州。

陳堯佐罷參知政事，有王文吉者，告堯佐謀反，仁宗遣中官訊問，復以屬諷。夜中被旨究詰，且得其誣狀奏之。時上章懿皇后諡，宰相張士遜、樞密使楊崇勳日中不赴慰班，諷彈士遜與崇勳，俱罷。諷嘗侍對，帝語及郭后亡子。諷言亡子大義當廢，陰合帝旨，以龍圖閣直學士權三司使。時狄棐爲直學士已久，諷盛氣凌棐，宰相李迪右之，遂特詔班棐上，論者非之。尋轉閣學士，以疾免三司使，改翰林侍讀學士、管勾祥源觀。徙會靈觀，復改閣學士、給事中、知兗州。

既至郡，而龐籍爲廣南東路轉運使，未行，上言：「嚮爲侍御史，嘗奏彈諷以三司使曲爲左藏監庫吳守則奏課遷官。倘美人同父弟娶守則女，諷以銀鞍勒遺守則相結納。既出兗州，乃給言貧，假翰林白金器數千兩自隨，而增産於齊州，市官田虧平估。」置獄于南京劾之，諷坐方聽旨擅馳驛還兗州，當贖。籍所奏有不實，當免官。宰相呂夷簡嫉諷詭激，特貶諷武昌軍節度行軍司馬；貸籍，止降官知臨江軍。由是宰相李迪等坐親善諷皆斥。

歲中徙保信軍，聽居舒州持母喪，又許歸齊州。日飲酒自縱，爲時所譏。服除，改將作少監、知淮陽軍，遷光祿卿、知陝州，道改潞州。入見帝言：「元昊不可擊，獨以兵守要害，捍侵掠，久當自服。倘內修百度，躬節儉，如祖宗故事，則疆事不足憂。」復給事中，卒。

諷嘗建議朝廷當差擇能臣，留以代大臣之不稱職者。大臣聞而惡之。又數短參知政事王隨于帝前，因奏：「外人謂臣逐隨將取其位，願先出臣，爲陛下引姦邪去，而朝廷淸矣。」

又嘗與張士遜議事不合，諷曰：「世謂大事未易可議，小事不足爲，所爲終何事邪？」及爲龐籍訟，人謂大臣陰諷籍焉。

諷類曠達，然捭闔圖進，不守名檢，所與游者輒慕其所爲，時號「東州逸黨」。山東人顏太初作逸黨詩刺之，而姜潛者又嘗貽書以疏其過云。

子寬之，終尙書刑部郎中、知濠州。

劉師道字損之，一字宗聖，開封東明人。父澤，右補闕。師道，雍熙二年舉進士，初命和州防禦推官，歷保寧、鎭海二鎭從事，凡十年。王化基、呂祐之、樂史薦于朝，擢著作佐郎，纔一月，會考課，又遷殿中丞，出知彭州，就加監察御史。轉運使劉錫、馬襄上其治跡，召歸。會浦洛之敗，奉詔劾白守榮輩，獄成，太宗獎其勤，面賜緋魚。

川峽豪民多旁戶，以小民役屬者爲佃客，使之如奴隸，家或數十戶，凡租調庸斂，悉佃客承之。時有言李順之亂，皆旁戶鳩集，請擇旁戶爲三耆長迭主之，疇歲勞則授以官，詔師道使兩川議其事。師道以爲迭使主領則爭忿滋多，署以名級又重增擾害，廷奏非便，卒罷之。改祠部員外郎，出爲京東轉運使。眞宗嗣位，進秩度支。咸平初，范正辭薦其材堪長民，徙知潤州。三年，改淮南轉運副使兼淮南、江、浙、荆湖發運使。四年，以漕事入奏，特遷司封，俄爲正使，改工部郎中，代查道爲三司度支副使。七月，擢樞密直學士，掌三班。俄擢權三司使〔一〕，從幸澶淵，判隨駕三司，充都轉運使。

師道弟幾道，舉進士禮部奏名，將廷試，近制悉糊名較等，陳堯咨當爲考官，教幾道於卷中密爲識號。幾道既擢第，事泄，詔落其籍，永不預舉。師道固求辨理，詔曹利用、邊肅、閻承翰詣御史府推治之。坐論奏誣罔，責爲忠武軍行軍司馬，堯咨免所居官，爲鄆州團練副使〔二〕。二年〔三〕，以郊祀恩，起爲工部郎中、知復州，换秀州。

大中祥符二年，以兵部郎中知潭州，遷太常少卿。師道敏於吏事，所至有聲，吏民畏愛。長沙當湖、嶺都會，剖煩析滯，案無留事。歲滿，復加樞密直學士，换左司郎中，留一任。七年，李應機代還。應機未至郡，六月，師道暴病卒，年五十四，錄幾道爲試秘書省校書郎。師道性慷慨尚氣，善談世務，與人交敦篤。工爲詩，多與楊億輩酬唱，當時稱之。

王濟字巨川。其先眞定人，祖卿，有詞辨，趙王鎔召置幕府。鎔政衰，卿懼禍，避地深州饒陽，遂爲縣人。父恕，後唐時童子及第，開寶中，知秀州。會盜起，城陷，爲盜所殺，將幷害濟。濟伏柩號慟，謂賊曰：「吾父已死，吾安用生爲，但恨力不能殺汝，以報父讎爾！」賊義之，捨去。濟攜父骨匿山谷間。旣而官軍大集，濟脫身謁其帥朱乙，陳討賊之計。乙嘉之，遺以束帛，奏假驛置遣歸。

先是，濟母終於岳陽，權窆佛舍。至是，乃幷護二喪還饒陽。州將以聞，太祖召見，以其尙少，且俾就學。雍熙中，上書自陳死事之孤，得試學士院，補龍溪主簿。時調福建輸鶴翎爲箭羽。鶴非常有物，有司督責急，一羽至直數百錢，民甚苦之。濟諭民取鵝翎代輸，仍驛奏其事，因詔旁郡悉如濟所陳。縣有陂塘數百頃，爲鄉豪斡其利，會歲旱，濟悉導之，分漑民田。汀州以銀冶搆訟，十年不決，逮繫數百人，轉運使使濟鞫之，纔七日情得，止坐數人。

再調胙城尉，徙臨河主簿。轉運使王嗣宗被詔舉法官，以濟名聞。遷光祿寺丞、權大理丞，改刑部詳覆官、通判鎭州。牧守多勳舊武臣，倨貴陵下，濟未嘗撓屈。戍卒頗恣暴不法，夜或焚民舍爲盜。一夕，報有火，濟部壯士數十潛往偵伺，果得數輩幷所盜物，卽斬之。馳奏其事，太宗大悅。都校孫進使酒無賴，毆折人齒，濟不俟奏，杖脊送闕下，繇是軍城畏肅。就遷太子中舍，詔書獎勞。召判登聞鼓院，拜監察御史。上疏陳統天下之術、節民物之道，大者有十：擇左右，別賢愚，正名器，去冗食，加奉祿，謹政教，選良將，分兵戍，修民事，開仕進。其言切於時，詞多不載。

咸平初，濟以刑網尙繁，建議請删定制敕，乃命張齊賢領其事，濟預焉。刑統舊條：持仗行劫，不以贓有無，悉抵死。齊賢議貸不得財者，濟曰：「刑，期於無刑。以死懼之，尙不畏，況緩其死乎？」因與齊賢廷爭數四。濟詞氣甚厲，目齊賢爲腐儒。然卒從齊賢議，人以濟爲刻。改鹽鐵判官。

車駕巡師大名，調丁夫十五萬修黃、汴河，濟以爲勞民，詔濟馳往經度，還奏省十六七。齊賢時爲相，以河決爲憂。因對，幷召濟見，齊賢請令濟署狀保河不決，濟曰：「河決亦陰陽災沴，宰相苟能和陰陽，弭災沴，爲國家致太平，河之不決，臣亦可保。」齊賢曰：「若是，則今非太平邪？」濟曰：「北有契丹，西有繼遷，兩河、關右歲被侵擾。以陛下神武英略，苟用得其人，可以馴致，今則未也。」上動容，獨留濟問邊事。濟曰：「陛下承二聖之基，擁百萬之衆，蠢茲醜虜，敢爾憑陵，蓋謀謨當國之人未有如昔之比。臣謂國家所恃，獨一洪河耳！此誠急賢之秋；不然，臣懼敵人將飮馬於河渚矣。」又著備邊策十五條以獻。

三年，選官判大理寺，上曰：「法寺宜擇當官不回者，苟非其人，或有寃濫，卽感傷和氣。王濟近數言事，似有操持，可試之。」遂令濟權判大理寺事。福津尉劉瑩集僚舍，屠狗羣飮，杖一伶官致死，濟論以大辟，遇赦從流。時王欽若知審刑，與濟素不相得，又以濟嘗忤齊賢，乃奏瑩當以德音原釋。齊賢、王欽若議濟坐故入，停官。逾年，復爲監察御史、通判河南府。

景德初，徙知河中府。契丹南侵，上幸澶淵，詔緣河斷橋梁，毀船舫，稽緩者論以軍法。濟曰：「陝西有關防隔閡，舳艫遠屬，軍儲數萬，一旦沉之，可惜；又動搖民心。」因密奏寢其事，上深嘉歎，遣使褒諭。

未幾，召拜工部員外郎兼侍御史知雜事。三年，判司農寺。時周伯星見，濟乘間言曰：「昔唐太宗以豐年爲上瑞。臣願陛下日愼一日，居安慮危，則天下幸甚。」受詔與劉綜改定茶法，頗易舊制，由是忤丁謂、林特、劉承規輩，因與欽若迭詆訾之。

四年，拜本曹郎中，出知杭州。上面加慰諭，仍戒以朝廷闕失許密上言。遷刑部郎中。郡城西有錢塘湖，溉田千餘頃，歲久湮塞。濟命工濬治，增置斗門，以備潰溢之患，仍以白居易舊記刻石湖側，民頗利之。睦州有狂僧突入州廨，出妖言，與轉運使陳堯佐按其實，斬之，上嘉其能斷。大中祥符三年，徙知洪州，兼江南西路安撫使。屬歲旱民饑，躬督官吏爲糜粥，日親嘗而給之；錄饑民爲州兵，全活甚衆。是歲卒，年五十九，遺奏大旨以進賢退諛佞、罷土木不急之費爲言。

濟頗涉經史，好讀左氏春秋，性剛直，無所畏避。少時，深州刺史念金鎖一見器之，且託後於濟。金鎖沒，濟撫其孤，援寘祿仕。素與內臣裴愈有隙，愈坐事，上怒甚，命憲府鞫之，濟適知雜事，力爲辨理，遂獲輕典。子孝傑，國子博士。

論曰：渭有淸節，臨事多從便文。鼎好規畫。師道喜論世務。正辭按貪吏，辨寃獄。濟議論挺特，無所畏避。五臣者，仕不過監司、郡守，而名稱甚茂，可尙哉。

方偕字齊古，興化莆田人。年二十，及進士第，爲溫州軍事推官。歲饑，民欲隸軍就廩食，州不敢擅募。偕乃詣提點刑獄呂夷簡曰：「民迫流亡，不早募之，將聚而爲盜矣。」夷簡從之，籍爲軍者七千人。後遷汀州判官，權知建安縣。縣產茶，每歲先社日，調民數千鼓譟山旁，以達陽氣。偕以爲害農，奏罷之。

遷秘書省著作佐郎，歷知福淸、資陽縣。累遷尙書屯田員外郎，爲御史臺推直官。澧州逃卒傭民家自給，一日，誣告民事摩駝神，歲殺十二人以祭。州逮其族三百人繫獄，久不決。偕被詔就劾，令卒疏所殺主名，按驗皆亡狀，事遂辨，卒以誣告論死。知雜事龐籍薦爲御史裏行，再遷侍御史。南京鴻慶宮災，偕引漢罷原廟故事，請勿復修。

元昊寇塞門，鄜延副總管趙振逗撓不出救，詔偕往按之，法當斬。偕奏：「兵寡不敵，苟出以餌賊，無益也。」振由是得不死。爲開封府判官、江南安撫。三司歲出乳香、綿綺下州郡配民，偕奏罷之。更鹽鐵判官，遷兵部員外郎兼御史知雜事，言：「以罪謫監當者，監司勿得差權親民官。」判大理寺，改度支副使，擢天章閣待制、江淮制置發運使、知杭州，遷刑部郎中。

偕以吏事進，治杭州有能聲。喜飲酒，至酣宴無節。數月，暴中風，以太常少卿分司西京，遷光祿卿，卒。

曹穎叔字秀之，亳州譙人。初名熙，嘗夢之官府，見穎叔名，遂更名穎叔。進士及第，歷威勝軍判官、渭州軍事推官。御史中丞蔡齊薦爲臺主簿，改大理寺丞。韓億知亳州，辟僉書節度判官事，通判儀州。韓琦、文彥博薦其才，徙夔州路轉運判官。夔、峽尚淫祠，人有疾，不事醫而專事神，穎叔悉禁絕之，乃敎以醫藥。提點陝西路刑獄，夏人納款，詔與戶部副使夏安期、轉運使柳灝減戍卒吏員之冗者。爲開封府判官，時御史宋禧鞫衞士獄于內侍省，禧不能辨，及獄具，內侍使禧自爲牒，穎叔言禧爲制使辱命，請寘之法。元昊死，爲夏國祭奠使。除直史館、知鳳翔府，徙益州路轉運使，權度支副使。

儂智高寇嶺南，朝議以閩中久弛兵備，擢天章閣待制、知福州。累遷右司郎中，爲陝西都轉運使。自慶曆鑄大鐵錢行陝西，民盜鑄不已，三司上榷鐵之議。顥叔曰：「鐵錢輕而貨重，不可久行，況官自榷鐵乎？請罷鑄諸郡鐵錢，以三鐵錢當銅錢之一。」從之。兩川和買絹給陝西兵，而蜀人苦於煩斂，顥叔爲歲出本路緡錢五十萬，以易軍衣之餘者，兩川之民始無擾焉。進龍圖閣直學士、知永興軍；然年老，漸昏耄，事頗壅積，人或嘲誚之，卒于官。

劉元瑜字君玉，河南人。進士及第，補舞陽縣主簿，改祕書省著作佐郎、知雍丘縣，通判隰、并二州，知郢州。以太常博士爲監察御史，上言：「考課之法，自朝廷至員外郎、郎中、少卿，須清望官五人保任始得遷，故浮薄輩日趨權門，非所以養廉恥也。」詔罷之。

提舉河北便糴。會永寧雲翼軍士謀爲變，吏窮捕，黨與謀劫囚以反，百姓竊知多逃避。元瑜馳至，斬爲首者，其餘皆釋去不問。歷京西、河東轉運使，遷右司諫。劾奏「集賢校理陸經謫官在河南日，杖死爭田寡婦，且貸民鏹，監司列薦其才，投託權要，遂復館職，請重寘於法，幷坐保薦者。」詔屬吏，遂竄經袁州。

又疏「李用和、曹琮、李昭亮不可典軍；梁適不當除翰林學士；范仲淹以非罪貶，既復天章閣待制，宜在左右；尹洙、余靖、歐陽脩皆以朋黨斥逐。此小人惡直醜正者也。」既而與靖等相失，反言：「前除夏竦爲樞密使，諫臣數人摭其舊過，召至都門而罷之。自此以進退大臣爲己任，激訐陰私爲忠直，薦延輕薄，列之館閣，以唱和爲朋比。近除兩府，出自聖斷，獨黨人以進用不出於己，議論紛然，臣恐復被疏罷矣。前日孫甫薦葉清臣，毀丁度，效此也。」因論：「靖知制誥不宜兼領諫職，且奉使契丹，對契丹主倣六國語，辱國命，請加罪。」脩、靖深惡之，繇是論者以元瑜爲奸邪。

後除三司鹽鐵副使，以天章閣待制知潭州。傜人數爲寇，元瑜使州人楊謂入梅山，說酋長四百餘人出聽命，因厚犒之，籍以爲民，凡千二百戶。徙桂州，固辭，降鄧州。坐在潭州擅補畫工易元吉爲畫助教，降知隨州。又失保任，改信州，徙襄州。富人子張銳少孤弱，同里車氏規取其財，乃取銳父棄妾他姓子養之。比長，使自訴，陰賕吏爲助，州斷使歸張氏，銳莫敢辨。既同居逾年，車即導令求析居。元瑜察知，窮治得姦狀，黥車竄之，人伏其明。歷河中府，以左諫議大夫知青州，卒。

元瑜性貪，至竊販禁物，親與小人爭權，時論鄙之。

楊告字道之，其先漢州綿竹人。父允恭，西京左藏庫使，數任事有功。既死，賜告同學究出身，調廬江尉。時張景笞吏死而吏捕急，逃歸告，懼告不見納，告曰：「君勿憂也，吾死生以之。」景卒免。改豐城主簿，邑有賊殺人，投屍于江，人知主名，而畏不敢言。告聞，親往擒賊。有言賊欲報怨者，告不爲動。既而果乘夜欲刺告，告又捕得，致於法，境內肅然。

再調南劍州判官，知南安、六合、錢塘、寧國縣，改大理寺丞、通判江寧州〔四〕。盜殺商人，鑿舟沉屍江中。有被誣告者笞服，獄具，告疑其無狀，後數日，果得眞盜。徙知池州，累遷尚書司封員外郎、開封府推官、開拆司。爲趙元昊旌節官告使，元昊專席自尊大，告徙坐即賓位，莫之屈也。除京西轉運副使。屬部歲饑，所至發公廩，又募富室出粟賑之。民伐桑易粟，不能售，告命高其估以給酒，官民獲濟者甚衆。以疾，權管勾西京留臺。頃之，判三司憑由、理欠司，爲淮南轉運使，徙制置發運使，除三司戶部副使，更度支，安撫河東，改鹽鐵副使。歷祠部、度支、司封郎中，以少府監復爲制置發運使。拜右諫議大夫、知鄭州，徙江寧府、壽州。

告曉法令，頗知財利，而不務苛刻，時號能吏，然喜事權貴以要進。一子，力學有文，數爲近臣薦，召試，賜同進士出身，未幾卒。告悲傷之，尋卒。

趙及字希之，其先幽州良鄉人。父的，事契丹爲蔚州靈丘令，雍熙中，王師北征，乃歸，授偃師令，因家焉。及舉進士，爲慈州軍事推官，徙廣信軍判官，改秘書省著作佐郎、知魏縣，徙九隴，以母老監葉縣稅，歷黃河、御河催綱，通判靑州、大名府，累遷尙書屯田員外郎，被舉爲殿中侍御史、權宗正丞。詔劾夏守恩獄，內侍岑守中用賄撓法，及劾正其罪。遷侍御史，夏守贇經略西鄙還，及言其無功，不可復樞府。又疏罷郭承祐團練使。

未幾，請知懷州，徙徐州。還爲三司戶部判官，遷兵部員外郎、京東轉運按察使。知萊州張周物貪暴，及劾奏，貶周物嶺外。擢兼侍御史知雜事，數論時政，權判吏部流內銓。初，銓吏匿員闕，與選人爲市，及奏闕至即牓之，吏部牓闕自及始。遷戶部副使，以疾，改刑部郎中、直昭文館、知衞州，召爲鹽鐵副使。又以疾，請知汝州，歲餘，復召爲副使，不赴。徙知河中府，特拜天章閣待制、右司郎中。祀明堂，遷右諫議大夫。還判大理寺、流內銓。出知徐州，疾甚，求解近職，還州事，乃以本官管勾南京留司御史臺，未赴，卒。

及和厚謙退，內行尤篤，所治有聲，民吏愛之。

劉湜字子正，徐州彭城人。舉進士，爲澶州觀察推官，再調湖南節度推官，改秘書省著作佐郎、知益都縣，徙陰平。再遷太常博士、通判劍州。審閬州獄，活死囚七人。王堯臣安撫陝西，薦之，擢知耀州。富平有盜掠人子女者，既就擒，陽死，伺間逸去；捕得，復陽死，守者以報，湜趣焚其屍。拜監察御史，王德用自隨州詔還，近臣言其有反相，湜保右之。歷開封府推官、三司鹽鐵判官，遷殿中侍御史。上言：「轉運使掎摭郡縣，苛束官吏，人不得騁其材，宜稍寬假，不爲改者繩治之。」詔詰渭州劾尹洙私用公使錢，頗傅致重法，以故洙坐廢。還，爲尙書禮部員外郞兼侍御史知雜事，同判吏部流內銓，除鹽鐵副使。議者謂湜探宰相意，深致洙罪，故得優擢焉。

明年，宴紫宸殿，副使當坐殿東廡，湜不卽坐，趣出。閤門奏之，坐謫知沂州，徙兗州。又坐沂州誤出囚死罪，降知海州。起爲河東轉運使，遷戶部員外郞，復爲鹽鐵副使兼領河渠事。汴水絕，鑿河陰新渠，通漕運如故。

會江南饑，擢天章閣待制、知江寧府，奏運蘇州米五十萬斛，以貸饑民。除戶部郞中、知廣州。儂智高初平，湜練士兵，葺械器，作鐵鎖斷江路。有盜據山，赦貸罪招之，不肯降。湜知並山民資之食，卽徙民絕餉，盜困蹙乞降，民安之。居二年，母老求內徙，遂徙徐州。

湜喜曰：「昔布衣隨計，今以侍從官三品復典鄉郡，過始望矣。」又以左司郎中知鄆州，遷龍圖閣直學士、知慶州。

湜少賤，母更嫁營卒，既登第，具袍笏趨卒舍迎母，里人觀歎。然嗜酒，持法少恕，改知密州，以病卒。

王彬，光州固始人。祖彥英，父仁侃，從其族人潮入閩。潮有閩土，彥英頗用事，潮惡其逼，陰欲圖之。彥英覺之，挈家浮海奔新羅。新羅長愛其材，用之，父子相繼執國政。

彬年十八，以賓貢入太學。淳化三年，進士及第，歷雍丘尉。皇城司陰遣人下畿縣刺史，多厲民，令佐至與爲賓主。彬至，捕鞫之，得所受賂，致之法，自是詔親事官毋得出都城。易右班殿直，辭不受。後以秘書省著作佐郎通判筠州，歷知撫州。

撫州民李甲、饒英恃財武斷鄉曲，縣莫能制。甲從子詈縣令，人告甲語斥乘輿。彬按治之，索其家得所藏兵械，又得服器有龍鳳飾，甲坐大逆棄市。并按英嘗強取人拏，配嶺南，州里肅然。

擢提點荊湖南路刑獄，徙知潭州，入判三司戶部勾院，出爲京西轉運使，徙河北。部吏馬崇正倚章獻太后姻家豪橫不法，彬發其姦贓，下吏。忤太后意，徙京東，又徙河東、陝西。復爲三司鹽鐵判官，判都理欠、憑由司，累遷太常少卿，卒。

仲簡字畏之，揚州江都人。以貧，傭書楊億門下，億教以詩賦，遂舉進士。歷通判鄭州、河南府推官。改秘書省著作佐郎、知蕪湖縣，通判楚州，累遷尙書都官員外郎。改侍御史、安撫京東，遷知眞州，入爲三司度支判官。經制陝西糧草，就遷兵部員外郎、直史館、知陝州。徙江東轉運使，除侍御史知雜事，爲三司鹽鐵副使、工部郎中。奉使陝西，多任喜怒，以馬箠擊軍士流血，仁宗面詰之，不能對，出爲河東轉運使。

逾年，復爲鹽鐵副使，再遷兵部，擢天章閣待制、知廣州。儂智高犯邕州，沿江而下，人告急，簡輒囚之，仍牓于道，敢妄言惑衆者斬，以是人不復爲避賊計。比智高至，始令民入城，民爭道，競以金帛遺閽者，相蹂踐至死者甚多，其不得入者，皆附賊。賊既去，以其能守城，徙知荆南。既而言者論之，遂落職，又降刑部郎中、知筠州。復爲兵部郎中，徙洪州，卒。

論曰：士抱一藝者，思奮勵以功名自效，況其設施見於政事者乎？方偕、曹穎叔、楊告、趙及、王彬之流皆文吏，能推恩行利，剗煩去蠹，其治不下古人。劉元瑜、劉湜輩亦不減此數人，然而元瑜譏詆余靖，湜文致尹洙，公議所不與也。仲簡小才，所謂斗筲之器也，何足道哉！

校勘記

〔一〕權三司使　「權」字原脫，據長編卷五七、宋史全文卷五補。

〔二〕鄆州團練副使　隆平集卷五陳堯咨傳同；本書二八四陳堯咨傳、長編卷五九都作「單州團練副使」。疑此處「鄆州」爲「單州」之誤。又本書卷七眞宗紀作「單州團練使」，「使」前當脫「副」字。

〔三〕二年　按長編卷五九、六一，陳堯咨貶單州事在景德二年四月，十一月舉行郊祀，宋大詔令集卷一二〇有景德二年南郊赦天下制。此上失書「景德」紀元。

〔四〕江寧州　按宋無此州，疑當作「江寧府」。

宋史卷三百五

列傳第六十四

楊億 弟偉 從子紘　晁迥 子宗慤　劉筠　薛映

楊億字大年，建州浦城人。祖文逸，南唐玉山令。億將生，文逸夢一道士，自稱懷玉山人來謁。未幾，億生，有毛被體，長尺餘，經月乃落。能言，母以小經口授，隨即成誦。七歲，能屬文，對客談論，有老成風。雍熙初，年十一，太宗聞其名，詔江南轉運使張去華就試詞藝，送闕下。連三日得對，試詩賦五篇，下筆立成。太宗深加賞異，命內侍都知王仁睿送至中書，又賦詩一章，宰相驚其俊異，削章爲賀。翌日，下制曰：「汝方髫齓，不由師訓，精爽神助，文字生知。越景絕塵，一日千里，予有望於汝也。」即授祕書省正字，特賜袍笏。俄丁外艱，服除，會從祖徽之知許州，億往依焉。務學，晝夜不息，徽之間與語，歎曰：「興吾門者在汝矣。」

淳化中，詣闕獻文，改太常寺奉禮郎，仍令讀書祕閣。獻二京賦，命試翰林，賜進士第，遷光祿寺丞。屬後苑賞花曲宴，太宗召命賦詩于坐側；又上金明池頌，太宗誦其警句于宰相。明年三月，苑中曲宴，億復以詩獻。太宗訝有司不時召，宰相言：「舊制，未貼職者不預。」卽以億直集賢院。表求歸鄉里，賜錢十五萬。至道初，太宗親製九絃琴、五絃阮，文士奏頌者衆，獨稱億爲優，賜緋魚。二年春，遷著作佐郎，帝知其貧，屢有霑賚，嘗命爲越王生辰使。時公卿表疏，多假文於億，名稱益著。

眞宗在京府，徽之爲首僚，邸中書疏，悉億草定。卽位初，超拜左正言。詔錢若水修太宗實錄，奏億參預，凡八十卷，而億獨草五十六卷。書成，乞外補就養，知處州。眞宗稱其才長於史學，留不遣，固請，乃許之任。郡人周啓明篤學有文，深加禮待。召還，拜左司諫、知制誥，賜金紫。

咸平中，西鄙未寧，詔近臣議靈州棄守之事。億上疏曰：

臣嘗讀史，見漢武北築朔方之郡，平津侯諫，以爲罷敝中國，以奉無用之地，願罷之。上使辯士朱買臣等發十策以難平津，平津不能對。臣以爲平津爲賢相，非不能折買臣之舌，蓋所以將順人君之意爾。舊稱朔方，地在要荒之外，聲教不及。元朔中，大將軍衞靑奮兵掠地，列置郡縣。今靈州蓋朔方之故墟，僻介西鄙，數百里間無有水草，烽火亭障不相望。當其道路不壅，饟饋無虞，猶足以張大國之威聲，爲中原之扞蔽。自邊境屢驚，兇黨猖熾，爵賞之而不恭，討罰之而無獲。自曹光實、白守榮、馬紹忠及王榮之敗，資糧扉屨，所失至多，將士丁夫，相枕而死。以至募商人輸帛入穀，償價數倍；孤壘築城，邊民繹騷，國帑匱乏，不能制邊人之命，及濟靈武之急。數年之間，兇黨逾盛。靈武危堞，巋然僅存，河外五城，繼聞陷沒。但堅壁淸野，坐食糗糧，閉壘枕戈，苟度朝夕，未嘗出一兵馳一騎，敢與之角。此靈武之存無益，明矣。平津所言罷敝中國以奉無用之地，正今日謂也。

臣以爲存有大害，棄有大利，國家輓粟之勞，士卒流離之苦，悉皆免焉。堯、舜、禹，聖之盛者也，地不過數千里，而明德格天，四門穆穆。武丁、成王，商、周之明主也，然地東不過江、黃，西不過氐、羌，南不過蠻荆，北不過太原，而頌聲並作，號爲至治。及秦、漢窮兵拓土，肝腦塗地，校其功德，豈可同年而語哉！昔西漢賈捐之建議棄朱崖，當時公卿，亦有異論，元帝力排衆說，奮乎獨見，下詔廢之，人頌其德。故其詔曰：「議者以棄朱崖羞威不行，夫通于時變，卽憂萬民之飢餓，危孰大焉。且宗廟之祭，凶年不備，況乎避不嫌之辱哉？」臣以爲類于靈武也。必以失地爲言，卽燕薊八州，河湟五郡，所失多矣，何必此爲？

臣竊惟太祖命姚內斌領慶州，董遵誨領環州，統兵裁五六千，悉付以閫外之事，士卒効命，疆埸晏然，朝廷無旰食之憂，疆埸無羽書之警。臣乞選將臨邊，賜給稟賦，資以策略，許以便宜而行。儻寇擾內屬，撓之以勁兵，示之以大信，懷荒振遠，諭以賞格，彼則奔潰衆叛，安能與大邦爲敵哉？若欲謀成廟堂，功在漏刻，臣以爲彼衆方黠，積財猶豐，未可以歲月破也。直須棄靈州，保環慶，然後以計困之爾。如臣之策，得驍將數人，提銳兵一二萬，給數縣賦以資所用，令分守邊城，則寇可就擒，而朝廷得以無虞矣。

景德初，以家貧，乞典郡江左，詔令知通進、銀臺司兼門下封駮事。時以吏部銓主事前宜黃簿王太沖爲大理評事，億以丞吏之賤，不宜任清秩，卽封詔還。未幾，太沖補外。俄判史館，會修册府元龜，億與王欽若同總其事。其序次體制，皆億所定，羣僚分撰篇序，詔經億竄定方用之。三年，召爲翰林學士，又同修國史，凡變例多出億手。大中祥符初，加兵部員外郎、戶部郎中。

五年，以疾在告，遣中使致太醫視之，億拜章謝，上作詩批紙尾，有「副予前席待名賢」之句。以久疾，求解近職，優詔不許，但權免朝直。億剛介寡合，在書局，唯與李維、路振、刁衎、陳越、劉筠輩厚善。當時文士，咸賴其題品，或被貶議者，退多怨誹。王欽若驟貴，億素薄其人，欽若銜之，屢抉其失；陳彭年方以文史售進，忌億名出其右，相與毀訾。上素重億，皆不惑其說。億有別墅在陽翟，億母往視之，因得疾，請歸省，不待報而行。上親緘藥劑，加金帛以賜。億素體羸，至是，以病聞，請解官。有嗾憲官劾億不俟命而去，授太常少卿，分司西京，許就所居養療。嘗作君可思賦，以抒忠憤。册府元龜成，進秩祕書監。

七年，病愈，起知汝州。會加上玉皇聖號，表求陪預，即代還，以爲參詳儀制副使，知禮儀院，判祕閣、太常寺。天禧二年冬，拜工部侍郎。明年，權同知貢舉，坐考較差謬，降授祕書監。丁內艱，屬行郊禮，以億典司禮樂，未卒哭，起復工部侍郎，令視事。四年，復爲翰林學士，受詔注釋御集，又兼史館修撰、判館事，權景靈宮副使。十二月，卒，年四十七。錄其子紘爲太常寺奉禮郎。

億天性穎悟，自幼及終，不離翰墨。文格雄健，才思敏捷，略不凝滯，對客談笑，揮翰不輟。精密有規裁，善細字起草，一幅數千言，不加點竄，當時學者，翕然宗之。而博覽強記，尤長典章制度，時多取正。喜誨誘後進，以成名者甚衆。人有片辭可紀，必爲諷誦。手集當世之述作，爲筆苑時文錄數十篇。重交游，性耿介，尙名節。多周給親友，故廩祿亦隨而盡。留心釋典禪觀之學，所著括蒼武夷穎陰韓城退居汝陽蓬山冠鼇等集、內外制、刀筆，共一百九十四卷。弟倚，景德中舉進士，得第三等及第；以億故，升爲第二等。億無子，以從子紘爲後。弟偉。

偉字子奇，幼學于億。天禧元年獻頌，召試學士院，賜進士及第。以試祕書省校書郎知衢州龍游縣，再補蘄州錄事參軍，國子監薦爲直講。駙馬都尉李遵勗守澶州，辟簽書鎭寧軍節度判官事。遷大理寺丞、知河間縣，再遷太常博士。用近臣薦，爲集賢校理、通判單州。會巡檢部卒李素合州卒二百餘人，謀殺巡檢使，入鼓角門，州將不敢出。偉挺身往問曰：「若屬何爲而反？」俱曰：「將有訴于州，非反也。」偉曰：「持兵來，非反而何？若屬皆有父母妻子，以一朝忿而欲魚肉之乎？」悉令投兵，坐籍首惡得十餘人，斬之。徙知祥符縣、提點開封府界諸縣鎭公事，權開封府判官，又判三司開拆司，累遷尙書兵部員外郞、同修起居注。

偉淸愼，無治劇才，常秉小笏以朝。知制誥缺，中書以偉名進。仁宗曰：「此非秉小笏者邪？」遂命知制誥，權諫院。嘗曰：「諫臣宜陳列大事，細故何足論。」然當時譏其亡補。遷刑部郞中，爲翰林學士。祀明堂，遷右司郞中、判太常寺，爲羣牧使兼侍讀學士，進中書舍人。卒，贈尙書禮部侍郞。

紘字望之，以蔭歷官知鄞縣。鄞濱海，惡少販魚鹽者，羣居洲島，或掠商人財物入海，吏不能禁。紘至，設方略，使識者質惡少船，及歸，始給還，且戒諭之，由是不敢爲盜。以億文獻，賜進士出身。通判越州，知筠州，提點江東刑獄，除轉運、按察使。江東饑，紘開義倉振之，吏持不可。紘曰：「義倉，爲民也，稍稽，人將殍矣。」

紘御下急，常曰：「不法之人不可貸。去之，止不利一家爾，豈可使郡邑千萬家，俱受害邪？」聞者望風解去，或過期不敢之官。與王鼎、王綽號「江東三虎」。坐降知衡州，徙越州。爲荆南轉運使，徙福建，不赴，知湖州，復爲江東轉運使。官至太常少卿，卒。紘性嚴，雖家居，兒女不敢妄言笑。聚書數萬卷，手抄事實，名窺豹篇。

晁迥字明遠，世爲澶州清豐人，自其父佺，始徙家彭門。迥舉進士，爲大理評事，歷知岳州錄事參軍，改將作監丞，稍遷殿中丞。坐失入囚死罪，奪二官。復將作丞，監徐、婺二州稅，遷太常丞。眞宗卽位，用宰相呂端、參知政事李沆薦，擢右正言、直史館。獻咸平新書五十篇，又獻理樞一篇。召試，除右司諫、知制誥，判尙書刑部。

帝北征，雍王元份留守京師，加右諫議大夫，爲判官，進翰林學士。未幾，知審官院，爲明德、章穆二園陵禮儀使，同修國史。知大中祥符元年貢舉。封泰山，祀汾陰，同太常詳定儀注，累遷尙書工部侍郎。使契丹，還，奏北庭記，加史館修撰、知通進銀臺司。獻玉淸昭應宮頌，其子宗操繼上景靈宮慶成歌。帝曰：「迥父子同獻歌頌，搢紳間美事也。」史成，擢刑部侍郎，進承旨。時朝廷方修禮文之事，詔令多出迥手。嘗夜召對，帝令內侍持燭送歸院。方盛暑，爲蠲宿直，令三五日一至院；迥辭以非故事，乃聽俟秋還直。遷兵部侍郎，請分司西京，特拜工部尙書、集賢院學士、判西京留司御史臺。賜一子官河南，以就養。

仁宗卽位，遷禮部尙書。居臺六年，累章請老，以太子少保致仕，給全奉，歲時賜賚如學士。天聖中，迥年八十一，召宴太淸樓，免舞蹈。子宗慤爲知制誥，侍從同預宴。迥坐御史中丞之南，與宰臣同賜御飛白大字。既罷，所以寵賚者甚厚，進太子少傅。後復召對延和殿，帝訪以洪範雨暘之應。對曰：「比年災變荐臻，此天所以警陛下。願陛下修飭王事，以當天心，庶幾轉亂而爲祥也。」既而獻斧扆、愼刑箴，大順、審刑、無盡燈頌，凡五篇。及感疾，絕人事，屛醫藥，具冠服而卒，年八十四。罷朝一日，贈太子太保，謚文元。

迥善吐納養生之術，通釋老書，以經傳傅致，爲一家之說。性樂易寬簡，服道履正，雖貴勢無所屈，歷官臨事，未嘗挾情害物。眞宗數稱其好學長者。楊億嘗謂迥所作書命無過褒，得代言之體。喜質正經史疑義，摽括字類。有以術命語迥，迥曰：「自然之分，天命也。樂天不憂，知命也。推理安常，委命也。何必逆計未然乎？」所著翰林集三十卷，道院集十五卷，法藏碎金錄十卷，耆智餘書、隨因紀述、昭德新編各三卷。子宗慤。

宗慤字世良，以父蔭爲祕書省校書郎。屢獻歌頌，召試，賜進士及第。又除館閣校勘，三遷大理寺丞、集賢校理兼注釋御集檢閱官。迥領西臺，宗慤求便養，通判許州。仁宗即位，遷殿中丞、同修起居注。天聖中，百官轉對，宗慤請減上供，墾閑田，擇獄官，令監司舉縣令。累遷尚書祠部員外郎、知制誥。宋綬嘗謂：「自唐以來，唯楊於陵身見其子嗣復繼掌書命，今始有晁氏焉。」父憂，奪喪，管勾會靈觀，入翰林爲學士。母亡，又起復，兼龍圖閣學士、權發遣開封府事，辨雪疑獄有能名。

元昊反，關中久宿師，以宗慤安撫陝西，與夏竦議攻守策。未還，道拜右諫議大夫、參知政事。會朝廷以金飾胡牀及金汲器賜唃廝羅，宗慤曰：「仲叔于奚辭邑請繁纓，孔子曰：『不如多與之邑。』繁纓，諸侯之馬飾，猶不可與陪臣，況以乘輿之器賜外臣乎？必欲優其禮，不若加賜金帛。」後從帝郊祠感疾，數求罷，除資政殿學士、給事中。數日，卒。贈工部尚書，諡文莊。

宗慤性敦厚，事父母孝，篤於故舊，凡任子恩皆先其族人。在翰林，一夕草將相五制，褒揚訓戒，人得所宜。嘗密詔訪邊策，陳七事，頗施用之。

劉筠字子儀，大名人。舉進士，爲館陶縣尉。還，會詔知制誥楊億試選人校太清樓書，擢筠第一，以大理評事爲祕閣校理。眞宗北巡，命知大名府觀察判官事。自邊鄙罷兵，國家閒暇，帝垂意篇籍，始集諸儒考論文章，爲一代之典。筠預修圖經及册府元龜，推爲精敏。眞宗將祀汾脽，屢得嘉雪，召筠及監察御史陳從易崇和殿賦歌詩，帝數稱善。車駕西巡，又命筠纂土訓。是時四方獻符瑞，天子方興禮文之事，筠數上賦頌。及册府元龜成，進左正言、直史館、修起居注。嘗屬疾，予告滿，輒再予，積三百日，每詔續其奉。

遷左司諫、知制誥，加史館修撰，出知鄧州，徙陳州。還，糾察在京刑獄，知貢舉，遷尚書兵部員外郎。復請鄧州，未行，進翰林學士。初，筠嘗草丁謂與李迪罷相制，旣而謂復留，令別草制，筠不奉詔，乃更召晏殊。筠自院出，遇殊樞密院南門，殊側面而過，不敢揖，蓋內有所愧也。帝久疾，謂浸擅權，筠曰：「姦人用事，安可一日居此。」請補外，以右諫議大夫知廬州。

仁宗卽位，遷給事中，復召爲翰林學士。踰月，拜御史中丞。先是，三院御史言事，皆先白中丞。鎬牓臺中，御史自言事，毋白丞雜。知天聖二年貢擧，數以疾告，進尚書禮部侍郎、樞密直學士、知潁州。召還，復知貢擧，進翰林學士承旨兼龍圖閣直學士、同修國史、判尚書都省。祀南郊，爲禮儀使，請宿齊太廟日，罷朝饗玉清昭應宮，俟禮成，備鑾駕恭謝。從之。鎬素愛廬江，遂築室城中，構閣藏前後所賜書，帝飛白書曰「眞宗聖文祕奉之閣」。再知廬州，營冢墓，作棺，自爲銘刻之。旣病，徙于書閣，卒。

鎬，景德以來，居文翰之選，其文辭善對偶，尤工爲詩。初爲楊億所識拔，後遂與齊名，時號「楊劉」。凡三入禁林，又三典貢部，以策論升降天下士，自鎬始。性不苟合，臨事明達，而其治尚簡嚴。然晚爲陽翟同姓富人奏求恩澤，淸議少之。著册府應言、榮遇、禁林、肥川、中司、汝陰、三入玉堂凡七集。一子早卒，田廬沒官。包拯少時，頗爲鎬所知。及拯顯，奏其族子爲後，又請還所沒田廬云。

薛映字景陽，唐中書令元超八世孫，後家於蜀。父允中，事孟氏爲給事中。歸朝，爲尚書都官郎中。映進士及第，授大理評事，歷通判綿、宋、昇州，累遷太常丞。王化基薦爲監察御史、知開封縣。太宗召對，爲江南轉運使，改左正言、直昭文館，爲江、淮、兩浙茶鹽制置副使。改京東轉運使，徙河東，兼河西隨軍。求便親，知相州。再領漕京東，積遷尚書禮部郎中，擢知制誥，權判吏部流內銓兼制置羣牧使。同梁顥安撫河北〔二〕，還，權判度支。

映以右諫議大夫知杭州。映臨決蠭銳，庭無留事。轉運使姚鉉移屬州：「當直司毋得輒斷徒以上罪。」映卽奏：「徒、流、笞、杖，自有科條，苟情狀明白，何必繫獄，以累和氣。請詔天下，凡徒流罪於長吏前對辨，無所異，聽遣決之。」朝廷施用其言。與鉉既不協，遂發鉉納部內女口及鬻釦器抑取其直，又廣市綾羅不輸稅。眞宗遣御史臺推勘官儲拱劾鉉，得實，貶連州文學。映坐嘗召人取告鉉狀，當贖金，帝特貰之。

在杭五年，入知通進、銀臺司兼門下封駁事。封泰山，爲東京留守判官，遷給事中、勾當三班院，出知河南府。祀汾陰還，駐蹕西京，以映有治狀，賜御書嘉獎。

遷尚書工部侍郎、集賢院學士、判尚書都省，進樞密直學士、知昇州。建言：「州以牛賦民出租，牛死，租不得蠲。」帝覽章矍然，曰：「此朝廷豈知邪？」因令諸州條奏，悉蠲之。頃之，糾察在京刑獄，再判都省。歷尚書左丞、知揚州。徙幷州，又徙永興軍，拜工部尚書兼御史中丞。仁宗卽位，遷禮部，再爲集賢院學士、判院事、知曹州，分司南京。卒，贈右僕射，謚文恭。

映好學有文，該覽彊記，善筆札，章奏尺牘，下筆立成。爲治嚴明，吏不能欺。每五鼓冠帶，黎明據案決事，雖寒暑，無一日異也。子耀卿祕閣校理，孫紳直龍圖閣。

論曰：自唐末詞氣浸敝，迄于五季甚矣。先民有言：「政厖土裂，大音不完，必混一而後振。」宋一海內，文治日起。楊億首以辭章擅天下，爲時所宗，蓋其清忠鯁亮之氣，未卒大施，悉發於言，宜乎雄偉而浩博也。劉筠後出，能與齊名，氣象似爾，至於文體之今古，時習使然，遑暇議是哉。晁迥寬易，與物無忤，父子先後典書命，稱爲名臣。薛映學藝、吏術俱優，而挾忿以抉人之私，君子病之。

校勘記

〔一〕兼制置羣牧使同梁顥安撫河北　「同」原作「司」。按薛映於咸平四年代陳堯叟爲制置羣牧使，見宋會要職官二三之五。是冬，河北饑，命映與梁顥分爲東、西路巡檢使，「發倉廩賑流民」，見本書卷二九六梁顥傳、長編卷五〇。「司」字顯係「同」字之訛。據改。

宋史卷三百六

列傳第六十五

謝泌　孫何弟僅　朱台符　戚綸　張去華子師德　樂黃目　柴成務

謝泌字宗源，歙州歙人。自言晉太保安二十七世孫。少好學，有志操。賈黃中知宣州，一見奇之。太平興國五年進士，解褐大理評事、知清川縣，徙彰明，遷著作佐郎。端拱初，爲殿中丞，獻所著文十編、古今類要三十卷，召試中書，以直史館賜緋。時言事者衆，詔閤門非涉僥望乃許受之。繇是言路稍壅。泌抗疏陳其不可，且言：「邊鄙有事，民政未乂，狂夫之言，聖人擇焉。苟詰而拒之，四聰之明，將有所蔽。願采其可者，拒其不可者，庶顒顒之情，得以上達。」復言：「國家圖書，多失次序。唐景龍中，嘗分經、史、子、集爲四庫，命薛稷、沈佺期、武平一、馬懷素分掌，望遵復故事。」遂令直館分典四部，以泌知集庫。改左正言，使嶺南採訪。

淳化二年，久旱，復上言時政得失。時王禹偁上言：「請自今庶官候謁宰相，並須朝罷於政事堂，樞密使預坐接見，將以杜私請。」詔從之。泌上言曰：「伏覩明詔，不許宰相、樞密使見賓客，是疑大臣以私也。書曰：『任賢勿貳，去邪勿疑。』張説謂姚元崇曰：『外則疏而接物，內則謹以事君。此眞大臣之體。』今天下至廣，萬幾至繁，陛下以聰明寄於輔臣，自非接下，何以悉知外事？若令都堂候見，則庶官請見咨事，略無解衣之暇。今陛下囊括宇宙，總攬英豪，朝廷無巧言之士，方面無姑息之臣，奈何疑執政，爲衰世之事乎。王禹偁昧於大體，妄有陳述。」太宗覽奏，卽追還前詔，仍以泌所上表送史館。

會修正殿，頗施采繪，泌復上疏。亟命代以丹堊，且嘉其忠藎。拜左司諫，賜金紫、錢三十萬。一日，得對便殿，太宗稱其任直敢言，泌奏曰：「陛下從諫如流，故臣得以竭誠。昔唐季孟昌圖者，朝疏諫而夕去位，鑒於前代，取亂宜矣。」太宗動色久之。時，羣臣升殿言事者，旣可其奏，得專達于有司，頗容巧妄。泌請自今凡政事送中書，機事送樞密，金穀送三司，覆奏而行，從之。

俄判三司鹽鐵勾院。奉詔解送國學舉人，黜落旣多，羣聚喧詬，懷甓以伺泌出。泌知之，潛由他塗入史館，數宿不敢出，請對自陳。太宗問：「何官騶導嚴肅，都人畏避？」有以臺雜對者，即授泌虞部員外郎兼侍御史知雜事。上元觀燈，泌特預召，自是爲例。轉金部員外郎，充鹽鐵副使。頃之，魏羽爲使，即泌之外舅，以親嫌，改度支副使。因郊祀，條上軍士賞給之數。太宗曰：「朕惜金帛，止備賞賜爾。」泌因曰：「唐德宗朱泚之亂，後唐莊宗馬射之禍，皆賞軍不豐所致。今陛下薄於躬御，賞賜特優，實歷代之所難也。」俄與王沔同磨勘京朝官。太宗孜孜爲治，每御長春殿視事罷，復即崇政殿臨決，日旰未進御膳。泌言：「請自今長春罷政，旣膳後御便坐。」不報。俄知三班、通進銀臺司，出知湖州。再遷主客郎中、知虢州。

眞宗初，邊人屢寇，泌上疏曰：

臣竊惟聖心所切者，欲天下朝夕太平爾。雍熙末，趙普錄唐姚崇太平十事以獻。未幾，普復相，時稱致治之策，無出於此。尋普病，又遼騎擾邊，因循未行。今北邊謐寧，繼遷請命，則可行於今日矣。臣以爲先朝未盡行者，俟陛下爾。陛下自臨大寶，邊不加兵，西北肅然，民安歲登，則太平之象，復何遠哉。至於省不急之務，削煩苛之政，抑奔競，來直言，斯皆致太平之術，又豈讓唐開元之治也。

議者或謂方今用兵，異於開元，且開元邊戎孔熾，明皇卒與之和。至如漢高祖亦然。此皆屈己以寧天下，豈以輕大國而競小忿乎。請以近事言，往歲討交阯，王師一動，南方幾搖。先皇以爲得之無用，棄之實便，及授官爲蕃屏，則至今鼠伏。石晉之末，恥講和契丹，遂致天下橫流，豈得爲強？或者有言，敵所嗜者禽色，所貪者財利，餘無他智計。先朝平晉之後，若不舉兵臨之，但與財帛，則幽薊不日納土矣。察此，乃知其情古猶今也、漢祖、明皇所用之計，正可以餌其心矣。

臣伏覩近詔，以不逞之徒所陳述，皆閭閻事。臣聞古先哲王詢于芻蕘，察於邇言者，蓋慮視聽之蔽，故採此以達物情，亦罕行其事也。先朝有侯莫陳利用、陳廷山、鄭昌嗣、趙贊之徒，喋喋利口，賴先帝聖聰，尋翦除之，然爲患已深矣。

臣又聞輔時佐主，建萬世之基，立不拔之策者，必倚老成之人。至如成、康刑措，由任周、召；文、景清靜，不易蕭、曹；明皇太平，亦資姚、宋。夫精練國政，斟酌王度，未聞市井之胥，走塵之吏，可當其任也。惟陛下察往古用賢致治之道，則賢者亦必盡忠竭力，以輔成太平之治矣。

咸平二年，徙知同州。代還，知鼓司、登聞院。五年，與陳恕同知貢舉，復知通進、銀臺司，加刑部，出爲兩浙轉運使。近制，文武官告老，皆遷秩，令錄授朝官，并給半奉。泌言：「請自今七十以上求退者，許致仕；因疾及歷任犯贓者，聽從便。」詔可。徙知福州，代還，民懷其愛，刻石以紀去思。轉兵部郎中，復知審官院，直昭文館。知荆南府，改襄州，遷太常少卿、右諫議大夫、判吏部銓。大中祥符五年，卒，年六十三。

泌性端直，然好方外之學，疾革，服道士服，端坐死。帝聞而嗟異，遣使臨問恤賜，錄其子衍爲太常寺奉禮郎，衍將作監主簿。衍爲太子中舍。

孫何字漢公，蔡州汝陽人。祖鎰，唐末秦宗權據州，強以賓佐起之。鎰僞疾不應，還家，以講授爲業。父庸，字鼎臣，顯德中，獻贊聖策九篇，引唐貞觀所行事，以魏玄成自況。得對，言曰：「武不可黷，斂不可厚，奢不可放，欲不可極。」世宗奇其言，命中書試，補開封兵曹掾。建隆初，爲河南簿。太平興國六年，鴻臚少卿劉章薦其材，改左贊善大夫。歷殿中丞、知龍州而卒。

何十歲識音韻，十五能屬文，篤學嗜古，爲文必本經義，在貢籍中甚有聲。與丁謂齊名友善，時輩號爲「孫丁」。王禹偁尤推重之。嘗作兩晉名臣贊、宋詩二十篇、春秋意、尊儒教議，聞於時。淳化三年舉進士，開封府、禮部俱首薦，及第又得甲科，解褐將作監丞、通判陝州。召入直史館，賜緋，遷祕書丞、京西轉運副使。歷右正言，改右司諫。

眞宗初，何獻五議：其一，請擇儒臣有方略者統兵；其二，請世祿之家肄業太學，寒儁之士州郡推薦，而禁投贄自媒者；其三，請復制舉；其四，請行鄉飲酒禮；其五，請以能授官，勿以恩慶例遷。上覽而善之。咸平二年，舉入閣故事，何次當待制，獻疏曰：

六卿分職，邦家之大柄也。有吏部辨考績而育人材，有兵部簡車徒而治戎備，有戶部正版圖而阜貨財，有刑部謹紀律而誅暴強，有禮部祀神示而選賢俊，有工部繕宮室而修隄防，六職舉而天下之事備矣。故周之會府，漢之尚書，立庶政之根本，提百司之綱紀。令、僕率其屬，丞、郎分其行，二十四司粲焉星拱，郎中、員外判其曹，主事、令史承其事。四海九州之大，若網在綱。

唐之盛時，亦不聞別分利權，創使額，而軍須取足。及玄宗侈心既萌，召發既廣，租調不充，於是蕭炅、楊釗始以地官判度支，而宇文融爲租調地稅使，始開利孔，以構禍階。至于肅、代，則有司之職盡廢，而言利之臣，攘臂於其間矣。於是叛亂相仍，經費不充，迫於軍期，切於國計，用救當時之急，率以權宜裁之。五代短促，曾莫是思。

今國家三聖相承，五兵不試，太平之業，垂統立制，在此時也。所宜三部使額，還之六卿，愼擇戶部尚書一人，專掌鹽鐵使事，俾金部郎中、員外郎判之。又擇本行侍郎二人，分掌度支、戶部使事，各以本曹郎中、員外郎分判之，則三使洎判官，雖省猶不省也。仍命左右司郎中、員外總知帳目，分勾稽違。職守有常，規程既定，則進無掊克之慮，退有詳練之名，周官唐式，可以復矣。茲事非艱，在陛下行之爾。」

是冬，從幸大名，詔訪邊事。何疏曰：

陛下嗣位以來，訓師擇將，可謂至多，以高祖之大度，兼蕭王之赤心，神武冠於百王，精兵倍於前代。分閫仗鉞者，固當以身先士卒爲心，賊遺君父爲恥。而列城相望，堅壁自全，手握強兵，坐違成算，遂使腥羶得計，虵豕肆行，焚劫我郡縣，係累我黎庶。陛下攄人神之憤怒，憫河朔之生靈，爰御六師，親幸澶、魏，天聲一振，敵騎四逃，雖鎮、定道路已通，而德、棣烽塵未息，此殆將帥或未得人，邊奏或有壅閼，鄰境不相救援，糗糧須俟轉輸之所致也。

將帥者何？或恃勇無謀，或忌功玩寇，但全城堡，不恤人民。邊奏者何？護塞之臣，固祿守位，城池焚劫，不以實聞，老幼殺傷，託言他盜。不救援者何？緣邊州縣，城壘參錯，如輔車脣齒之相依，若頭目手足之相衞，託稱兵少不出，或待奏可乃行。俟輦輸者何？敵騎往還，猋馳鳥逝，贏糧景從，萬兩方行，迨乎我來，寇已遁去。此四者，當今急務。擇將帥，則莫若文武之內，參用謀臣；防壅閼，則莫若凡奏邊防，陛見庭問；合救援，則莫若督以軍令，聽其便宜；運糗糧，則莫若輕齎疾驅，角彼趫捷。

今大駕既駐鄴下，契丹終不敢萌心南牧，所慮荐食者，惟東北無備之城，繕完周防，不可不愼。且蜂蠆有毒，豺狼無厭。今契丹西畏大兵，北無歸路，獸窮則搏，物不可輕，餘孽尙或稽誅，奔突亦宜預備。大河津濟，處處有之，亦望量屯禁兵，扼其要害，則請和之使，不日可待。

眞宗覽而嘉之。及傅潛逗撓無功，何又請斬潛以徇。俄權戶部判官，出爲京東轉運副使，又獻疏請擇州縣守宰，省三司冗員，遴選法官，增秩益奉。未幾，徙兩浙轉運使，加起居舍人。景德初，代還，判太常禮院。俄與晁迥、陳堯咨並命知制誥，賜金紫，掌三班院。何先已被疾，勉強親職，一日，奏事上前，墜奏牘於地，俯而取之，復墜笏。有司劾以失儀，詔釋之。何憊，上章求改少卿監，分司西京養疾，上不許，第賜告，遣醫診視。醫勉其然艾，何答曰：「死生有命。」卒不聽。是冬，卒，年四十四。上在澶淵，聞之憫惜，錄其子言爲大理評事。

何樂名敎，勤接士類，後進之有詞藝者，必爲稱揚。然性卞急，不能容物。在浙右專務峻刻，州郡病焉。好學，著駁史通十餘篇，有集四十卷。弟僅。

僅字鄰幾。少勤學，與何俱有名于時。咸平元年，進士甲科，兄弟連冠貢籍，時人榮之。解褐舒州團練推官，會詔舉賢良方正之士，趙安仁以僅名聞。策入第四等，擢光祿寺丞、直集賢院，俄知浚儀縣。景德初，拜太子中允、開封府推官，賜緋。北邊請盟，遣使交聘，僅首爲國母生辰使。改本府判官，遷右正言、知制誥，賜金紫，同知審官院。是冬，永興孫全照求代，眞宗思擇循良任之，御書邊肅洎僅二名示宰相。或言僅嘗倅京府，諳民政，乃命知永興軍府。僅純厚長者，爲政頗寬，嘗詔戒焉。大中祥符元年，加比部員外郎。代還，知審刑院。頃之，拜右諫議大夫、集賢院學士、權知開封府。改左諫議大夫，出知河中府。歸朝，復領審刑院。久次，進給事中。天禧元年正月，卒，年四十九。錄其子大理評事和爲衞尉寺丞。

僅性端慤，中立無競，篤於儒學，士大夫推其履尙，有集五十卷。僅弟侑亦登進士第，至殿中丞。

朱台符字拱正，眉州眉山人。父賦，舉拔萃，歷度支判官，卒于殿中丞。台符少聰穎，十歲能屬辭，嘗作黃山樓記，士友稱之。及長，善詞賦。時太宗廷試貢士，多擢敏速者，台符與同輩課試，以尺晷成一賦。淳化三年，進士登甲科，解褐將作監丞、通判青州。召入直史館，賜緋魚，再遷祕書丞、知浚儀縣。

咸平元年，與楊礪、李若拙、梁顥同知貢舉，俄以京府舊僚，擢太常博士，出爲京西轉運副使。時北邊爲梗，台符上言曰：

臣聞蠻夷猾夏，帝典所載，商、周而下，數爲邊害。或振旅薄伐，或和親修好，歷代經營，斯爲良策。至於秦築長城而黔首叛，漢絕大漠而海內虛，逞志一時，貽笑萬代，此商鑒不遠也。頃者，晉氏失御，中原亂離，太祖深鑒往古，酌取中道，與民休息，遣使往來。二十年間，罕聞入寇，大省戍邊之卒，不興出塞之兵。關防謐寧，府庫充溢，信深得制禦之道也。

幽薊之地，實維我疆，尚隔混同，所宜開拓。太宗平晉之後，因其兵勢，將遂取之。人雖協謀，天未厭亂，螗斧拒轍，用稽靈誅。重興弔伐之師，又作遷延之役。自茲厥後，大肆兇鋒，殺略軍民，攻拔城砦，長驅深入，莫可禁止。當是時也，以河爲塞，而趙、魏之間，幾非國家所有。既阻歡盟，乃爲備禦，屯士馬，益將帥，芻粟之飛輓，金帛之委輸，贍給賞賜，不可勝數。繇是國家之食貨，匱於河朔矣。

陛下自天受命，與物更始，繼遷授節，黎桓加爵，咸命使者鎭撫其邦。惟彼契丹，未加渥澤，非所以柔遠能邇，昭王道之無偏也。今祥禫將終，中外引頸觀聽德音。臣愚以爲宜於此時赦契丹罪，擇文武才略習知邊境辨說之士，爲一介使，以嗣位服除，修好鄰國，往告諭之。彼十年以來，不復犯塞，以臣計之，力有不足，志欲歸嚮，而未得其間也。今若垂天覆之仁，假來王之便，必歡悅慕義，遣使朝貢。因與之盡捐前惡，復尋舊盟，利以貨財，許以關市，如太祖故事，使之懷恩畏威。則兩國既和，無北顧之憂，可以專力西鄙，繼遷自當革心而束手矣，是一舉而兩得也。

台符又自請往使，時論韙之。

咸平二年春，旱，詔求直言。台符上疏，請重農積穀，任將選兵，愼擇守令，考課黜陟，輕傜節用，均賦愼刑，責任大臣，與圖治道。奏入，優詔褒答。入爲鹽鐵判官，改判戶部勾院，拜工部員外郎，換度支判官。景德初，鄭文寶爲陝西轉運，或言其張皇生事，徙台符代之，仍賜金紫。

台符俊爽好謀，然頗以刻碎爲舉職。與楊覃聯事，覃頗欲因仍舊貫，台符則更革煩擾，議事違戾，交相掎奏，以不協聞，命御史視其狀。九月，徙台符知郢州，覃知隨州。三年，召還，會執政有不喜者，復出知洪州，卒於舟次，年四十二。賜其子公佐同學究出身，賜錢二十萬。

台符好學，敏於屬辭，喜延譽後進，有集三十卷。公佐及台符弟昌符，大中祥符中，舉進士，廷試並得第五人。初，昌符登科，宰相言昌符卽台符弟，上因言台符有文學及著述可採，甚嗟悼之。公佐卒，又以次子壽隆試將作監主簿。昌符爲屯田員外郎。

戚綸字仲言，應天楚丘人。父同文，字文約，自有傳。綸少與兄維以文行知名，篤於古學，喜談名教。太平興國八年舉進士，解褐沂水主簿。按版籍，得逋戶脫口漏租者甚衆。徙知太和縣。同文卒於隨州，綸徒步奔訃千里餘。俄詔起復涖職，就加大理評事。江外民險悍多構訟，爲諭民詩五十篇，因時俗耳目之事，以申規誨，老幼多傳誦之。每歲時必與獄囚約，遣歸祀其先，皆如期而還。遷光祿丞，坐鞫獄陳州失實，免官。著理道評十二篇，錢若水、王禹偁深所賞重。久之，復授大理評事、知永嘉縣。境有陂塘之利，浚治以備水旱。復爲光祿寺丞，轉運使又上其政績，連詔褒之。

眞宗卽位，轉著作佐郎、通判泰州。將行，祕書監楊徽之薦其文學純謹，宜在館閣，命爲祕閣校理。受詔考校司天臺職官，定州縣職田條制。詔館閣官以舊文獻，上嘉綸所著，特改太常丞，俄判鼓司、登聞院。出內府緡帛市邊糧，詔綸乘傳往均市之。

景德元年，判三司開拆，賜緋魚，改鹽鐵判官。上疏言邊事，甚被嘉奬。十月，拜右正言、龍圖閣待制，賜金紫。時初建是職，與杜鎬並命，人皆榮之。綸久次州縣，留意吏事，每便殿請對，語必移晷，或夜中召見，多所敷啓。俄上奏曰：「夫出納獻替，王臣之任；章疏奏議，諫者之職。臣屢蒙召對，皆延數刻，屈萬乘之尊，接一介之士，聖德淵深，包納荒穢，體其至愚，不罪觸犯，安敢循嘿不言。謹摭十事該治本者附于章左：一曰王畿關輔，二曰五等封建，三曰復制科，四曰崇國學，五曰闢曠土，六曰修貢舉，七曰任大臣，八曰置平糴，九曰益廂軍、減禁兵，十曰修六典令式。」詞頗深切，上爲嘉獎。

二年，與趙安仁、晁迥、陳充、朱巽同知貢舉，綸上言取士之法，多所規制，並納用焉。預修册府元龜，會置官總在京諸司之務，凡百三十司，命綸與劉承珪同領其事。判鴻臚寺。先是，羣臣詔葬，公私所費無定式。綸言其事，詔同晁迥、朱巽、劉承珪校品秩之差，定爲制度，遂遵行之。綸以三公、尚書、九列之任，唐末以來，有司漸繁，綱目不一，謂宜采通禮、六典令式，比類沿革，著爲大典，時論稱之。進秩右司諫、兵部員外郎。時詔禁羣臣匿名上封及非次升殿奏事，綸謂「忠讜之入，當開獎言路，若疎遠之士，尤艱請對」，上頗嘉之。

大中祥符元年，掌吏部選事。上初受靈文，綸上疏曰：「臣遐稽載籍，歷考秘文，驗靈應之垂祥，顧天人之相接。陛下紹二聖丕業，啓萬世鴻基，勤行企道，恭默思玄，上天降鑒，瑞諜昭錫，聿示臨民之戒，用恢奕葉之祥。乞詔有司，速修大祀，載命侍從，摹寫祥符，勒於嘉玉，藏之太廟，別以副本秘於中禁，傳示萬葉，無敢怠荒。然臣恐流俗幻惑狂謀，以人鬼之妖辭，亂天書之眞旨。伏望端守玄符，凝神正道，以答天貺，以惠烝黎。」

是冬，封泰山，命綸同計度發運事。禮成，遷戶部郎中、直昭文館，待制如故。被詔，同編東封祥瑞封禪記。會峻待制之秩，又兼集賢殿修撰。建議修釋奠儀，頒于天下；立常平倉，隸司農寺，以平民糴，皆從之。嘗宴餞种放于龍圖閣，詔近臣爲序；上覽綸所作，稱其有史才。

三年，擢樞密直學士，上作詩寵之。祀汾陰，復領發運之職。居無何，出知杭州，就加左司郎中。屬江潮爲患，乃立埽岸，以易柱石之制，雖免水患，而衆頗非其變法。胡則時領發運，嘗居杭州，肆縱不檢，厚結李溥，綸素惡之。通判吳耀卿，則之黨也，伺綸動靜，密以報則。則時爲當塗者所昵，因共捃摭綸過，徙知揚州。惟揚亦溥、則巡內，持之益急，求改僻郡，徙徐州。

八年，與劉綜並罷學士，授左諫議大夫。代還，復知青州。歲饑，發公廩以救餓殍，全安甚衆。徙鄆州，王遵誨爲勸農副使，嘗任西邊，寓家永興，閨門不肅，事將發，知府寇準爲平之。綸因戲譃語及準，遵誨恚怒，以爲汙己，遂奏綸謗訕，坐左遷岳州團練副使，易和州。天禧四年，改保靜軍副使。是冬，以疾求歸故里，改太常少卿，分司南京。五年，卒，年六十八。

綸篤於古學，善談名理，喜言民政，頗近迂闊。事兄維友愛甚厚，維卒，訃聞，哀慟不食者數日。與交遊故舊，以信義著稱。士子謁見者，必詢其所業，訪其志尚，隨才誘誨之。嘗云：「歸老後，得十年在鄉閭講習，亦可以恢道濟世。」大中祥符中，繼修禮文之事，綸悉參其議，與陳彭年並職，屢召對，多建條式，恩寵甚盛。樂於薦士，每一奏十數人，皆當時知名士。晚節爲權倖所排，遂不復振。善訓子弟，雖至清顯，不改其純儉。既沒，家無餘貲。張知白時知府事，輟奉以助其喪。家人於几閤間，得遺戒一篇，大率皆誘勸爲學。有集二十卷。又前後奏議，有機務利害、備邊均田之策，別爲論思集十卷，分上下篇。天聖中，其子舜賓獻之，詔贈左諫議大夫。舜賓，官太子中舍。

張去華字信臣，開封襄邑人。父誼，字希賈。好學，不事產業。既孤，諸父使督耕隴上，他日往視之，見閱書于樹下，怒其不親穡事，詬辱之。誼謂其兄曰：「若不就學於外，素志無成矣。」遂潛詣洛陽龍門書院，與宗人沆、鸞、湜結友，故名聞都下。長興中，和凝掌貢舉，誼舉進士，調補耀州團練推官。

晉天福初，代還。會凝由內署拜端明殿學士，署門不接賓客，詛聞之，卽日致書于凝，以爲「切近之職，實當顧問，四方利害，所宜詢訪，若不接賓客，聾瞽耳目，坐虧職業，雖爲自安計，其可得乎？」凝大奇之，他日，薦于宰相桑維翰曰：「凝門生中有張誼者，性介直，頗涉辭藝，可備諫職。」未幾，超拜左拾遺。誼以晉室新造，典禮未完，數上章請復有唐故事。又言契丹有援立之助，所宜敦信謹備，不可自逸，以啓釁端。改右補闕，充集賢殿修撰，歷禮部員外郎、侍御史。改倉部、知制誥，加禮部郎中。

乾祐初，眞拜中書舍人。時蘇逢吉、楊邠、王章輩攀附漢祖，驟得大用，搢紳多附之，誼不爲屈，故共嫉之。遣誼爲吳越宣諭使，與兵部郎中馬承翰同往賜官告。浙人每迓朝使，必列步騎以自誇詫，誼與承翰竊笑之。又乘酒，言詞有輕發者，錢俶甚恥之，乃奏誼擅箠防援官。又夜集，與承翰使酒，語相侵，坐貶均州司戶，改房州司馬，歲餘卒。

去華幼勵學，敏於屬辭，以蔭補太廟齋郎。周世宗平淮南，去華時年十八，慨然歎曰：「兵戰未息，民事不修，非馭國持久之術。」因著南征賦、治民論，獻于行在。召試，授御史臺主簿。屬三院議事，不得預坐，謂所親曰：「簿領之職，非壯夫所爲。」卽棄官歸鄭州，杜門不出者三載。

建隆初，始攜文遊京師，大爲李昉所稱。明年，舉進士甲科，卽拜秘書郎、直史館。以歲滿不遷，上章自訴，因言制誥張澹盧多遜、殿中侍御史師頌文學膚淺，願得校其優劣。太祖立召澹輩與去華臨軒策試，命陶穀等考之。澹以所對不應問，降秩，即擢去華爲右補闕，賜襲衣、銀帶、鞍勒馬。朝議薄其躁進，以是不遷秩者十六年。嘗得對便殿，詢及家世，遂訴父始忤權貴，因罹重貶。宰相薛居正亦爲言之，太祖爲之動容，且曰：「漢室不道，姦臣擅權，此朕所親見也。」荆湖平，命通判道州。去華上言：「桂管爲五嶺衝要，今劉鋹保境固守，賴之爲扞蔽，若大軍先克其城，以趣番禺，如踐無人之境。」且言桂州可取之狀，有詔嘉獎。代還，知磁、乾二州，選爲益州通判，遷起居舍人、知鳳翔府。

從太宗征太原，監隨駕左藏庫，就命爲京東轉運使。歷左司員外郎、禮部郎中。太平興國七年，爲江南轉運使。雍熙中，王師討幽州，去華督宋州饋運至拒馬河，就命掌河北轉運事。三年，知陝州，未行，著大政要錄三十篇以獻，上覽而嘉之，詔書褒美，賜綵五十匹，因留不遣。

會許王尹京，命爲開封府判官，殿中侍御史陳載爲推官，並賜金紫。謂曰：「卿等皆朝之端士，特加選用，其善佐吾子。」各賜錢百萬。踰歲，就拜左諫議大夫，又令樞密使王顯傳旨，諭以輔成之意。未幾，有廬州尼道安訟弟婦不實，府不爲治，械繫送本州。弟婦即徐鉉妻之甥。道安伐登聞鼓，言鉉以尺牘求請，去華故不爲治。上怒，去華坐削一任，貶安州司焉。歲餘，召授將作少監、知興元府，未行，改晉州，遷秘書少監、知許州。眞宗嗣位，復拜左諫議大夫。未幾，遷給事中、知杭州。兩浙自錢氏賦民丁錢，有死而不免者，去華建議請除之，有司以經費所仰，固執不許。咸平二年，徙蘇州。頃之，以疾求分司西京。在洛葺園廬，作中隱亭以見志。景德元年，改工部侍郎致仕。三年，卒，年六十九。

去華美姿貌，善談論，有蘊藉，頗尙氣節。在營道得父同門生何氏二子，教其學問。受代，攜之京師，慰薦館穀，並登仕籍。嘗獻元元論，大旨以養民務穡爲急，眞宗深所嘉賞，命以縑素寫其論爲十八軸，列置龍圖閣之四壁。然不飾邊幅，頗爲淸議所貶，以是不登顯用。有集十五卷。子師古至國子博士，師錫殿中丞，師顏國子博士。

師德，字尙賢。去華十子，最器師德。嘗欲任以官，辭不就。去華曰：「此兒必繼吾志。」眞宗祀汾陰，知河南府薛映薦其學行，又獻汾陰大禮頌于行在。是歲，擧進士亦爲第一，時人榮之。除將作監丞、通判耀州。遷秘書省著作郎、集賢校理、判三司都理欠憑由司。嘗建言：「有逋負官物而被繫，本非侵盜，若惸獨貧病無以自償，願特蠲之。」帝用其言。嘗奏事殿中，帝訪以時事，而條對甚備。帝喜曰：「朕藩邸知卿父名，今又知卿才。」其後每遣使，帝輒曰：「張師德可用。」契丹、高麗使來，多以師德主之。天禧初，安撫淮南，苦風眩，改判司農寺。擢右正言、知制誥，判尙書刑部。頃之，出知潁州，遷刑部員外郎、判大理寺，爲羣牧使、景靈宮判官，再遷吏部郎中。以疾，知鄧州，徙汝州，拜左諫議大夫，罷知制誥。師德孝謹有家法，不交權貴，時相頗不悅之。然亦多病，在西掖九年不遷，卒于官。有文集十卷。子景憲，爲太中大夫。

樂黃目字公禮，撫州宜黃人。世仕江左李氏。父史，字子正。齊王景達鎭臨川，召掌牋奏，授秘書郎。入朝，爲平原主簿。太平興國五年，與顏明遠、劉昌言、張觀並以見任官舉進士。太宗惜科第不與，但授諸道掌書記。史得佐武成軍，既而復賜及第。上書言事，擢爲著作佐郎、知陵州。獻金明池賦，召爲三館編修。

雍熙三年，獻所著貢舉事二十卷，登科記三十卷，題解二十卷，唐登科文選五十卷，孝弟錄二十卷，續卓異記三卷。太宗嘉其勤，遷著作郎、直史館。轉太常博士、知舒州，遷水部員外郎。淳化四年春，與司封員外郎、直昭文館李虁同使兩浙巡撫，加都官、知黃州。又獻廣孝傳五十卷，總仙記一百四十一卷。詔秘閣寫本進內。史好著述，然博而寡要，以五帝、三王，皆云仙去，論者嗤其詭誕。

咸平初，遷職方，復獻廣孝新書五十卷，上清文苑四十卷。出知商州。史前後臨民，頗以賄聞。俄以老疾爲言，聽解職，分司西京。五年，郊祀畢，奉留守司表入賀，因得召對。上見其矍鑠不衰，又知篤學，盡取所著書藏祕府，復授舊職，與黃目同在文館，人以爲榮。出掌西京磨勘司，黃目爲京西轉運。改判留司御史臺。車駕幸洛，召對，賜金紫。史久在洛，因卜居，有亭榭竹樹之勝，優游自得。未幾卒，年七十八。所撰又有太平寰宇記二百卷，總記傳百三十卷，坐知天下記四十卷，商顏雜錄、廣卓異記各二十卷，諸仙傳二十五卷，宋齊丘文傳十三卷，杏園集、李白別集、神仙宮殿窟宅記各十卷，掌上華夷圖一卷。又編己所著爲仙洞集百卷。

黃目淳化三年舉進士，補伊闕尉。遷大理寺丞、知壽安縣。咸平中，徙知壁州，未行，上章言邊事，召對，拜殿中丞。久之，直史館、知浚儀縣。俄上言曰：「伏以從政之原，州縣爲急；親民之任，牧宰居先。今朝官以數任除知州，簿尉以兩任入縣令，雖功過易見，而能否難明。伏見唐開元二年選羣官，有宏才通識、堪致理化者，授刺史、都督。又引新授縣令於宣政殿，試理人策一道，惟鄄城令袁濟及格，擢授醴泉令，餘二百人，且令赴任，十餘人並放令習學。臣欲望自今審官院差知州，銓曹注縣令，候各及三二十人，一次引見於御前，試時務策一道。察言觀行，取其才識明於吏治、達於教化者充選；其有不分曲直、罔辨是非者，或黜之釐務，或退守舊資。如此，則官得其人，事無不治。」上頗嘉其好古。歷度支、鹽鐵判官，遷太常博士、京西轉運使。丁內艱，時眞宗將幸洛，以供億務繁，起令涖職。史尋卒，上復詔權奪。

大中祥符中，使契丹還，改工部員外郎、廣南西路轉運使。就拜起居郎，改陝西轉運使，賜金紫。陳堯咨知永興，好以氣凌黃目，因表求解職，不許。堯咨多縱恣不法，有密言其事者，詔黃目察之，得實以聞，堯咨坐罷龍圖閣職，徙知鄧州。八年，黃目入判三司三勾院。天禧初，馬元方奏黃目職事不舉，遂分三勾院，以三人掌之。黃目罷任，奉朝請。踰月，拜兵部員外郎、知制誥，充會靈觀判官。黃目屬辭淹緩，朝議以爲不稱職。時以盛度知京府，辭不拜，即遷黃目右諫議大夫、權知開封府，度爲會靈觀判官，兩換其任。

仁宗升儲，拜給事中兼左庶子。入內副都知張繼能，嘗以公事請託黃目，至是末申謝，事敗，降左諫議大夫、知荆南府。明年，復爲給事中，徙潭州。長沙月給，減於荆渚，特詔增之，又諭以兵賦繁綜寄任之意。五年，代還，知審官院。黃目以風疾題品乖當，改知通進、銀臺司兼門下封駁事。數月，求外任，得知亳州。俄而幼子死，聞訃慟絕，所疾加甚，卒，年五十六。録其子理國爲衞尉寺丞，定國爲大理評事。

黄目面柔簡默，爲吏處劇，亦無敗事。有集五十卷，又撰學海搜奇録四十卷，聖朝郡國志二十卷。黄目兄黄裳，弟黄庭，黄裳孫滋，並進士及第。黄裳、黄庭皆至太常博士。

柴成務字寶臣，曹州濟陰人也。父自牧，舉進士，能詩，至兵部員外郎。成務乾德中京府拔解，太宗素知其名，首薦之，遂中進士甲科，解褐峽州軍事推官。改曹、單觀察推官，遷大理寺丞。太平興國五年，轉太常丞，充陝西轉運副使〔一〕，賜緋，再遷殿中侍御史。八年，與供奉官葛彥恭使河南，案行遙隄。歷知果、蘇二州，就爲兩浙轉運使，改戶部員外郎、直史館，賜金紫。入爲戶部判官，遷本曹郎中。太宗選郎官爲少卿監，以成務爲光祿少卿。

俄奉使高麗，遠俗尚拘忌，以月日未利拜恩，稽留朝使。成務貽書，往反開諭大體，國人信服，事具高麗傳。淳化二年，爲京東轉運使。會宋州河決，成務上言：「河水所經地肥瀫，願免其租稅，勸民種藝。」從之。召拜司封郎中、知制誥，賜錢三十萬。時呂蒙正爲宰相，嘗與之聯外姻，避嫌辭職，不許。俄與魏庠同知京朝官考課。四年，又與庠同知給事中事，凡制敕有所不便者，許封駁以聞。

蜀寇平，使峽路安撫，改左諫議大夫、知河中府。時銀、夏未寧，蒲津當餽輓之衝，事皆辦集，得脫戶八百家以附籍。府城街陌頗隘狹，成務曰：「國家承平已久，如車駕臨幸，何以駐千乘萬騎邪？」乃奏撤民廬以廣之。其後祀汾陰，果留蹕河中，衢路顯敞，咸以爲便。眞宗卽位，遷給事中、知梓州。未幾代還，又遣知青州，表求俟永熙陵復土畢之任。旋受詔與錢若水等同修太宗實錄，書成，知揚州。入判尙書刑部，本司小吏倨慢，成務怒而笞之，吏擊登聞鼓訴寃，有詔問狀。成務歎曰：「忝爲長官，杖一胥而被劾，何面目據堂決事邪！」乃求解職。景德初，卒，年七十一。

成務有詞學，博聞稽古，善談論，好諧笑，士人重其文雅。然爲郡乏廉稱，時論惜之。文集二十卷。成務年六十六始有子，比卒，裁六歲，授奉禮郎，名貽範，後爲國子博士。

論曰：泌述唐、漢之治，台符陳商、周之鑒，歷布腹心，奏議反覆論當世事，盡言無隱。何建五議，綸摭十事，皆切於輔治。何勤接士類，綸樂於薦士，皆足以儀表當世者也。去華頗尙氣節，而能作成後進；黃目屬辭淹緩，而著述浩瀚；成務寡清白之操，而專對不辱，俱有足稱者焉。

校勘記

〔一〕陝西轉運副使　「陝西」，楊億武夷新集卷一〇柴成務墓誌銘、卷一一柴成務行狀都作「峽路」。此處疑有誤。

宋史卷三百七

列傳第六十六

喬維岳王陟附　張雍　董儼　魏廷式　盧琰　宋摶　凌策
楊覃　陳世卿　李若拙子繹　陳知微

喬維岳字伯周，陳州南頓人。治三傳。周顯德初登第，授太湖主簿。四年，遷平輿令。開寶中，右拾遺劉稹薦其才，擢爲太子中舍、知高郵軍，通判揚州，徙常州。金陵平，又移昇州，改殿中丞。太平興國初，徙襄州，俄丁內艱。三年，陳洪進表納疆土，以其子文顥爲泉州留後，朝廷議擇能臣關掌郡事，卽起維岳爲通判。會盜起仙遊莆田縣、百丈鎭，衆十餘萬攻城，城中兵裁三千，勢甚危急。監軍何承矩、王文寶欲盡屠其民，燔府庫而遁。維岳挺然抗議，以爲：「朝廷寄以綏遠，今惠澤未布，盜賊連結，反欲屠城，豈詔意哉。」承矩等因復堅守，既而轉運使楊克讓率福州兵破賊，圍遂解，詔褒之。

歸朝，爲淮南轉運副使，遷右補闕，進爲使。淮河西流三十里曰山陽灣，水勢湍悍，運舟多罹覆溺。維岳規度開故沙河，自末口至淮陰磨盤口，凡四十里。又建安北至淮澨，總五堰，運舟所至，十經上下，其重載者皆卸糧而過，舟時壞失糧，綱卒緣此爲姦，潛有侵盜。維岳始命創二斗門于西河第三堰，二門相距踰五十步，覆以厦屋，設縣門積水，俟潮平乃泄之。建横橋岸上，築土累石，以牢其址。自是弊盡革，而運舟往來無滯矣。

嘗按部至泗州，慮獄，法掾誤斷囚至死。維岳詰之，法掾俯伏，且泣曰：「有母年八十餘，今獲罪，則母不能活矣。」維岳憫之，因謂曰：「他日朝制按問，第云轉運使令處茲罪。」卒如其言，獲免。維岳坐贖金百二十斤，罷使職，權知楚州。遷戶部員外郎。代還，爲度支判官，轉本曹郎中，出爲兩浙轉運使，歷知懷州、滄州。

會考課京朝官，召還。屬眞宗以壽王尹京，精擇府僚，留爲開封府推官。或言維岳在淮南，決獄不平允，左右有知其事者辨之，太宗特加賞異。儲闈建，兼左諭德，轉太常少卿。京府事繁，維岳評處詳敏。有王陟爲司錄，眞宗亦稱其明幹。及踐祚，即命維岳與畢士安權知開封府，拜給事中、知審官院。維岳體肥年衰，艱於拜趨，陳乞外遷小州。上嘉其靜退，特授海州刺史。

咸平初，知蘇州。素病風，上以吳中多食魚蟹，乃徙壽州，仍命太醫馳療之。四年，卒，年七十六。贈兵部侍郎，官給其葬。大中祥符中，錄其孫世昌、獻之，並賜同學究出身。維岳明習吏事，有治劇才。在懷州，王欽若始舉進士，維岳知其貴；又善待陳彭年，自刺郡連奏爲通判，皆稱薦之。

王陟者，潞州上黨人。淳化三年舉進士，補嵐州團練推官。內侍羅懷嗣言其督運有勞，遷晉州觀察推官。至道初，度支判官李擇言薦爲著作佐郎、同判大名府，留知開封府司錄參軍。前司錄閻仲卿喜云爲，屢升殿奏事，眞宗尹京時頗不悅。及陟代之，以謹幹聞，尤被待遇。卽位，召賜緋魚袋，改著作郎、開封府推官，乘傳陝西，與轉運使督餽靈武芻糧。咸平初，遷太常博士，出爲河東轉運使，賜金紫。時趙保吉納款，屢遣與內侍張崇貴裁度邊事，正其經界，又副崇貴使夏州賜告命。代歸，會溫仲舒知貢舉，命陟與刑部員外郎董龜正同考試及封印卷首。俄改工部員外郎、知棣州。

五年，召歸，判三司鹽鐵勾院。初，上以京府之舊，頗隆眷遇，將加擢用。會有言其在貢部，舉子有納賄成名者，恃恩寵，希顯要，僦大第以居，事遂寢。六年，卒。上甚憫之，錄其子若拙爲奉禮郎，若谷爲太廟齋郎。後陟妻卒，又命給其子奉，使終喪制。若拙官國子博士。

張雍，德州安德縣人。治毛氏詩。開寶六年中第，釋褐東關尉。太平興國初，有薦其材者，召歸，改將作監丞、知南雄州。遷太子右贊善大夫、知開封府司錄參軍事，俄爲祕書丞，充推官。

京城民王元吉者，母劉早寡，有姦狀，爲姻族所知，憂悸成疾。又懼元吉告之，遂遣侍婢訴元吉寘堇食中以毒己，病將死。事下右軍巡按之，未得實；移左軍巡，推吏受劉賂掠治，元吉自誣伏。俄而劉死，府慮囚，元吉始以實對。又移付司錄，盡捕元推吏，稍見誣構之跡。且以逮捕者衆，又獄已累月未能決，府中懼其淹，列狀引見，詔免死決徒〔一〕。元吉大呼曰：「府中官吏悉受我賂，反使我受刑乎？」府不敢決，元吉歷陳所受賂主名，又令妻張擊登聞鼓訴之。上召張臨軒顧問，盡得其枉狀，立遣中使捕元推官吏，付御史鞫治。時滕中正爲中丞，雍妻父也，詔供奉官蔚進別鞫之。雍坐與知府劉保勳、判官李繼凝初慮問，元吉稱冤，徙左軍巡；雍戒吏止令鞫其毒母狀，致吏訊掠慘暴。上怒，雍及左右軍巡判官韓昭裔、宋廷煦悉坐免所居官，保勳、繼凝各奪一季奉，左右軍巡使殿直龎則、王榮並降爲殿前承旨。

雍熙初，雍復爲祕書丞、御史臺推直官，改鹽鐵推官，遷右補闕，充判官。端拱初，轉工部郎中、判度支勾院。未幾，又爲鹽鐵判官兼判勾院。逾年，以本官兼侍御史知雜事。月餘，出爲淮南轉運使。淳化初，選爲太府少卿。二年，加右諫議大夫，徙兩浙轉運使，入知審刑院。三年，充戶部使，出知梓州，就命爲西川轉運使，俄復知梓州。

五年，蜀州青城民王小波、李順作亂，衆至萬人。雍訓練士卒，得城中兵三千餘人，又募彊勇千餘守城，輦綿州金帛以實帑藏。推官陳世卿治戎器，掌書記施謂、榷鹽院判官謝濤伐山木爲竿，銷銅鍾爲箭鏑，紐布爲索，守械悉備。遣推官盛梁請兵于朝。

未幾，益綿邛彭漢州、永康軍悉陷于賊。順入成都，僭號大蜀王，勢甚盛，遣其黨楊廣將十萬衆寇劍門，相里貴〔三〕帥衆十萬圍梓潼。雍與監軍盧斌登堞望之，賊所出兵，皆老弱疲憊，無鎧甲，斌笑請開北門擊之，雍曰：「不可，賊或詐見老弱，設伏伺我。又城中吏民心未定，脫爲伏兵所突，則墮其姦計，非良策也。」言未畢，果有卒依敵樓呼嘯，與外應和，雍亟斬以徇。賊大設梯衝火車，晝夜鼓譟，攻城益急，城中大恐，雍命發機石碎之，火箭雜下。賊稍退，復治攻具城西北隅，雍紿曰：「軍士趣治裝，吾將開東門擊賊。」陽遣步騎五百臨東門。賊升牛頭山瞰城內，信然，伏精兵萬餘山之東隅以待我。雍即召敢死士百輩縋而下，盡焚其攻具，自午達申殆盡，賊以爲神。凶黨數乘城進戰，皆不利。一日，北風晝晦，賊乘風縱火，急攻北門。雍與盧斌等領兵據門，立矢石間，固守不動，賊爲之少却。長圍八十餘日，會王繼恩遣石知顒來援，賊始潰去。遣施謂入奏，上手詔褒美，擢雍給事中，斌西京作坊使、領成州刺史〔三〕，世卿掌書記，謂節度判官，濤觀察推官。又以通判將作監丞趙賀爲太子中舍，監軍供奉官辛規爲內殿崇班。

至道二年，改工部侍郎。明年召歸，復知永興軍，轉禮部侍郎，改刑部，充度支使。咸平四年，遷鹽鐵使。上以雍齪齪小心，三司事重，宜有裁制，乃用王嗣宗代之。又以其無過，特拜戶部侍郎，復知審刑院，出知秦州，徙鳳翔府。

景德初，權知開封府事。上覽奏獄，京府四二百餘人，以爲淹繫，遣給事中董儼、直昭文館韓國華同慮問，決遣之。三年，改兵部侍郎、同知審官院。明年，車駕朝陵，判留司尚書省，出知鄧州。大中祥符元年，請老，以尚書右丞致仕，告命未至而卒，年七十。

雍性鄙吝，蒞事勤恪，善爲米鹽苛察以肅下，恃其清幹，受遇於時，益矯厲以取名譽。所至藩鎮宴犒，率皆裁節；聚公錢爲羨餘，以輸官帑；集會賓佐，糲食而已。在三司置簿籍，有「桉前急」、「馬前急」、「急中急」之目，頗爲時論所誚。雍姿貌魯朴，始登科，爲滕中正壻，中正子錫、世寧咸笑之。中正曰：「此人異日必顯達壽考，非汝曹所及。」錫兄弟雖有名，然終不越郎署，亦無耆年者。子太沖，官殿中丞。

董儼字望之，河南洛陽人。太平興國三年進士，解褐大理評事、通判饒州，加著作佐郎。五年，授左拾遺、直史館。轉右補闕，充淮南西路轉運副使。會罷使，就命知光州。儼狂躁務進，不樂外郡，上書乞還京師。太宗怒，降爲祕書丞，削史館職，徙知忠州。復爲右補闕，俄復直史館。會併水陸發運爲一，儼與王繼昇同領其事，就轉刑部員外郎。

端拱初，進郎中、三司度支副使。坐翟馬周事，左授海州團練副使，移知泰州。踰年，以戶部員外郎知泉州，召爲京東轉運使。時三司改易制度，置三計使，因留拜右諫議大夫，充右計使。使罷，出知揚州，還右諫議大夫。徙潭州，轉給事中，歷知廣岳洪三州、江陵府。景德中，歸朝。會開封府繫囚二百餘人，朝議以其稽滯，命儼與韓國華、張雍同慮問，裁決之。俄判吏部銓，加工部侍郎。時黄觀罷西川轉運歸闕，儼與知雜御史王濟姻家，因託濟言於觀，求薦己知益州。未幾，觀復領陝西轉運，得對便殿，儼謂其必薦己。他日，面陳：「自以孤直不爲權要所容，況黄觀庸淺無操持，恐爲執政所使，妄有論薦，俾臣遠適，惟陛下察之。」眞宗不之詰。數日，王濟得對，因述儼嘗有私託，且言：「儼性本矯詐，臣語觀不可許之。」眞宗不欲暴其事，乃出儼知靑州。儼復請對，言爲權臣所擯，上慰遣之，久而不去，乃謂之曰：「爾自告黄觀求知益州，復有何人排斥乎？」儼卽矍然，且言：「觀、濟嘗議益州須得臣往彈壓之。」上以其詞不類，因令條析以聞，復遣使陝西質問黃觀。觀具述儼託王濟求薦之事，且言儼素待臣非厚。初，淳化中，儼爲計使，觀爲判官。儼知觀不飲酒，一日聚食，親酌以勸觀，觀爲強飲之。有頃，都監趙贊召觀議事，觀卽往。贊曰：「飲酒耶？」觀以實對。翌日，儼與贊密奏觀嗜酒廢職，故觀因是及之。乃詔樞密直學士劉綜與御史雜治之，儼方引伏，坐責授山南東道節度行軍司馬，不署州事。

大中祥符初，會赦，起知郢州，病疽卒，年五十四。儼俊辯有才幹，不學無操行，所至厚納貨賂。嘗令引贊吏改製朱衣，每夕納儼第，而潛以輕帛製衣易之。在銓司，命胥吏市物，及請其直，則呵責之，其鄙屑如此。又廣畜姬媵，頗事豪侈。用傾狡圖位，終以是敗，士大夫醜之。東封恩，復其官。子仲容、仲宗，並爲太子中舍。兄偉至殿中丞致仕。

魏廷式字君憲，大名宗城人。少明法學。嘗客遊趙州，舍于監軍魏咸美之廨，廨有西堂，素凶，咸美知廷式有膽氣，命居之，卒無恙。來京師，咸美弟咸信延置館舍，以同宗善待之。太平興國五年中第，釋褐朗州法曹掾。轉運使李惟清以其吏材奏，知桃源縣，遷將作監丞。端拱初，改著作佐郎、通判潁州。

淳化二年，始命李昌齡判審刑院，以廷式明練刑章，奏爲詳議官。屢進對，太宗悦其明辨，遷太子左贊善大夫。時初較廷臣殿最，命廷式與樞密都承旨趙鎔、李著同勾當三班，多所規制。越王生日，令持禮物賜之，超拜主客員外郎、判三司都勾院，換河南東道判官，改戶部員外郎、知利州。

李順爲盜，就命充陝西至益州路轉運使。後入奏事，太宗謂曰：「有事當白中書。」廷式曰：「臣三千七百里外乘驛而至，以機事上聞，願取斷宸衷，非爲宰相來也。」即不時召對，問方略稱旨，賜錢五十萬，令還任。賊平，知寧州，未至，召入判大理寺。

至道初，乘傳河朔決獄，復出知宋、潭二州。湖南地土衍沃，民喜訟產，有根柢巧僞難辨者，廷式立裁之，吏民咸服。轉吏部員外郎、知桂州，歷工部郎中。眞宗即位，改刑部。會王繼恩有罪下吏，命廷式同按之，踰宿而獄具。俄知審官院、通進銀臺封駮司，拜右諫議大夫、知審刑院，出知涇州。咸平二年卒，年四十九。錄其子攝太常寺太祝舜卿爲太祝，禹卿同學究出身。

廷式所至，以嚴明稱，剛果敢言，爲人主厚遇，然性傾險，喜中傷人，士君子憚其口而鄙其行。

盧琰字錫圭，淄州淄川人。父浚，右諫議大夫。琰，太平興國八年進士舉，解褐歷城主簿。歷大理評事、知安吉縣。三遷太常丞、通判并州。至道中，就加太常博士。咸平二年，選爲開封府判官，與推官李防並命。眞宗謂宰相曰：「人之有材，難得盡知，但歷試而後可見。」占謝日，特升殿，諭以天府事繁愼選之意，仍賜緡錢。會獄空，有詔獎之。遷工部員外郎，爲河北轉運副使。

時北鄙未寧，調發軍儲，糧道不絕。以職務修舉，召入，遷秩刑部，賜金紫，復遣之任。會城祁州，命專董其役。契丹入邊，車駕幸澶州，琰自定州隨軍至大名，即單騎赴行在。召對，勞問久之。其子士宗時爲隰州推官，特遷大理寺丞。契丹請和，琰上言領職六年，求歸闕，許之。以使勞，優拜吏部員外郎、判三司三勾院。會宋摶使契丹，命權戶部副使。時議東封，又權京東轉運使，往營頓置。加戶部郎中，復判三勾院。

大中祥符二年，以本官兼侍御史知雜事。數月，授三司度支副使。祀汾陰歲，命與鮑中和同判留守司三司，加吏部郎中，俄拜右諫議大夫、知永興軍府。五年，再爲河北轉運使。琰勤於吏職，所至以幹集聞。頗知命，嘗語親舊曰：「官五品，服三品，天不與者壽爾。」明年被疾，詔遣中使將太醫診視。六年，卒，年五十九。時琰母八十餘，無恙，上憫之，以士宗爲太常博士，特命知懷州；又以次子祕書丞士倫爲太常博士，給祿終喪。士倫至工部郎中、度支副使，士宗自有傳。

宋搏字鵬舉，萊州掖人。治毛氏詩。開寶八年，宋準典貢部，得第，調補遂寧尉。歷濰州司理參軍，改白龍令。膳部員外郎鞠礪薦其能，遷右贊善大夫、知利豐監，徙知藤州。改殿中丞、通判洪州。復有薦者，召還，命提點河北西路刑獄，未行，改監左藏庫。遷國子博士、通判西京留守司，得對便坐，賜錢三十萬。久之，徙江南轉運使，就遷度支員外郎。

眞宗嗣位，遷司封員外郎、河東轉運使。上言：「大通監冶鐵盈積，可備諸州軍數十年鼓鑄，願權罷採以紓民。」又請科諸州丁壯爲兵，以增戎備。在任凡十一年。河東接西北境，時邊事未息，屯師甚廣，搏經制漕運，以幹治稱。連他徙，州郡輒乞留，有詔褒飭。兩至夏州界部發居民，數詣闕奏事稱旨。屢以秩滿請代，朝議以搏善職，就加祠部郎中，賜金紫。嘗薦代州承受使臣王白，上以本置此職，止於視軍政、察邊事，搏不應保奏。因詔諸路，自今勿得舉承受使臣。

景德四年，入判三司勾院，踰月，爲戶部副使。大中祥符初，進秩刑部郎中，假使契丹，會疾，契丹主以車迎之。二年，卒，年六十六。子可法至太子中舍，舜元登進士第。搏卒，舜元自鄧州判官改著作佐郎。又賜其孫出身。

凌策字子奇，宣州涇人。世給事州縣。策幼孤，獨厲志好學，宗族初不加禮，因決意渡江，與姚鉉同學於廬州。雍熙二年舉進士，起家廣安軍判官。改西川節度推官，以彊幹聞。淳化三年，就命爲光祿寺丞，簽書兩使判官。代還，拜左贊善大夫、通判定州，賜朱衣、銀章、御書曆，給以實奉。李順之亂，川峽選官多憚行，策自陳三莅蜀境，諳其民俗，即命知蜀州。又以巴西當益之衝道，徙綿州，加太常博士。

還朝，會命爲廣南西路轉運使，進屯田員外郎。入爲戶部判官，遷都官。先是，嶺南輸香藥，以郵置卒萬人，分鋪二百，負檐抵京師，且以煩役爲患。詔策規制之，策請陸運至南安，汎舟而北，止役卒八百，大省轉送之費。盧之翰任廣州，無廉稱，以策有幹名，拜職方員外郎、直史館，命代之，賜金紫。廣、英路自吉河趣板步二百里，當盛夏時瘴起，行旅死者十八九。策請由英州大源洞伐山開道，直抵曲江，人以爲便。

代還，知青州。東封，以供億之勤，超拜都官郎中，入判三司三勾院，出知揚州。屬江、淮歲儉，頗有盜賊，以策領淮南東路安撫使。駕旋，使停，進秩司封。時洪州水，知州李玄病，上與宰相歷選朝士，將徙策代之。上曰：「南昌水潦艱殆，長吏當便宜從事，不必稟於外計也。」王旦言：「策蒞事和平，可寄方面，望卽以江南轉運使授之，仍詔諭差遣之意。」饒州產金，嘗禁商市鬻，或有論告，逮繫滿獄。策請縱民販市，官責其算，人甚便之。五年，召拜右諫議大夫、集賢殿學士、知益州。初，策登第，夢人以六印加劍上遺之，其後往劍外凡六任，時以爲異。策勤吏職，處事精審，所至有治迹。

九年，自蜀代還，上頗有意擢用，會已病，命知通進、銀臺司兼門下封駁事，糾察在京刑獄。眞宗嘗對王旦言：「策有才用，治蜀敏而有斷。」旦曰：「策性淳質和，臨事彊濟。」上深然之。是秋，拜給事中、權御史中丞。時榷茶之法弊甚，詔與翰林學士李迪、知雜御史呂夷簡同議經制，稍寬其舊。

明年疾甚，不能朝謁，累遣中使挾醫存問，賜名藥。復表求典郡，尋遷工部侍郎，從其請。天禧二年三月，卒，年六十二。錄其子將作監主簿瓘、琬並爲奉禮郞，續給其奉。策兄簡，官國子博士，分司南京。

楊覃字申錫，漢太尉震之後。唐有京兆尹憑居履道坊，僕射於陵居新昌坊，刑部尚書汝士居靖恭坊，時稱「三楊」，皆爲盛門，而靖恭尤著。汝士弟虞卿、漢公、魯士皆顯名。虞卿至工部侍郎、京兆尹，生堪，爲太子少師。堪生承休，昭宗朝，以兵部員外郎使吳越，會楊行密據淮甸，絕其歸路，因留浙中。承休生巖，卽覃祖也，署爲鎭海軍節度副使，奏領春州刺史。巖生郁，早卒。

覃少獻書於嗣王俶，俶私署著作佐郎，從俶歸朝，爲禹城尉。太平興國八年，舉進士擢第，授徐州觀察推官，改著作佐郎、知戎州。再遷太常博士，使陝西，蠲逋負。覃本名蟫，至是，太宗爲改焉。淳化中，轉屯田員外郎、同判壽州。巡撫使潘愼修上其政績，有詔嘉獎，就命知州事。數月，召還，未上道，會丁內艱，州民列狀乞留，轉運使以聞，有詔奪情。

時田重進爲永興節度，選覃與林特同判軍府事，賜覃緋魚，仍賜御書曆，給以實奉。重進不法，覃事多抗執，重進頗不悅，形於辭色。覃表求徙任，不許，就轉都官員外郎。時討李繼遷，調發芻糧，覃、特皆以苛急促辦爲務。覃令鉗手，特令卽械頸，雖衣冠舊族不免，人用怨嗟。改職方員外郎。

咸平初，遷屯田郎中、三門發運使。呂蒙正在河南，薦其材，詔入判三司磨勘、憑由、理欠司。四年春，旱，覃上言：「古之用刑，皆避三統之月，漢舊章斷獄報重，盡三冬之月。又唐太宗凡斷重刑日，勅減膳徹樂。今春物方盛，時雨尚愆，輦轂之下，獄係甚繁。望詔有司，死罪未得論決，俟雨降，乃復常典。仍望自今凡決重刑日，依唐故事，以彰至仁之德。」嘗獻時務策五篇：一曰禦戎，二曰用兵，三曰爲政，四曰選賢，五曰刑罰。文多不載。

明年，權同知貢舉，出爲陝西轉運使，賜金紫。會邊臣言繼遷死，願乘此時深入致討。覃建議：「伐喪非禮，且其子尚在，當爲之備。請詔邊臣謹守疆候，毋得輕舉，俟其衆叛親離，則亡無日矣。」時西鄙屯兵，調役甚繁，副使朱台符務有爲，而覃務循舊，且言邊事不宜更張。初，寇準知青州，台符爲通判。至是，準作相，覃意台符憑恃僚舊，密以上聞。坐不協，徙知隨州。王超節制漢東，覃移唐州。

景德二年，召歸。屬河北兵革之後，命覃詣澶、濱、棣、德、博州巡撫振給之。出知潭州，王師討宜賊，軍須多出長沙，曹利用以聞，詔書褒勞，加刑部郎中。大中祥符二年，代馮亮爲淮南、江、浙、荆湖制置發運使。月餘，改太常少卿、直昭文館、知廣州。

覃勤於吏事，所至以幹濟稱。南海有蕃舶之利，前後牧守或致謗議，惟覃以廉著，遠人便之。加右諫議大夫。四年，卒，年五十四。遣其長子奉禮郎文友乘傳赴喪，詔本州護柩還其家，官給所費。錄其次子文敏爲揚州司士參軍。覃從弟蛻及從子侃、傅，並登進士第。蛻官司封員外郎，侃後名大雅，自有傳。

陳世卿字光遠，南劍人。雍熙二年，登進士第，解褐衡州推官。再調東川節度推官。會李順寇兩川，知州張雍以州兵馬爲數部，使官分領。世卿素善射，當城一面，親射中數百人。賊寖盛，同幕皆謀圖全計。世卿正色曰：「食君祿，當委身報國，奈何欲避難爲他圖耶？」亟出白雍曰：「此徒皆懦儒，存之適足惑衆，不若遣出求援。」雍從之。賊旣引去，世卿適丁外艱，雍表其材，詔追出視事，就改掌書記。凡七年，歸朝，爲祕書郎，遷太常丞、知新安縣。或薦其堪任臺憲，卽召歸，會張鑑出知廣州，表爲通判。將行，召見，賜緋，加太常博士。

景德初，徙知建州。眞宗知其材幹，逾月，授福建轉運使，規畫南劍州安仁等銀場，歲增課羨，詔獎之。俄代姚鉉爲兩浙路轉運使，歷祠部員外郎，判三司三勾院。大中祥符四年，改度支員外郎，出爲荆湖北路轉運使。屬澧州慈利縣下溪等四州蠻人侵縣境地四百餘里，朝命世卿與閤門祗候史方、知澧州劉仁霸同領兵討之，遂還所侵地，標正經界，取其要領，又令納所掠漢口千餘，復置澧川、武口等砦以控制之，自是平定，有詔嘉獎。還朝，屢述溪洞利害，召對，眞宗器其材，復自言願效用於煩劇。會邵曄知廣州，被疾，乃授世卿祕書少監代之，加賜金紫。郡有計口買鹽之制，人多不便，至，卽奏除之。九年，卒，年六十四。錄其子南安主簿儼爲太祝。

李若拙字藏用，京兆萬年人。父光贊，貝、冀觀察判官。若拙初以蔭補太廟齋郎，復舉拔萃，授大名府戶曹參軍。時符彥卿在鎮，光贊居幕下，若拙得以就養。俄又舉進士，王祐典貢舉，擢上第，授密州防禦推官。登賢良方正直言極諫科，太祖嘉其敏贍，改著作佐郎。故事，制策中選者除拾遺、補闕。若拙以恩例不及，上書自陳，執政惡之，出監商州阬冶。遷太子左贊善大夫，以官稱與父名同，辭，不許。太平興國二年，知乾州，會李飛雄詐乘驛稱詔使，事敗伏法。太宗以若拙與飛雄父若愚連名，疑其昆弟，命殿直盧令珣即捕繫州獄，乃與若愚同宗，通家非親，不知其謀，猶坐削籍流海島。歲餘，起授衞尉寺丞、知隴州。四年，復舊官。以政聞，超授監察御史、通判泰州。同帥宋偓年老政弛，又徙若拙通判焉。未幾，御史中丞滕中正薦之，召歸臺。頃之，改右補闕。時諸王出閤，若拙獻頌稱旨，召見，賜緋魚，同勾當河東轉運兼雲、應等八州事。嘗詣闕言邊事，太宗嘉之。又同掌水陸發運司。

雍熙三年，假祕書監使交州。先是，黎桓制度踰僭。若拙既入境，卽遣左右戒以臣禮，繇是桓聽命，拜詔盡恭。燕饗日，以奇貨異物列于前，若拙一不留眄。取先陷蠻使鄧君辯以歸，禮幣外，不受其私覿。使還，上謂其不辱命。遷起居舍人，充鹽鐵判官。淳化二年，出爲兩浙轉運使。契丹寇邊，改職方員外郎，徙河北路，賜金紫。五年，直昭文館，遷主客郎中、江南轉運使。若拙質狀魁偉，尙氣有幹才，然臨事太緩。宰相以爲言，罷使知涇州。至道二年，黎桓復侵南鄙，又詔若拙充使，至，則桓復稟命。使還，眞宗嗣位，召見慰問，進秩金部郎中。召試學士院，改兵部郎中，充史館修撰，俄知制誥。咸平初，同知貢舉，被疾，改右諫議大夫。車駕北巡，判留司御史臺。明年，使河朔按邊事，知昇、貝二州。四年，卒，年五十八。子繹。

繹字縱之，幼謹願自修。初，以父使交阯有勞，補太廟齋郎，改太常寺太祝。舉進士中第，除將作監丞。累遷尙書屯田員外郎、知華州。蒲城民李蘊訴人盜其從子亡去，繹問曰：「若有仇耶？」曰：「無有。」曰：「有失亡邪？」曰：「無有。」繹揮蘊去，因密刺蘊。蘊有陰罪，姪覺之，懼事暴，殺之以滅口。遂收蘊致法。擢提點河北刑獄，權知貝州。歲旱，繹爲酒務，市民薪草溢常數，餓者皆以樵採自給，得不死，官入亦數倍。邊民歲輸防城火牛草十餘萬，委積久，輒腐敗，繹奏罷之。三遷本曹郎中，爲利州路轉運使。

河北經費不支，仁宗問誰可任者，參知政事薛奎薦繹，遂徙河北。進刑部郎中、直史館、知延州，改兵部，爲江、淮制置發運使。內出絹五十萬匹，責貿於東南。繹曰：「百姓飢，不宜重擾。」輒奏罷之。甫半年，漕課視常歲增五之一。遷太常少卿，再知延州。繹所至頗稱治，自以久宦在外，意不自得，作五知先生傳，謂知時、知難、知命、知退、知足也。嘗兩知鳳翔府，至是，又徙鳳翔。尋爲右諫議大夫，卒。

陳知微字希顏，高郵人。咸平五年，進士甲科，解褐將作監丞、通判歙州。擢爲著作佐郎、直史館，俄充三司戶部判官。奉使契丹，遷太常博士、判三司都磨勘司，再爲戶部判官，出爲京東轉運副使，奏還東平監所侵民田六百八十家。又決古廣濟河通運路，罷夾黃河，歲減夫役數萬計。

遷右司諫，徙荊湖南路轉運使。召還，拜比部員外郎、知制誥。淮南饑，遣知微巡撫，所至按視儲糧，察諸官吏能否。使還，判吏部銓，兼刑部。知微詞藻雖無奇采，而平雅適用。一日，進改羣官，除目紛委，適當知微次直，思亦敏速。又判司農寺，糾察在京刑獄。天禧二年，加玉清昭應宮判官，俄以疾聞，眞宗遣中貴挾太醫往視之。卒，年五十。錄其子舜卿爲太常寺奉禮郎，給奉終喪，又假官船載其柩還鄉里。

知微儀狀甚偉，沉厚有材幹，不務皦察，時人許其處劇，惜其母老不克終養。有集三十卷。子堯卿，大中祥符五年，進士及第。

論曰：維岳明習吏事，才足以治劇，而能曲全法掾，其仁恕藹然。雍雖素稱鄙吝，而勤恪清幹，觀其捍守，亦可見矣。儼務進瀆貨，廷式傾險忌刻，自不容於清議。若琰、搏經制漕運有方，策之處事精詳，治迹昭著，覃之律身廉潔，兼勤吏事，世卿之安遠，若拙之專對，皆爲時論所許。繹以謹愿，克世其家，知微敦實有材幹，不辱其職，亦可尙也。至若王陟以謹幹稱，而取士以謗致汙，惜哉！

校勘記

〔一〕詔免死決徒 「徒」原作「徙」，據本書卷二〇〇刑法志、宋會要刑法五之二改。

〔二〕相里貴 本書卷三〇八盧斌傳同；長編卷三六、長編紀事本末卷一三都作「相貴」。

〔三〕成州刺史 「成州」原作「誠州」，據本書卷五太宗紀、長編卷三六改。

宋史卷三百八

列傳第六十七

上官正　盧斌　周審玉　裴濟　李繼宣　張旦　張煦　張佶

上官正字常清，開封人。少舉三傳，後爲鄜州攝官。雍熙中，召授殿前承旨，屢遣鞫獄，遷供奉官、閤門祗候、天雄監軍。淳化中，轉作坊副使、劍門都監。李順之亂，分其黨趨劍門，時疲兵數百人，正奮勵士氣以禦之。會成都監軍宿翰領兵投劍門，與正兵合，因迎擊，大破賊數千衆，斬馘殆盡。奏至，太宗嘉之，詔書獎飭，並賜襲衣、金帶，超正爲六宅使、劍州刺史、充劍門部署，翰自供奉官擢崇儀使、領昭州刺史。數月，正被疾，請尋醫，至闕。疾愈，入對，上勞問久之，復遣還任所，賜以金丹、良藥、衣帶、白金千兩、馬三匹，授以方略，令招撫殘孽，慰勉遣之。

初，川賊甚盛，朝議深以棧路爲憂，正以孤軍力戰挫賊鋒，自是閣道無壅，王師得以長驅而入。賊衆三百餘，敗歸成都，順怒其驚衆，盡斬之，然自此沮氣矣。後賊旣誅，餘寇匿山谷，恃險結集，剽刼爲患。王繼恩百計召誘不至，正諭以朝廷恩信，皆相率出降。未幾，加峯州團練使，與雷有終並爲西川招安使，代王繼恩。

正木彊好凌人，自謂平賊有勞，受人主知，無所顧忌。數面攻兩川官吏之短而暴揚之，衆積怨怒，多上章訴其不法者。太宗謂近臣曰：「人臣可任用者，朕常欲保全。正婞直而失於謙和，每謗書至，朕雖力與明辯，然衆怒難犯，恐其不能自全。」乃賜手札戒諭曰：「言者，君子之樞機，樞機之發，榮辱之主，不可不愼也。夫遇事輒發，悔不可及。儻自恃無瑕，而好面攻人之短，豈謂喜怒不形於色耶？當以和輯遠民爲念，斯盡善矣。」正上表謝。

眞宗卽位，改莊宅使。是秋，廣武叛卒劉旴嘯聚數千輩，逐都巡檢使韓景祐，略漢蜀邛州、懷安永康軍。正與鈐轄馬知節領兵趨新津，抵方井，擊敗之，斬旴，平其黨。遷南作坊使，賜錦袍、金帶。咸平初，召還，擢拜東上閤門使、勾當軍頭引見司，俄權戶部使。二年，出知滄州，徙高陽關副都部署，眞拜洺州團練使。車駕北巡，以爲行營先鋒鈐轄。

尋知青州，未行，會王均叛蜀，命爲峽路都鈐轄，移知梓州。又歷滄、瀛、鎭、貝四州，高陽關部署。以足疾，求知磁州，手詔慰勉。會邢州地震，民居不安，徙正典之。移潞州。景德中，以河北新經兵革，愼擇守臣，以正知貝州，遷洺州防禦使，復知滄州，移同州。再表引年，授左龍武軍大將軍、平州防禦使，分司西京。尋以本官致仕，賜全奉，仍以見緡給之。四年，卒，年七十五。子璨至內殿崇班。

盧斌，開封人。以筆札事晉邸，太宗卽位，補殿直。雍熙中，領兵屯霸州。會大舉北伐，令以五千騎隨曹彬抵祁溝。時契丹據河，王師乏水，斌請以千弩斫砦，契丹遁去，遂移軍夾河。旣克涿州，令斌以萬人戍守，會食盡，大兵將還，斌因懇言：「涿州深在北境，外無援兵，內無資糧，丁籍殘失，守之無利。今若還師，必須結陣而去，以一陣之役，比於固守，其利百矣。」復慮遼人乘便剽襲，宜爲之備。彬以爲然，遂令斌擁城中老幼，並狼山南還易州。彬之旋也，無復行伍，果爲契丹所乘。諸將皆以失律被譴，斌亦下樞密院問狀，太宗聞其嘗建議棄涿州，遂釋不問。以爲霸州破虜軍緣邊巡檢。

端拱中，又爲永興軍、華州巡檢。時大賊侯和尙、劉渥劫興平、櫟陽，殺捕賊官二人。斌率兵掩襲，且追且鬥，薄南山，渡渭水，抵鳳翔，復至耀州，擒斬並盡。以勞，改供奉官。召還，面加獎慰，授閤門祗候，又賜白金、緡錢、衣帶。尋爲梓、遂十二州都巡檢使，太宗諭之曰：「川峽人情易搖，設有寇攘，雖他境亦當襲逐，仍許便宜從事，不須中覆。」淳化二年，賊任誘等寇昌、合州。斌率兵頓昌州南牛門山，偵知賊在龍水鎮，値大雨，斌馳馬四十里，騎從數十人，遂斬誘等百餘級，賊衆悉平。

三年，富順監蠻掠榮州，斌晨夜倍道以赴，得州兵千人，署隨軍糧料以張其勢。蠻乃遁，追至地頭鎮東南八十里，樹柵，招其酋甫羌一阿奴綱，諭以朝旨，歃血刻石爲盟而遣之。俄而榮、戎、資州、富順監賊十五隊鈔鄉邑，斌擒三百人，部送闕下，餘悉臨敵斬戮。

四年，賊王盡復起榮、資，斌擊滅之，盡縛以獻。遷內殿崇班。是冬，李順爲亂，斌卽率兵六百抵成都，鬥戰連月，殺數萬人。明年，成都不守，斌還梓州，集十州兵赴援，知州張雍委以監護之任。會江水汎溢，毀子城。斌勸諭州民，翌日，畚鍤大集，自城西大壕中掘塹深丈，決西河水，注之以環城。二月，賊渠相里貴衆二十一萬傅城下，城中兵裁三千。斌曰：「軍法倍兵不戰，然狂醜烏合，非訓練之師，以吾仗天子威靈，必可殲蕩。」卽感厲士伍，負土塞南北門，爲固守之計。又突出與賊戰，擊刺三十餘合，賊稍却。俄復大設機石、連弩、衝車、雲梯，四面鼓譟乘城，矢石亂下，斌與州將隨機設備。長圍八十日，會王繼恩令石知顒率兵來援，斌出東門迎勞王師，賊不戰而潰。斌乘勝追斬及納降二萬餘。五月，賊數萬圍閬州，斌領千兵赴之，斬首五千，圍遂解。又至蓬州老鴉山，賊衆三千爲陣拒斌，斌擊敗之，至城下，賊復大集，斬三千級。蓬州平，斌傳詔安撫蓬、閬、渠、達四州，擢授西京作坊使，領成州刺史〔一〕。

斌在川峽六年，以孤軍禦寇，累立戰功，表求入奏。太宗遣使諭之曰：「俟妖孽盡殄，當召汝。」既而賊黨集梓、綿、漢三州境上，斌往平之。未幾，代還，太宗親加勞問。拜東上閤門使、檢校左僕射，加食邑三百戶，賜白金千兩、袍笏、金帶。上言：「葭萌路出師討賊，可直入利州。若寇焚棧道，劍門之險不足固也，請置砦柵。」從之。

尋命爲銀、夏兵馬鈐轄，遣與李繼隆等五路出師討李繼遷。斌求對，懇言曰：「羌夷之族，馬驕兵悍，往來無定，敗則走他境，疾戰沙漠，非天兵所利。不若堅保靈州，於內地多積芻糧，以師援送。苟其至也，會兵首尾擊之，庶幾無枉費，而不失固圉之策矣。」時業已出師，不從其議。改授靈環路鈐轄，領兵二萬爲前鋒，令於烏、白池與諸軍會。斌謂李繼隆曰：「靈州抵烏、白池，月餘方至。若自環州橐駝路，裁十日程。」即不俟詔而往，與諸將失期，不見賊而還。俄徙屯寧州，以疾召歸，勾當軍頭引見司。咸平初，卒，年五十。子文質殿中丞。

周審玉，開封人。父勳，以親校事唐明宗，累立戰功，太平興國中，至隰州團練使。周顯德初，審玉蔭補殿直，從世宗平瓦橋關，甚見親信。太祖受禪，爲供奉官，未幾，加閤門祗候。累遷崇儀、洛苑副使，西京作坊使。雍熙中，契丹犯塞，潘美屯師定州，審玉爲監軍。嘗與敵戰，而先鋒劉緒陷賊，審玉躍馬趣擊，拔緒而還，以勇敢聞。

淳化中，知貝州。有驍捷卒戍州者三十七人，同謀殺審玉，刼庫兵而叛，推虞候趙咸雍爲首。審玉覺之，與轉運使王嗣宗率兵悉擒其黨，斬十五級，磔咸雍於市。先是，咸雍父鏻，晉天福中，嘗誘契丹屠州城。至是五十年，而其子戮於都市，舊老猶記其事，咸異之。審玉以功領順州刺史。

至道初，徙幷州鈐轄。咸平初，知鳳翔府。有桑門乘傳而西，以市木爲名，威動府縣。審玉曰：「此有所倚而爲也。」因按詰之，盡得其姦狀，杖其背，械送闕下。以目疾，代還，奉朝請，俄丁內艱。既而謂親友曰：「僕齒髮遲暮，而未能辭祿仕者，良以慰母心爾，今可行其志矣。」乃拜章請老，得千牛衞大將軍致仕。三年，卒，年七十四。審玉晚年，好讀神農本草，留意方術。少長兵間，習知攻守之法。眞宗嘗召至便坐，示以攻戰器。方奏對，疾作，詔遣使就第，賜白金慰恤之。子允迪，爲虞部員外郎。

裴濟字仲溥，絳州聞喜人。唐相耀卿八世孫，後徙家河中。濟少事晉邸，同輩有忮悍者，濟屢糾其過失，被譖，出補太康鎮將。未幾，譖濟者坐法。太宗知濟可任，會卽位，補殿直，爲天威軍兵馬監押。及平太原，征幽薊，濟迎謁陪扈，令監軍易州，契丹攻城不能下。以勞，遷西頭供奉官。

太平興國末，江表盜起，命爲巡檢，遷崇儀副使。召還，遷崇儀使。監戍兵於威虜軍，塗次鎭州，夜有賊騎扣城門，大呼曰：「官軍至矣。」州將然之，促守吏開關，濟遽止之曰：「此必妄也。」及旦，果有敵兵遯去。太宗嘉之，遷西上閤門使、定州都監，就加行營鈐轄，尋知定州。契丹三萬騎來攻，濟逆擊於徐河，斬數千級，獲牛馬、鎧仗甚衆。

淳化初，與周瑩同判四方館，未幾，爲鎭州行營鈐轄。又與李繼隆擊賊於唐河，濟短兵陷陣，賊大敗走，優詔褒美。初，繼隆以濟性剛，不悅之；及是役，撫濟恨相知之晚。改四方館使，復知定州，徙天雄軍鈐轄。遷客省使，復知定州。

至道二年，改內客省使、知鎭州。立春日，出土牛以祭，酌奠始畢，有卒挾牛去。濟察其舉止，知欲爲變，亟命擒之，果有竊發者數十人，已劫鄽閈矣，悉蒐捕腰斬之，軍民肅然。濟在鎭、定凡十五年，威績甚著。召還，知天雄軍。

咸平初，李繼遷叛，以濟領順州團練使、知靈州兼都部署。至州二年，謀緝八鎭，興屯田之利，民甚賴之。其年，淸遠軍陷，夏人大集，斷饟道，孤軍絕援，濟刺指血染奏，求救甚急，兵不至，城陷，死之。上聞嗟悼，特贈鎭江軍節度。三子並優進秩。濟在諸使中甚有聲望，及沒，夏人皆惜之。景德中，濟妻永泰郡君景氏卒，特詔追封平陽郡夫人，諸子給奉終喪。

子德谷虞部郎中，德基至如京使，德豐殿中丞。濟兄麗澤，弟麗正，並進士及第。麗澤至右補闕，麗正至金部員外郞。麗正子德輿，爲殿中丞。

李繼宣，開封浚儀人。乾德中，補右班殿直，令與御帶更直，裁十七歲。嘗命往陝州捕虎，殺二十餘，生致二虎、一豹以獻。太平興國初，掌南作坊使，改供奉官，出爲邠、寧、慶三州巡檢、都監。繼宣本名繼隆，與明德皇后兄同姓名。至是，太宗爲改焉。

五年，召還，承受定州路奏事。奉詔修長城口、平塞威虜靜戎軍、保州，又領兵入敵境，獲老幼千餘，牛畜數百。又率兵扞契丹于乾寧泥姑海口。契丹寇靜戎軍，從崔彥進過拒馬河接戰，自午至申，大敗之。又爲貝州監軍。

雍熙三年，曹彬北征，繼宣從先鋒李繼隆至方城，力戰三日，大軍繼至，遂克固州。進壁涿州東，又與敵鬥，乘勝攻北門，克之。日領輕騎度涿河，覘敵勢，又將五千騎援米信，因率勁騎追至新城北，大敗之，斬其酋賀恩相公，繼宣亦中流矢。大軍還雄州取芻糧，遇契丹新城，疾戰至暮，繼宣中十創，劍及兜鍪。明日復戰，繼隆爲敵所邀，繼宣以所部拔之，且戰且行，奪涿河，數日，乃至涿州。及棄州保岐溝關，又戰拒馬上，追奔至孤山，契丹乃引去。留屯滿城，俄還貝州。

召入，以功超授崇儀使，代王繼恩爲易州駐泊都監，賜錢五十萬，白金五百兩。又領騎兵五千戍北平，押大陣東偏，受田重進節度，屯長城口。敵至大溝，繼宣進滿城。敵至定州，奪唐河橋，重進召繼宣洎田紹斌赴援，紹斌爲敵所敗，繼宣獨按部轉鬥入定州。敵兵北去，重進命將五千騎躡其後，抵拒馬河。及敵據楊疃，繼宣徑掩擊之，遂焚廬舍而遁。

雍熙四年，爲高陽關行營都監。端拱初，契丹騎至瀛、鎮，繼宣率步騎萬人入敵境，抵勝務，焚聚落，獲生口，契丹乃引還。時易州候騎不至，繼宣於易州、平塞軍、長城口、威虜靜戎順安軍至高陽，爲望櫓七所，舉烽以候警急。二年，爲鎮、定、高陽關三路排陣都監，押大陣西偏。與李繼隆部芻糧抵威虜，還度徐河，爲敵追襲。繼宣駐軍與鬥，殺獲甚衆。又領騎二千，敗契丹於保州西射城，追薄西山，有詔褒美。

淳化三年，徙知保州，又轉莊宅使。築關城，浚外濠，葺營舍千五百區；造船二百艘，入雞距泉以運糧，人咸便之。數月，徙定州行營都監，戍深州，改高陽關行營都監。課軍中勁弩，爲入陣之備。五年，領高州刺史。會契丹泛海劫千乘縣，繼宣請於海口置砦以禦之。

至道三年，遷北作坊使，俄召還，加南作坊使，出爲鎭州行營鈐轄。契丹寇定州，命主無地分馬。敵至懷德橋，繼宣領兵三千掩襲之。至，則契丹已壞橋，繼宣橫木而度，追奔五十餘里。契丹焚鎭州中渡、常山二橋，繼宣領兵趣之，契丹保豐隆山砦，繼宣伐木治常山橋，契丹聞之，大懼，拔砦遁走。

繼宣銳於追襲，傅潛爲部署，繼宣詣潛請行，頗爲所抑。及召潛屬吏，詔繼宣與高瓊同主軍事，逐敵越拒馬河，復爲鎭州鈐轄。受詔按視緣邊城砦，權知威虜軍，敵騎至城下，屢出兵設伏，斬獲甚衆。俄還鎭州。

咸平四年，拜西上閤門使，領康州刺史，爲前陣鈐轄，與秦翰、楊延昭、楊嗣分屯靜戎、威虜。敵至，會師于威虜，延昭、嗣輕騎先赴羊山，繼宣與翰分左右隊各整所部，翰全軍亦往，繼宣留壁赤虜，止以二騎繼進。至，則延昭、嗣適爲敵所乘。繼宣卽召赤虜之師，與翰師合勢大戰，敵走上羊山。繼宣逐之，環山麓至其陰。繼宣馬連中矢斃，凡三易騎，進至牟山谷，大克捷。延昭、嗣、翰之師，初頓赤虜，既而退保威虜，繼宣以所部獨與敵角，薄暮，始至威虜。詔書稱奬，特加檢校官及食邑。

明年，徙定州鈐轄，扞契丹于唐河。會緣邊都巡檢使楊延昭、楊嗣禦敵師敗，詔繼宣與內殿崇班王汀代之。望都之敗，敵騎剽郡縣，繼宣壁徐河，契丹數十隊薄威虜，威虜魏能與戰，走之，久而繼宣始至。又寇靜戎，汀請分兵自將襲契丹，繼宣拒之，雖日出遊騎偵敵勢，屢徙砦而未嘗出戰。爲能、汀所發，召還，令樞密院問狀，降爲如京副使。

景德初，加如京使、鎭州鈐轄。契丹乘秋來攻，時桑贊病足，鄭誠赴定州，繼宣獨主鎭州全師，歷屯邢、趙。及與契丹和，命爲高陽關鈐轄。是冬，復爲西上閤門使，領康州刺史。三年，兼知瀛州。繼宣罕識字，上以河間郡事繁，慮獄訟有枉，命高繼勳代之，止爲鈐轄。大中祥符初，徙鎭、定兩路鈐轄，進秩東上閤門使。召還，改鄆州部署，加四方館使。以疾，授西京水南都巡檢使，每夕罕巡警，爲留司所舉，特詔增巡檢一員，專主夜巡。六年，疾甚，求至京師尋醫，卒，年六十四。子守忠，左侍禁、閤門祗候。

張旦，趙州人。勇敢善射，以經學中第，至國子博士。淳化中，知陵州。時李順構亂，連下城邑。賊黨數萬攻陵州，州兵不滿三百，舊不設城塹。旦修完戰具，置鹿角砦，驅市人進戰，大敗之，殺五千餘人，獲器械萬計。詔書褒之，特遷水部員外郎，賜緋魚，由是知名。數月，西川招安使上官正言：「雅州密邇蠻蜑，在於鎮撫須得其人，伏見水部員外郎張旦，前守陵州，以孤軍抗羣寇，保全壁壘，至今劍外伏其威名。望改授諸司使，令知州事。」上以省郎之重，不欲換他職，乃授刑部員外郎，賜金紫。乘傳之任，寇不敢犯。

眞宗卽位，遷兵部員外郎，改尙食使、知德清軍。景德中，契丹入寇，陷軍壁。旦與其子利涉率衆奮擊，並戰沒。上聞之驚悼，特贈左衞大將軍、深州團練使，利涉崇儀副使。錄其四子官。時有上封事者，言朝廷宜優加恩典，以勸忠臣。詔以恤旦事告諭天下。

又虎翼都虞候胡福戍軍城，率兵力戰，金創徧體，猶奮劍轉鬥，矢無虛發，麾下已盡，獨挺刃殺數十人。副指揮使尙祚能運大檛，所斬首拉脅者，亦百餘人，衆寡不敵，遂與指揮使張睿劉福、都頭輔能等四人並死之。眞宗嘉歎其忠勇，遣使訪遺骸，唯得福尸，命其子厚葬之。贈福洺州團練使，祚濱州刺史，睿演州刺史，劉福臨州刺史，能等並爲諸衞率府副率。

又邯鄲令李晦辭赴任，値道梗，留德淸同拒敵；侍禁夏承皓部兵至大名界遇敵，皆戰沒。贈晦辭工部員外郎，承皓崇儀使。

時又贈受事河朔而沒者，殿直劉超供備庫使，入內高班內品李知順爲六宅副使，奉職胡度等三人爲內殿崇班，仍各錄其子，及賜其家金帛。

張煦字輔暘，開封人。開寶末，補府中牙職。雍熙二年，自陳太宗尹京嘗事左右，命爲殿前承旨，遷殿直、歙州監軍。兇人黃行達弟坐法抵死，行達誣州將故入其罪，詔宣州通判姚鉉與煦鞫之，卽日決遣。還擢供奉官、閤門祗候。占謝日，又改內殿崇班、鎭定邢趙山西土門路都巡檢使。契丹騎兵剽境上，煦以所部斬首數十，走之。葛霸、周瑩、李繼宣稱其幹舉，有詔嘉獎。代還，拜供備庫副使，權知環州。數月，改嵢嵐軍使，又知保安軍。

咸平中，王均亂蜀，以煦爲綿、漢、劍門路都巡檢使。又與雷有終進攻成都，煦主東砦，焚其郛及樓堞，均突圍而遁。賊平，以功就遷正使，徙益州都監，與知州宋太初同提總本路諸軍事。有戰艦卒將謀擾動，煦卽日斬之。

夏人寇邊，改涇原儀渭都鈐轄。又爲邠寧環慶路鈐轄兼巡檢、安撫都監，累蹋寇入賊中，掩殺甚衆，有詔嘉獎。會遣王超、張凝、秦翰援靈武，命煦爲西路行營都監。至鎭戎，聞靈武已陷，復還本任。與張凝入西夏境，出白豹鎭，至柔遠川，夏人七百餘邀戰，煦與慶州監軍張綸擊殺甚衆。淸遠故城有酋長，請以甲騎三萬來降。煦語凝曰：「此詐也。」亟嚴兵以待之，果然。凝按部歸環州，道爲敵所邀。煦聞之，領所部銳兵自慶州赴之，一昔與凝會，射殺其大將，與凝同還。

景德元年，加領賀州刺史，復爲涇原儀渭鎭戎軍鈐轄，再知環州。四年，宜州戍卒陳進反，命副曹利用爲廣東西路安撫使。賊衆擁判官宜州盧均，僭號南平王，圍象州，煦以兵會利用斬之。初與利用同署紙，人持百枚，備給立功將士。及破賊，利用在前軍無所給，煦在後而所給過半，眞宗謂其太過。賊平，改如京使，知懷州。

東封歲，權河陽鈐轄，遷文思使、知曹州。會江、淮災歉，分命大藩長吏綏撫，以煦爲江南西路安撫都監。俄還濟陰，加北作坊使，又徙滄州，就轉宮苑使，領康州刺史。大中祥符九年，加領昭州團練使、知鄜州。未幾，復知滄州。天禧三年，拜西上閤門使，徙幷代鈐轄。以老疾求近郡，得知磁州。四年，卒，年七十三。煦明術數，善相宅，時稱其妙。

張佶字仲雅，本燕人，後徙華州渭南。初名志言，後改焉。父昉，殿中少監。佶少有志節，始用蔭補殿前承旨，以習儒業，獻文求試，換國子監丞。遷著作佐郎、監三白渠、知涇陽縣。端拱初，爲太子右贊善大夫。曹州民有被誣殺人者，詔往按之，發擿姦伏，寃人得雪。尋通判忻州，遷殿中丞，兼御河督運。

至道中，通判陝州，再部送芻糧赴靈武，就改國子博士。咸平初，擢爲陝西轉運副使，賜緋魚。至延安，遇夏人入寇，親督兵擊敗之。三年，徙西川轉運副使。時詔討王均，以餽餉之勞，遷虞部員外郎。賊平，分川峽爲四路，以佶爲利州路轉運使。有薦其武幹者，召還，授如京使、涇原鈐轄兼知鎭戎軍。徙麟府路鈐轄，夏人來寇，佶率兵與戰，親射殺酋帥，俘獲甚衆，餘黨遁去。詔書褒之，賜錦袍、金帶。景德中，徙益州鈐轄，加宜州刺史，遷文思使。佶御軍撫民，甚有威惠，蜀人久猶懷之。

大中祥符四年，車駕祀汾陰，以爲西京舊城巡檢、鈐轄。禮成，加授北作坊使，充趙德明官告使。又爲鄜延鈐轄。會秦州李濬暴卒，上語近臣曰：「天水邊要，宜速得人。」馬知節稱佶可任，上然之，遂改左騏驥使，就命知秦州。至州，置四門砦，開拓疆境，邊部頗怨。又臨渭置采木場，戎人不之爭，移帳而去。佶不甚存撫，亦不奏加賚賜，邊人追悔，引衆劫掠，佶深入掩擊，敗走之。議者又欲加恩宗哥、立遵等族，以扼平夏，佶請拒絕之，事具吐蕃傳。朝廷始務寧邊，以佶輕信易事，徙邠寧路鈐轄。天禧初，召爲契丹國信副使，再任邠寧，兼知邠州，遷宮苑使。未逾月，擢拜西上閤門使，復爲涇原鈐轄。四年，卒，年六十九。

佶涉獵書史，好吟詠，勇敢善射，有方略，其總戎護塞，以威名自任。子宗象，兵部員外郎、直史館、度支判官。

論曰：自古盛德之世，未嘗無邊圉之患，要在得果毅之臣以扞禦之。昔人有言「誰能去兵」，漢祖亦云「安得猛士」，蓋爲此也。李順叛蜀，攻陷郡邑，正扞劍門，斌守梓潼，其績最多。契丹入寇，審玉、繼宣，拔陷將於重圍之中，固有餘勇，佶、煦宣力西南，勤幹威惠，亦皆可取。濟、且以孤城扞強寇，援絕戰死，一代死事之表表者，其可泯諸。

校勘記

〔一〕領成州刺史　「成州」原作「誠州」，誤。參考本書卷三〇七校記〔三〕改。

宋史卷三百九

列傳第六十八

王延德 常延信 程德玄 王延德 魏震 張質 楊允恭 秦羲 謝德權 閻日新 靳懷德

王延德，開封東明人。曾祖芝，濮陽令。祖璋，相州錄事參軍。父溫。晉末契丹內寇，溫率鄉豪捍蔽境內，里人德之。宣祖掌畿甸兵，與溫厚善，延德方總角，宣祖愛其謹重，召置左右。太宗尹京，署爲親校，專主庖膳，尤被倚信。

太平興國初，授御廚副使，數月，遷正使。從征太原，未幾，加尚食使，賜浚儀縣壽昌坊宅一區。俄領薊州刺史，兼掌武德司，改皇城使，掌御輦院、左藏庫。延德所領凡五印，因對懇讓，遂罷左藏、御廚。八年，兼充親王諸宮使。延德素謹愼，以舊恩，每延訪外事。端拱初，領本州團練使。淳化中，當進秩，延德與王繼恩、杜彥鈞使額已極，特置昭宣使，以延德等爲之。至道二年，加領平州防禦使。

眞宗嗣位，改領懷州。永熙復土，提點緣路供頓。咸平初，出知華州，占謝日，面請罷昭宣使，從之。實以禦侮正秩，奉給優厚故也。上幸大名，爲東京舊城都巡檢使。明年，以風痺請告，遣還本郡，是冬卒，年六十四。贈邕州觀察使。

延德所至，好撰集近事。掌御廚則爲司膳錄，掌皇城司則爲皇城紀事錄，從郊祀爲行宮使則爲南郊錄，奉詔修內則爲版築記，從靈駕則爲永熙皇堂錄、山陵提轄諸司記，及治郡則爲下車奏報錄。先是，詔史官修太祖、太宗實錄，多以國初事訪延德，又上太宗南宮事迹三卷。子應昌，莊宅使、端州團練使。

常延信，幷州平晉人。祖思，仕周歷昭義、歸德、平盧三鎭節度，延信皆補牙職，領和州刺史。思卒，入爲六宅使，領郡如故。

建隆初，改領平州，坐與妻族相訟，左授右監門衛副率，領護滑州黃河隄。開寶中，爲京新城外汴河南巡檢，出爲潼關監軍。延信以關路嶮險，奏易道路及塡禁阬，役工四十餘萬。又監通許鎭兵，改梓、遂十二州都巡檢使，賜袍帶、錢百萬。太平興國初，秩滿，留再任，賜錢四十萬。時亡命卒多以山林爲寇，延信嘗領徒捕殺三百餘人。又爲唐、鄧都巡檢使，代還，繼改右清道、右司禦二副率。

雍熙三年，命督鎮州以北至軍前芻糧。是冬，爲全、邵六州都巡檢使，令疾置之任。就充羊牂六砦都鈐轄，遷右衞副率。會誠州蠻歸款，命延信馳入溪洞，索其要領。又逐蠻直趣古鎮，過西延、大木諸洞，蠻人慴伏。

淳化中，歷襄、鄧、宋、曹等州都巡檢使，改左監門衞將軍，屢部徒修護河防，改左領軍、左屯衞二將軍，充西京水南都巡檢使。有盜掠彭婆鎮及甲馬營，延信馳以往，悉擒之。咸平中，歷太康、鞏縣二監軍。景德二年，卒，年六十四。

程德玄字禹錫，鄭州滎澤人。善醫術。太宗尹京邑，召置左右，署押衙，頗親信用事。太祖大漸之夕，德玄宿信陵坊，夜有扣關疾呼趣赴宮邸者。德玄遽起，不暇盥櫛，詣府，府門尚關。方三鼓，德玄不自悟，盤桓久之。俄頃，見内侍王繼恩馳至，稱遺詔迎太宗卽位。德玄因從以入，拜翰林使。

太平興國二年，陳洪進來朝，命德玄迎勞之。船艦度淮，暴風起，衆恐，皆請勿進。德玄曰：「吾將君命，豈避險？」以酒祝而行，風浪遽止。三年，遷東上閤門使，兼翰林司事。是秋，領代州刺史。從征太原，爲行宮使，師還，以功改判四方館事。俄遷領本州團練使，又加領本州防禦使。

五年，坐市秦、隴竹木聯筏入京師，所過矯制免算，又高其估以入官，爲王仁贍所發，責授東上閤門使，領本州刺史。陝府西南轉運使、左拾遺韋務昇，京西轉運使、起居舍人程能，判官、右贊善大夫時載，坐縱德玄等於部下私販鬻，務昇洎能並責授右贊善大夫，載將作監丞。是冬，車駕幸魏府，命總御營四面巡檢，掌給諸軍資糧。

德玄攀附至近列，上頗信其言，繇是趨附者甚衆。或言其交游太盛，遂出爲崇信軍節度行軍司馬。踰年，復拜慈州刺史，移知環州。時西鄙酋豪相繼內附，詔以空名告敕百道付德玄，得便宜補授。頃之，以疾求致仕，優詔不許。淳化三年，改本州團練使、知邠州。未半歲，復典環州。李順之寇西蜀，移知鳳州，兼領鳳、成、階、文等州駐泊兵馬事，徙慶州。咸平中，入朝，眞宗命坐撫勞，訪以邊事。俄出知幷州兼幷代副都部署，移鎭州，受代歸闕。景德初，卒，年六十五。大中祥符中，其子繼宗上章，懇祈贈典，上憫之，特贈鄭州防禦使。

兄德元同仕王府，至內酒坊副使。繼宗，東頭供奉官、閤門祗候，次子繼忠，內殿崇班。德元子賁，大中祥符五年舉進士，累遷太常博士。

王延德，大名人。少給事晉邸。太平興國初，補殿前承旨，再遷供奉官。六年，會高昌國遣使朝貢，太宗以遠人輸誠，遣延德與殿前承旨白勳使焉。自夏州渡河，經沙磧，歷伊州，望北庭萬五千里。雍熙二年，使還，撰西州程記以獻，授崇儀副使，掌御廚。明年，拜正使，出知慶州。

淳化三年，代還，監折博倉。延德與張齊賢善，因國子博士朱貽業通言齊賢，求免掌庾，希進用。齊賢爲言之，上怒曰：「延德願掌倉以自效，未踰月，又禱宰相求免，何也？」因召延德詰責，自言未嘗遣貽業詣相府有所求請。上疑齊賢不實，召貽業至，貽業又諱之，齊賢恥自辨，因頓首稱罪。上怒，即以延德領懿州刺史以寵之。五年，提點三司衙司、磨勘憑由司。未幾，拜左屯衞大將軍、樞密都承旨，俄授度支使。

眞宗即位，轉左千牛衞上將軍，充使如故。延德前使西域，冒寒不汗，得風痺疾，艱於步履。咸平初，出爲舒州團練使、知鄆州，徙青州，坐市物有剩利，降授左武衞將軍。久病落籍，遣家人代詣登聞鼓院求休致，上以其久事先帝，復授左千牛衞上將軍致仕。景德三年，卒，年六十八。

延德以攀附得官，傾險好進，時人惡之。兄延之，乾德六年進士，至屯田郎中致仕。

魏震，不知何許人。祖浩，贍國軍榷鹽制置使。父鉞，蒲臺令。震初用祖蔭，當補廷職，自以習詞業，不屑就。姚恕嘗與鉞蒲臺交代，及爲皇子教授，太宗在藩邸，恕嘗稱震之材，因召寘邸中。即位，補殿直、盧壽八州巡檢。從征河東，掌行在左藏庫，改供奉官。雍熙初，温州進瑞木成文，震作詩賦以獻，拜崇儀副使，賜白金二千兩，掌內弓箭庫。出知保州，會諸將北伐，爲幽州西北路鈐轄。下飛狐、蔚州，以功就遷崇儀使、知蔚州。復知保州，移秦州鈐轄。端拱中，召拜西上閤門使，俄知廬州，徙澶州。淳化二年，進東上閤門使、知鳳州，坐事免。至道初，起爲洛苑使、知洪州。二年，復爲東上閤門使，知定、代二州並兼行營鈐轄。咸平元年，卒。子致恭，殿中丞。

張質字守朴，博州高唐人。少孤，養于兄贊。贊爲樞密院典謁，質因得隸兵房，頗爲趙普、曹彬所知。太宗征河東，還駐鎮陽，彬方典樞務。一夕，議調發屯兵，時，軍載簿領，阻留在道。質潛計兵數，部分軍馬，及得兵籍較之，悉無差謬。淳化中，累遷本房副都承旨。咸平初，授左監門衞將軍、樞密副都承旨。先是，樞密吏皆以年勞次補，有至主事而懵其職者。景德三年夏，內出公事三條，令主事以下詳決之，命質與禮房副承旨尹德潤宿御書院考第。翌日，上親臨閱視，凡選補四十餘人，不中式除崇班、供奉官、奉職者十餘人。以質爲左屯衞大將軍，加給月奉，歷右神武軍、右衞二大將軍。

大中祥符七年，轉都承旨。在樞要僅五十年，練習事程，精敏端慤，未嘗有過。舊，本院吏罕有遷至都承旨者，上素知質廉謹，故以授之。嘗召問五代以降洎國初軍籍更易之制，且命條具利害，質纂爲三篇，目曰兵要以進，上覽而稱善。

好養生之術，老而不衰，以是多接隱人方士，然語不及公家事。每大祀巡幸，質多爲行宮使，或領巡檢提點供頓之務。天禧元年九月，方候對承明殿，暴中風眩，輿歸卒，年七十四。錄其子大理評事純爲衞尉寺丞，孫思道爲三班奉職。

楊允恭，漢州綿竹人。家世豪富，允恭少倜儻任俠。乾德中，王師平蜀，羣盜竊發，允恭裁弱冠，率鄉里子弟砦于清泉鄉，爲賊所獲，將殺之。允恭曰：「苟活我，當助爾。」賊素聞其豪宗，乃釋之。陰結賊帥子，日與飲博，陽不勝，償以貲，使伺賊。賊將害允恭，其子以告，因遁去。內客省使丁德裕討賊至州，允恭以策干之，署綿、漢招收巡檢，賊平，補殿前承旨。

太平興國中，以殿直掌廣州市舶。自南漢之後，海賊子孫相襲，大者及數百人，州縣苦之。允恭因部運入奏其事，太宗卽命爲廣、連都巡檢使。又以海鹽盜入嶺北，民犯者衆，請建大庾縣爲軍，官鬻鹽市之。詔建爲南安軍，自是冒禁者少。賊有葉氏者，衆五百餘，往來海上。允恭集水軍，造輕舠，掩襲其首，斬之。餘黨棄船走，伏匿山谷，允恭伐木開道，悉殲焉。賊寇每遇風濤，則遯止洲島間。允恭領衆涉海，捕之殆盡，賊皆望風奔潰。又抵漳、泉賊所止處，盡奪先所劫男女六十餘口還其家。詔書嘉獎，賜錢十萬，轉供奉官。詔歸，改內殿崇班。

時緣江多賊，命督江南水運，因捕寇黨。行及臨江軍，擇驍卒挐輕舟伺下江賊所止，夜發軍城，三鼓，遇賊百餘，拒敵久之，悉梟其首。又趣通州境上躡海賊，賊係衆舟，張幕，發勁弩、短礮。允恭兵刃所向，多爲幕所縈，礮中允恭左肩，流血及袖，容色彌壯。徐遣善泅者以繩連鐵鉤散擲之，壞其幕，士卒爭進，賊赴水死者太半，擒數百人。自是江路無剽掠之患。以功轉洛苑副使，江、淮、兩浙都大發運、擘畫茶鹽捕賊事；賜紫袍、金帶、錢五十萬。

先是，三路轉運使各領其職，或廩庾多積，而軍士舟楫不給，雖以官錢雇丁男挽舟，而土人憚其役，以是歲上供米，不過三百萬。允恭盡籍三路舟卒與所運物數，令諸州擇牙吏，悉集，允恭乃辨數授之。江、浙所運，止于淮、泗，由淮、泗輸京師，行之一歲，上供者六百萬。

淳化五年，轉西京作坊使。初，產茶之地，民輸賦者悉計其直，官售之，精麤不校，咸輸榷務。商人弗肯售，久卽焚之。允恭曰：「竭民利而取之，積腐而棄之，非善計也。」至道初，劉式建議請廢緣江榷務，許商人過江，聽私貨鬻。允恭以爲諸州新陳相糅，兩河諸州風土，各有所宜，非雜以數品，卽商人少利。請依舊江北置務，均色號，以年次給之。事下三司，鹽鐵使陳恕等以允恭議爲是，詔從之。卽命允恭爲發運使，始改「擘畫」爲「制置」，以西京作坊副使李廷遂〔二〕、著作佐郎王子輿並爲同發運使。

巢、廬江二縣舊隸廬州，道遠多寇，民輸勞費。允恭請以二縣建軍，詔許之，以無爲爲額。淮南十八州軍，其九禁鹽地〔三〕，則上下其直，民利商鹽之賤，故販者益衆，至有持兵器往來爲盜者。允恭以爲行法宜一，卽奏請悉禁，而官遣吏主之。事下三司，三司言其不可，允恭再三爲請，太宗始從之。是歲，收利巨萬。允恭與王子輿、秦羲同主茶鹽之任，多作條制，遂變新法。

眞宗卽位，改西京左藏庫使。又言川峽鐵錢之弊，曰：「凡民田之稅，昔輸銅錢之一，今輸鐵錢亦一；而吏卒奉舊給銅錢之一，今給鐵錢五；及行用交易，則鐵錢之十，爲銅錢之一。且民入田稅，以一爲十，官失其九矣；吏卒奉給，增一爲五，官又失其四矣；吏卒得五用十，復失其半矣。臣在先朝，嘗陳其事，願變法以革其弊，先帝方議行之，會賊順叛擾而止。今陛下繼成先烈，可遂建其法，使民不失所。且饒、信之銅，積數千萬，若遣運于荆，達于蜀，蜀素多銅，俾夔、益、遂各置監鼓鑄，歲用均給，不十年，悉用銅錢矣。」議雖未用，然自是吏卒奉給，始改用十鐵錢易銅錢之一。

俄知通利軍，兼黃、御河發運使。會議減西鄙屯兵，以息轉餉，召允恭與崇儀副使竇神寶、閤門祗候李允則馳往經度，圖上郡縣山川之形勝。允恭因建議曰：「自環州入積石、抵靈武七日程，芻粟之運，其策有三。然以人以驢，其費頗煩，而所載數尠。莫若用諸葛亮木牛之制，以小車發卒分鋪運之。每一車四人挽之，旁設兵衛，加戈刃于其上，寇至則聚車於中，合士卒之力，禦寇于外。」尋爲議者所沮而止。復遣之任，又議，江、淮鹽鐵使陳恕力爭，詔從允恭之議。加領康州刺史。

咸平初，以北邊賣馬，未有定直，命允恭主平其估，乃置估馬司，鑄印以爲常制。王均之亂，上慮南方有聚寇，命允恭爲荆湖、江、浙都巡檢使，內殿崇班楊守遵副之，賜與甚厚。二年夏，以疾聞，遣其子大理評事可乘傳侍疾。七月，卒于昇州，年五十六。賜其次子告同學究出身，賻錢二十萬、絹百匹。又以錢五萬、帛五十匹給其家。命揚州官造第一區賜之。

允恭有膽幹，能以方略捕賊。王小波之亂也，李順之兄自榮據綿竹，土人多被脅從。允恭兄允升、弟允元，率鄉里子弟併力破之；又爲王師鄉導，執自榮詣劍門以獻。王繼恩表其事，詔賜允升學究出身，授本縣令，允元什邡令。明年，召赴闕，授允升右贊善大夫，允元大理評事。

可，咸平元年進士，喜屬文，有吏幹，累召試，歷戶部、鹽鐵判官，知洪、宣、潤、壽、潭州，至都官員外郎。告，虞部員外郎。

秦羲字致堯，江寧人。世仕江左。曾祖本，岳州刺史。祖進遠，寧國軍節度副使。父承裕，建州監軍使、知州事。李煜之歸朝也，承裕遣羲詣闕上符印，太祖召見，悅其趨對詳謹，補殿直，令督廣濟漕船。太平興國中，有南唐軍校馬光璉等亡命荊楚，結徒爲盜。羲受詔，縛光璉以獻，太宗壯之。積勞改西頭供奉官，決獄于淮南諸州。

淳化中，又督洛南採銅。雷有終稱其有心計，遣監興國軍茶務。會楊允恭改茶鹽法，薦義掌眞州榷務，尋提點淮南西路茶鹽，得羨餘十餘萬，遂與允恭同爲江、淮制置，擢授閤門祗候，兼制置礬稅。

咸平初，入奏，眞宗面加慰勞。淮南榷鹽，二歲增錢八十三萬餘貫，以勞改內殿崇班，又兼制置荊湖路。江南羣盜久爲民患，義討捕皆盡。四年，領發運使事，改供備庫副使，獻議增榷酤歲十八萬緡，所增既多，尤爲刻下。會歲旱，詔罷之。景德初，遷供備庫使、知江陵府。坐舉官不如狀，削秩。

大中祥符初，起授供備庫副使、宿州監軍，稍遷東染院副使。明年，廣州言澄海兵嘗捕宜賊，頗希恩桀驁，軍中不能制，部送闕下。上以遠方大鎭，宜得材幹之臣鎭撫之。宰相歷言數人，皆不稱旨。上曰：「秦義可當此任。」復授供備庫使，充廣州鈐轄。歷東染院使、知蘇州，改崇儀使、提舉在京諸司庫務。因對，求典藩郡，遷內園使、知泉州。天禧四年，代還。道病卒，年六十四。

義知書，好爲詩，喜賓客，頗有士風。歷財貨之任，凡十餘年，精勤練習，號爲稱職。

謝德權字士衡，福州人。父文節，初仕王氏，爲候官令。後入南唐，爲忠烈都虞候、鐃州團練使，以驍勇聞。周世宗南征，文節獨擐甲度大江，潛覘敵壘，吳人號爲「鐵龍」。後守鄂州，拒宋師，戰沒。

德權初以父死事，李煜署莊宅副使。歸宋，詣登聞檢院自薦，補殿前承旨，遷殿直、陝西巡檢，以勞就改右侍禁。咸陽浮橋壞，轉運使宋太初命德權規畫，乃築土實岸，聚石爲倉，用河中鐵牛之制，纜以竹索，繇是無患。

咸平二年，宜州溪蠻叛，命陳堯叟往經度之，德權預其行，以單騎入蠻境，諭以朝旨，衆咸聽命。堯叟以聞，加閤門祗候、廣韶英雄連賀六州都巡檢使。代歸，提點京城倉草場。先是，倉積多患地下濕，德權累甓爲臺以藉之，遂無敗腐。

京城衢巷狹隘，命德權廣之。既受詔，則先撤貴要邸舍，羣議紛然。有詔止之，德權面請曰：「臣已受命，不可中止。今沮事者皆權豪輩，吝屋室僦資耳，非有他也。」上從之。因條上衢巷廣袤及禁鼓昏曉之制。

會有兇人劉曄、僧澄雅訟執政與許州民陰構西夏爲叛者，詔温仲舒、謝泌鞫問，令德權監之。既而按驗無狀，翌日，對便殿，具奏其妄。泌獨曰：「追攝大臣，獄狀乃具。」德權曰：「泌欲陷大臣耶！若使大臣無罪受辱，則人君何以使臣，臣下何以事君？」仲舒曰：「德權所奏甚善。」上乃可之。

六年，命城新樂縣，遷供奉官。又命浚北平砦濠，葺蒲陰城。一日，遽乘傳詣闕求對，且言：「邊民多挈族入城居止。前歲契丹入塞，傅潛閉壘自固，康保裔被擒，王師未有勝捷。臣以爲今歲契丹必寇內地，令邊兵聚屯一處，尤非便利，願速分戍鎮、定、高陽三路。天雄城壘闊遠，請急詔甓之，仍葺澶州城，北治德清軍城壍，以爲豫備。臣實慮蒲陰工作未訖，寇必暴至。」上慰遣之，既而契丹果圍蒲陰。及聞有詔修河北行宮，德權又驛奏，請車駕毋度河，及至澶州，德權單馬間道赴行在。

未幾，遷內殿崇班、提轄三司衙司。德權爲設條制，均其差使。有大將隸內侍主藏，內侍爲奏留，規免煩重之役。德權攜奏白上，極言僥倖，上稱其有守。又命提總京城四排岸，領護汴河兼督輦運。前是，歲役浚河夫三十萬，而主者因循，隄防不固，但挑沙擁岸趾，或河流汎濫，即中流復塡淤矣。德權須以沙盡至土爲垠，棄沙隄外，遣三班使者分地以主其役。又爲大錐以試築隄之虛實，或引錐可入者，即坐所轄官吏，多被譴免者。植樹數十萬以固岸。建議廢京師鑄錢監，徙西窰務于河陰，大省勞費。改崇儀副使，兼領東西八作司。先時，每營造患工少，至終歲不成。德權按其役，皆剋日而就。

大中祥符元年，議東封，命與劉承珪、戚綸同計度發運，遷供備庫使。預修玉清昭應宮。時，累徙民舍以廣宮地。劉承珪議掘地及丈，加築以壯基址。德權患其勞役過甚，日與忿爭，不能奪，遂求罷，復領京城倉草場。導金水河，自皇城西環太廟，凡十餘里。三年，出知泗州，占謝日，自陳：「臣久領京務，頗慮中外觀聽，謂臣負譴外遷，願稍進其秩。」詔改西染院使遣之。至任，踰月卒，年五十八。以其子平爲定遠主簿，給奉終喪。

德權淸苦幹事，好興功利，多所經畫。見官吏徇私者，必面斥之，所至整肅。然喜采察纖微，以聞于上，朝論惡之。

閻日新，宿州臨渙人。少爲本州牙職，補三司使役吏。淳化中，選隸壽王府，主邸中記簿。眞宗卽位，擢爲供奉官，提點雄、霸、靜戎軍榷場。咸平元年，遷內殿崇班、永興軍駐泊都監，徙劍門關兼知劍門縣，就加供備庫副使、慶州都監。景德初，命管勾邠、寧、環州駐泊兵馬。時，部署張凝屢入邊界焚族帳，日新皆提兵應援。俄知涇州，未幾，移慶州。上言：「野溪、三門等族恃嶮隘，桀黠難制，請開古川道，東至樂業鎭，西出府城。」從之。就轉供備庫使、知環州兼邠寧環慶路鈐轄、緣邊都巡檢使、安撫都監。俄換涇原儀渭路。二年，遷如京使，領萬州刺史。上朝陵、東封，皆命爲行宮使。

大中祥符初，改文思使。日新起胥史，好云爲以進取，嘗上言：「羣臣子弟以蔭得官，往往未童齓以受奉，望自今年二十以上，乃給廩。又京城百官早朝，而學士、丞、郎、舍人以上，導從呵止太盛，難於趨避，望令裁減。」又屢請對，多所建白。且自陳筋力尙壯，願正授刺郡，守邊城以効用。

俄眞拜坊州刺史、知渭州兼涇原路駐泊鈐轄。將祀汾陰，故改知同州事，儼信〔三〕頓郎日新所部，車駕至，迎謁獻方物。勞問久之，遂從祀脽上〔四〕，賜以襲衣、金帶。還過新市鎭，又設綵樓樂伎以迎駕。明年，徙知徐州。代還，以足疾，改右領軍衞大將軍〔五〕、昭州團練使、知單州。疾益甚，許還京師。天禧初，卒，年六十八。

靳懷德，博州高唐人。祖昌範，殿中丞。父隱，禹城令。懷德太平興國中明法，解褐廣安軍判官。秩滿，授鴻臚寺丞，歷著作佐郎、太子左贊善大夫、通判相州，改殿中丞、通判廣州，遷國子博士、通判滄州。歷虞部、比部員外郎，又通判莫州，知德州。

咸平中，契丹入寇，懷德固守城壁，又轉運使劉通言其善政，連有詔褒之。徙知密州，會留後孔守正之鎭，代還。鹽鐵使陳恕、判官王濟薦其武幹，換如京使、知邛州。懷德本名湘，素遊寇準之門，準父名湘，景德中，準方爲相，懷德乃改名焉。俄知滄州。大中祥符初，召還，復遣之任，吏民詣轉運使李士衡借留懷德，士衡以聞。未幾，遷文思使。三年秋，以江左旱歉，命爲洪、虔十州安撫都監。未至任，改知曹州。明年春，選爲益州鈐轄，加領長州刺史。懷德歷官以強幹稱，然酗酒多失，將行，別詔戒勗。眞宗又面諭之，就遷北作坊使。在劍外，軍民甚畏愛之。復以善職入拜西上閤門使，改領昭州刺史、知澶州。是州居水陸之要，懷德悉心撫治，頗著政績，使車往復，多稱譽焉。又知陝州，踰年，歸闕而卒，時天禧元年，年七十三。

論曰：世乏全材，則各錄其所長而用焉，亦皆可以集事功。允恭有心計，好言事，是時摘山煮海，方舟之漕，規制未備，故因其建白而從之，利甚博焉。義亦精心敏職，士大夫許其醖藉。德權淸廉強忮，矯名好威，然其斥謝泌以大臣非可受辱，識堂陛之分，長者之言哉。延德而下，遘會進陟，迭居事任，其指使治迹，各有可取者焉。

校勘記

〔一〕李延遂　原作「李延遂」，據宋會要食貨三〇之二、職官分紀卷四七改。

〔二〕其九禁鹽地　此句當有脫文。宋會要食貨二三之二三作:「其九禁鹽,餘不禁。商人由海上販鹽,官倍數而取之,至禁鹽地」,長編卷四〇略同。本傳缺去商人由海上販鹽一節,則下文云云便無所據。

〔三〕儼信　疑爲「嚴信」之訛。按長編卷七五記眞宗祀汾陰,「出潼關,渡渭河,次嚴信倉。」宋會要食貨四二之一二有嚴信渡務,所收課利見錢可赴「地里近便」的同州送納。當卽其地。

〔四〕脽上　原作「睢上」,按史記卷一二孝武本紀說:「始立后土祠汾陰脽上。」本書卷一〇四禮志正作「脽上」,據改。

〔五〕右領軍衞大將軍　「右」原作「又」。按通考卷五八職官考,「宋承前代之制,有左右金吾、左右衞上將軍,左右驍衞、屯衞、領軍衞、監門衞、千牛衞上將軍,諸衞大將軍、諸衞將軍,無定員。」宋朝事實卷八有「左右領軍衞大將軍」。據改。

宋史卷三百一十

列傳第六十九

李迪 子柬之〔一〕 肅之 承之 及之 孫孝基 孝壽 孝稱 王曾 弟子融

張知白 杜衍

李迪字復古，其先趙郡人，後徙幽州。曾祖在欽，避五代亂，又徙家濮。迪深厚有器局，嘗攜其所爲文見柳開，開奇之曰：「公輔材也。」

舉進士第一，授將作監丞，歷通判徐、兗州。改秘書省著作郎、直史館，爲三司鹽鐵判官。東封泰山，復通判兗州，坐嘗解開封府進士失當，謫監海州稅。改右司諫，起知鄆州，召糾察在京刑獄，遷起居舍人，安撫江、淮，以尚書吏部員外郎爲三司鹽鐵副使，擢知制誥。

眞宗幸亳，爲留守判官，遂知亳州。亡卒羣剽城邑，發兵捕之，久不得。迪至，悉罷所發兵，陰聽察，知賊區處，部勒驍銳士，擒賊，斬以徇。代歸，會喎廝囉叛，帝憂關中，召對長春殿，進右諫議大夫、集賢院學士、知永興軍。城中多無賴子弟，喜犯法，迪奏取其甚者，部送闕下。徙陝西都轉運使，入爲翰林學士。

嘗歸沐，忽傳詔對內東門，出三司使馬元方所上歲出入材用數以示迪。時頻歲蝗旱，問何以濟，迪請發內藏庫以佐國用，則賦斂寬，民不勞矣。帝曰：「朕欲用李士衡代元方，俟其至，當出金帛數百萬借三司。」迪曰：「天子於財無內外，願下詔賜三司，以示恩德，何必曰借。」帝悅。又言：「陛下東封時，敕所過毋伐木除道，即驛舍或州治爲行宮，裁令加塗塈而已。及幸汾、亳，土木之役，過往時幾百倍。今蝗旱之災，殆天意所以儆陛下也。」帝深然之。

他日，又召對龍圖閣，命迪草詔，徐謂迪曰：「曹瑋在秦州，屢請益兵，未及遣，遽辭州事，第怯耳。誰可代瑋者？」迪對曰：「瑋知唃廝囉欲入寇，且窺關中，故請益兵爲備，非怯也。且瑋有謀略，諸將皆非其比，何可代？陛下重發兵，豈非將上玉皇聖號，惡兵出宜秋門邪？今關右兵多，可分兵赴瑋。」帝因問關右兵幾何，對曰：「臣向在陝西，以方寸小冊書兵糧數備調發，今猶置佩囊中。」帝令自探取，目黃門取紙筆，具疏某處當留兵若干，餘悉赴塞下。帝顧曰：「眞所謂頗、牧在禁中矣。」

未久，唃廝囉果犯邊。秦州方出兵，復召迪問曰：「瑋此舉勝乎？」對曰：「必勝。」居數日，奏至，瑋與敵戰三都谷，果大勝。帝曰：「卿何以知瑋必勝？」迪曰：「唃厮囉兵遠來，使諜者聲言以某日下秦州會食，以激怒瑋。瑋勒兵不動，坐待敵至，是以逸待勞也。臣用此知其勝。」帝益重之，自是欲大用矣。

初，上將立章獻后，迪屢上疏諫，以章獻起於寒微，不可母天下。章獻深銜之。天禧中，拜給事中、參知政事。周懷政之誅，帝怒甚，欲責及太子，羣臣莫敢言。迪從容奏曰：「陛下有幾子，乃欲爲此計。」上大寤，由是獨誅懷政等。仁宗爲皇太子，除太子太傅，迪辭以太宗時未嘗立保傅，止兼太子賓客，詔皇太子禮賓客如師傅。加禮部侍郎。寇準罷，帝欲相迪，迪固辭。一日，對滋福殿，有頃，皇太子出拜曰：「陛下用賓客爲宰相，敢以謝。」帝顧謂迪曰：「尙可辭邪！」拜吏部侍郎兼太子少傅、同中書門下平章事、景靈宮使、集賢殿大學士。

初，眞宗不豫，寇準議皇太子總軍國事，迪贊其策，丁謂以爲不便，曰：「卽日上體平，朝廷何以處此？」迪曰：「太子監國，非古制邪？」力爭不已。於是皇太子於資善堂聽常事，他皆聽旨。準旣貶，謂𡨚擅權用事，至除吏不以聞。迪憤然語同列曰：「迪起布衣至宰相，有以報國，死猶不恨，安能附權倖爲自安計邪！」自此不協。時議二府皆進秩兼東宮官，迪以爲不可。謂又欲引林特爲樞密副使，而遷迪中書侍郞兼尙書左丞。故事，宰相無爲左丞者。既而帝御長春殿，內出制書置榻前，謂輔臣曰：「此卿等兼東宮官制書也。」迪進曰：「東宮官屬不當增置，臣不敢受此命。宰相丁謂罔上弄權，私林特、錢惟演而嫉寇準。特子殺人，事寢不治，準無罪罷斥，惟演姻家使預政，曹利用、馮拯相爲朋黨。臣願與謂俱罷，付御史臺劾正。」帝怒，留制不下，左遷迪戶部侍郎。謂再對，傳口詔入中書復視事，出迪知鄆州。

仁宗卽位，太后預政，貶準雷州，以迪朋黨傅會，貶衡州團練副使。謂使人迫之，或諷謂曰：「迪若貶死，公如士論何？」謂曰：「異日諸生記事，不過曰『天下惜之』而已。」謂敗，起爲秘書監、知舒州，歷江寧府、兗州、青州，復兵部侍郎、知河南府。來朝京師，時太后垂簾，語迪曰：「卿向不欲吾預國事，殆過矣。今日吾保養天子至此，卿以爲何如？」迪對曰：「臣受先帝厚恩，今日見天子明聖，臣不知皇太后盛德，乃至于此。」太后亦喜。以尙書左丞知河陽，遷工部尙書。太后崩，召爲資政殿學士、判尙書都省。未幾，復拜同中書門下平章事、集賢殿大學士。

景祐中，范諷得罪，迪坐姻黨，罷爲刑部尙書，知亳州，改相州。既而爲資政殿大學士、翰林侍讀學士，留京師。迪素惡呂夷簡，因奏夷簡私交荆王元儼，嘗爲補門下僧惠淸爲守闕鑑義。夷簡請辨，詔訊之，乃迪在中書所行事，夷簡以齋祠不預。降太常卿、知密州。復刑部尚書、知徐州。迪奏所部鄰兗州，欲行縣因祠岳爲上祈年、禱皇子。仁宗語輔臣曰：「大臣當爲百姓訪疾苦，祈禱非迪所宜，其毋令往。」久之，改戶部尚書、知兗州，復拜資政殿大學士。

元昊攻延州，武事久弛，守將或爲他名以避兵。迪願守邊，詔不許，然甚壯其意。除彰信軍節度使、知天雄軍，徙青州。踰年，之本鎭。請老，以太子太傅致仕，歸濮州。後其子柬之爲侍御史知雜事，奉迪來京師。帝數遣使問勞，欲召見，以疾辭。薨，年七十七。贈司空、侍中，謚文定。帝篆其墓碑曰遺直之碑，又改所葬鄧侯鄉曰遺直鄉。子柬之、肅之、承之、及之，孫孝壽、孝基、孝稱。

柬之字公明，曉國朝典故。獻文，召試，賜進士出身，爲館閣校勘、宣化軍使。境上有廢河故道，官收行者稅，謂之「乾渡錢」，奏除之。進直集賢院、判吏部南曹、開封府推官、鹽鐵判官，歷知邢漢廬州、鳳翔府，京東、陝西轉運使，擢侍御史知雜事。

柬之自少受知於寇準，至是論準保護之功。仁宗惻然，卽賜其碑曰旌忠。拜天章閣待制、河北都轉運使，加龍圖閣直學士。建言補蔭之門太廣，遂詔裁定，自二府而下，通三歲減入仕者二千人。知荆南、河陽、澶州，改集賢院學士，判西京留司御史臺。

英宗即位，富弼薦其學行，復舊職，兼侍讀。帝勞之曰：「卿通議耆儒，方咨訪以輔不逮，豈止經術而已。」帝頗欲肅正宮省，柬之諫曰：「陛下，長君也，立自宗藩，衆方觀望，願曲爲容覆。」賜潁王生日禮物，故事，王拜賜竟，即退。帝諭王令留柬之食，冀其從容也。王即位未幾，柬之請老，自工部尚書拜太子少保致仕〔三〕。舊無閤門謝辭式，特賜對延和，命之坐，仍置宴資善堂，遣使諭之曰：「以先帝梓宮在殯，朕不得爲詩。」令講讀官皆賦詩，勸勞甚渥，又敕王珪敍其事。柬之出都門，即幅巾白衣以見客。再遷少師。熙寧六年，卒，年七十八。

有李受者，字益之，長沙之瀏陽人也。仕於治平中，至右諫議大夫、天章閣待制兼侍讀。屢以老乞骸骨，不聽。神宗立，進給事中、龍圖閣直學士。復言：「臣在先帝時，年已七十，不敢竊祿以自安。今又加數年，筋力憊矣，惟陛下哀之。」於是拜刑部侍郎致仕，賜宴賦詩及序，如柬之禮。相去數月，故時稱「二李」。卒年八十，贈工部尚書。

肅之字公儀，迪弟子也。以迪蔭，監大名府軍資庫。大河溢，府檄修冠氏隄，功就弗擾，民悅之，請爲宰。邑多盜，時出害人。肅之令比戶置鼓，有盜，輒擊鼓，遠近皆應，盜爲之衰止。爲御河催綱。橫隴之決，使者檄護金隄，滿歲無河患。

通判澶州。契丹泛使將過郡，而樓堞壞圮，肅之謂郡守曰：「吾州爲景德破敵之地，當宗雄彊，今保鄣若是，且奈何？」遂鳩工構城屋，凡千區。已而中貴人銜命來視，規置一新，驚賞嗟異，聞之朝。擢知德州，提點開封府界內縣鎮，夔路、湖南刑獄。儂蠻暴嶺外，肅之親扞諸境，會蔣偕失利，亟率兵往躡于臨賀，賊引去。狄青、孫沔交薦之，徙湖北轉運使。辰陽彭仕義叛，討平之，猶以過左遷，知齊州。改江東、兩浙、河北轉運使，進度支副使、江淮發運使。

神宗初卽位，諒祚寇大順城。肅之入奏，帝訪以西夏事，奏對稱旨。以爲右諫議大夫、知慶州；數日，徙瀛州。大雨地震，官舍民廬推陷。肅之出入泥潦中，結草囷以儲庾粟之暴露者，爲茇舍以居民，啓廩振給，嚴儆盜竊，一以軍法從事。天子聞而嘉之，遣使勞賜。遷天章閣待制、知開封府，出知定州。還，權三司使，又出爲永興軍、青齊二州。元豐二年，復知開封，爲樞密都承旨，加龍圖閣直學士、知鄆州。四年，提舉太極觀。卒，年八十二。

肅之內行修飭，母喪，廬墓三年，不入城郭。季弟承之，生而孤，鞠育誨道，至於成人，遂相繼爲侍從。帝稱其一門忠孝云。

承之字奉世，性嚴重，有忠節。從兄柬之將仕以官，辭不受，而中進士第，調明州司法參軍。郡守任情骫法，人莫敢忤，承之獨毅然力爭之。守怒曰：「曹掾敢如是邪？」承之曰：

「事始至，公自爲之則已，既下有司，則當循三尺之法矣。」守憚其言。

嘗建免役議，王安石見而稱之。熙寧初，以爲條例司檢詳文字，得召見。神宗語執政曰：「承之言制置司事甚詳，非他人所及也。」改京官。他日，謂之曰：「朕卽位以來，不輕與人改秩，今以命汝，異恩也。」

檢正中書刑房，察訪淮浙常平、農田水利、差役事，還奏役書二十篇，加集賢校理。又察訪陝西，時郡縣昧於奉法，斂羨餘過制。承之曰：「是豈朝廷意邪？」悉裁正其數。遷集賢殿修撰，擢寶文閣待制，爲同羣牧使，糾察在京刑獄兼樞密都承旨，出知延州，入權三司使。

蔡確治相州獄，多引朝士，皆望風自折服。承之爲帝言其險詖之狀，帝意始悟，趣使詰竟。遷龍圖閣直學士，懇辭，乞授兄肅之，曰：「臣少鞠於兄，且兄爲待制十年矣。」帝曰：「卿兄弟孝友，足厲風俗。肅之亦當遷也。」卽並命焉。

商人犯禁貨北珠，乃爲公主售，三司久不敢決。承之曰：「朝廷法令，畏王姬乎？」亟索之。帝聞之曰：「有司當如此矣。」進樞密直學士。坐補吏不當，降待制、知汝州。未幾，爲陝西都轉運使，召拜給事中、吏部侍郎、戶部尚書，復以樞密直學士知青州。歷應天府、河陽、陳鄆揚州而卒。

及之字公達，亦迪弟之子。由蔭登第，通判安肅軍。康定中，夏人犯邊，契丹復發兵並塞，疆候戒嚴。及之言：「契丹以與夏人甥舅之故，特此慰其心，且姑張虛勢以疑我，必不失誓好，願毋過虞。」已而果然。

徙通判河南府。亡卒張海倚山嘯聚，白晝掠城市。及之督捕，單騎與海語，諭使歸命，當奏貸其死。海感動弛備，奏方上，而衆兵集，悉獲之。知信州，靈鷲山浮屠，犯法者衆，及之治其姦，流數十人，乃自劾。朝廷嘉之，釋不問。入判刑部。嘗撰次唐史有益治體者，爲君臣龜鑑八十卷。王堯臣上其書，并表其學行，韓琦亦以館職薦之。召試，除直秘閣，歷開封府判官、知涇晉陝三州。

及之吏事精明，所居官皆稱職。以太中大夫致仕，再轉正議大夫。卒，年八十五。

柬之子孝基，及之子孝壽、孝稱。

孝基字伯始。進士高第，唱名至墀下，仁宗顧侍臣曰：「此李迪孫邪？能世其家，可尚也。」晏殊、富弼薦其材任館閣，欲一見之。孝基曰：「名器可私謁邪？」竟不往。知汝陰、雍丘縣，通判閬州、舒州，知隨州。所治雖劇，然事來亟斷，不爲證左回枉，甫日中，庭已空矣。或問其術，曰：「無他，省事耳。」閬中江水齧城幾沒，郡吏多引避，孝基率其下決水歸旁谷，城賴以全。舒吏受賂鬻獄，以殺人罪加平民，孝基劾治三日，得其情，迺抵吏罪。以親須養，求監崇福宮，判西京國子監。凡就閑十年，累官光祿卿，與父柬之同謝事，纔年五十，士大夫美之，以比二疏。

孝基爲人沖澹，善養生，平居輕安。弟孝稱進對，帝問起居狀，歎曰：「度越常人遠矣。」後十一年，無疾卒。

孝壽字景山，爲開封府戶曹參軍。元符中，呂嘉問知府事，受章惇、蔡卞指，鍛鍊上書人，命孝壽攝司錄事，成其獄。徽宗卽位，嘉問先已得罪，孝壽亦削秩。蔡京爲政，以爲府推官，遷大理、太僕卿，擢顯謨閣待制，爲開封尹。

前此，閭里亡賴子，自斷截臂腕，託廢疾淩良民，無所憚畏。孝壽悉搜出之，部付旁郡，一切治理。加直學士，出知興仁、開德府。京起蘇州章綖獄，還孝壽開封，使往卽訊。至蘇州，窮治鑄錢，逮繫踰千數，方冬慘掠囚，墮指脫足不可計，死則投于垣外。日夜鍛鍊，款未就，京猶嫌其緩，召使還。其後，綖兄弟竟用此黥竄。又知虢、兗二州。坐守興仁日與巡檢戲射狂人張立死，除名。居無何，起知蘇州。

政和初，拜刑部侍郎，復改開封尹。奉宸庫吏呂壽盜金，繫獄而逃。孝壽盡執守兵，論爲故縱，非任事之吏與不上直者，亦以不卽追掩繩之。凡配隸四十人，陰賂杖者使加重，六七人纔出關而死。帝聞之，命悉還餘人。於是諫議大夫毛注論其殘忍苛虐，乞加譴，不聽。孝壽猶以獄空上表賀。

孝壽雖亡狀，亦時有可觀。有舉子爲僕所淩，忿甚，具牒欲送府，同舍生勸解，久乃釋。戲取牒效孝壽花書判云：「不勘案，決杖二十。」僕明日持詣府，告其主倣尹書判私用刑。孝壽卽追至，備言本末，孝壽幡然曰：「所判正合我意。」如數與僕杖，而謝舉子。時都下數千人，無一僕敢肆者，時以此稱之。明年，以疾，罷爲龍圖閣學士、提舉醴泉觀。卒，贈正奉大夫。

孝稱字彥聞，以蔭登朝。値郊恩得封父，及之已官通議大夫，有司限以格，孝稱言，恐非朝廷所以推恩優老之意，詔特許之，遂爲著令。

崇寧中，提舉湖北、京西常平，提點京西南路刑獄。蔡京之姻宋喬年爲京畿轉運使，有囚逸，捕得之。孝稱上其功，喬年受賞，而孝稱用是得工部員外郞。不閱月，遷大理少卿。連奏獄空，進爲卿，且數增秩，擢工部、戶部二侍郞，爲開封尹。

陳瓘之子正彙在杭州上書，告京不利社稷。郡守蔡薿執送京師，併逮瓘詣獄。孝稱脅使證其子，璀不可。暨獄上，竟竄正彙海島。京愈德之，進刑部尙書，而以其兄孝壽代爲尹。孝稱請班兄下，不許。避親嫌，徙工部。卒，贈光祿大夫。

王曾字孝先，青州益都人。少孤，鞠於仲父宗元，從學於里人張震，善爲文辭。咸平中，由鄉貢試禮部、廷對皆第一。楊億見其賦，歎曰：「王佐器也。」以將作監丞通判濟州。代還，當召試學士院，宰相寇準奇之，特試政事堂，授秘書省著作郎、直史館、三司戶部判官。

景德初，始通和契丹，歲遣使致書稱南朝，以契丹爲北朝。曾曰：「從其國號足矣。」業已遣使，弗果易。遷右正言、知制誥兼史館修撰。時瑞應沓至，曾嘗入對，帝語及之。曾奏曰：「此誠國家承平所致，然願推而弗居，異日或有災沴，則免輿議。」及帝旣受符命，大建玉清昭應宮，下莫敢言者，曾陳五害以諫。舊用郎中官判大理寺，帝欲重之，特命曾。且謂曾曰：「獄，重典也，今以屈卿。」曾頓首謝。仍賜錢三十萬，因請自辟僚屬，著爲令。遷翰林學士。帝嘗晚坐承明殿，召對久之，旣退，使內侍諭曰：「嚮思卿甚，故不及朝服見卿，卿勿以我爲慢也。」其見尊禮如此。

知審刑院。舊違制無故失，率坐徒二年，曾請須親被旨乃坐。既而有犯者，曾乃以失論。帝曰：「如卿言，是無復有違制者。」曾曰：「天下至廣，豈人人盡曉制書，如陛下言，亦無復有失者。」帝悟，卒從曾議。再遷尚書主客郎中，知審官院、通進銀臺司，勾當三班院〔三〕，遂以右諫議大夫參知政事。

時宮觀皆以輔臣爲使。王欽若方挾符瑞，傅會帝意，又陰欲排異己者，曾當使會靈，因以推欽若，帝始疑曾自異。及欽若相，會曾市賀皇后家舊第，其家未徙去，而曾令人舁土置門外，賀氏訴禁中。明日，帝以語欽若，乃罷曾爲尚書禮部侍郎、判都省，出知應天府。天禧中，民間訛言有妖起若飛帽，夜搏人，自京師以南，人皆恐。曾令夜開里門，敢倡言者即捕之，卒無妖。徙天雄軍，復參知政事，遷吏部侍郎兼太子賓客。

眞宗不豫，皇后居中預政，太子雖聽事資善堂，然事皆決於后，中外以爲憂。錢惟演，后戚也，曾密語惟演曰：「太子幼，非宮中不能立。加恩太子，則太子安；太子安，所以安劉氏也。」惟演以爲然，因以白后。帝崩，曾奉命入殿廬草遺詔：「以明肅皇后輔立皇太子，權聽斷軍國大事。」丁謂入，去「權」字。曾曰：「皇帝沖年，太后臨朝，斯已國家否運。稱『權』，猶足示後。且增減制書有法，表則之地，先欲亂之邪？」遂不敢去。仁宗立，遷禮部尚書。羣臣議太后臨朝儀，曾請如東漢故事，太后坐帝右，垂簾奏事。丁謂獨欲帝朔望見羣臣，大事則太后召對輔臣決之，非大事令入內押班〔四〕雷允恭傳奏禁中，畫可以下。」曾曰：「兩宮異處，而柄歸宦官，禍端兆矣。」謂不聽。既而允恭坐誅，謂亦得罪。自是兩宮垂簾，輔臣奏事如曾議。

謂初敗，任中正言：「謂被先帝顧託，雖有罪，請如律議功。」曾曰：「謂以不忠得罪宗廟，尙何議邪！」時眞宗初崩，內外洶洶，曾正色獨立，朝廷倚以爲重。拜中書侍郎兼本官、同中書門下平章事、集賢殿大學士、會靈觀使。王欽若卒，曾以門下侍郎兼戶部尙書爲昭文館大學士、監修國史、玉淸昭應宮使。曾以帝初卽位，宜近師儒，卽召孫奭、馮元勸講崇政殿。天聖四年夏，大雨。傳言汴口決，水且大至，都人恐，欲東奔。帝問曾，曾曰：「河決奏未至，第民間妖言爾，不足慮也。」已而果然。陝西轉運使置醋務，以榷其利，且請推其法天下，曾請罷之。

曾方嚴持重，每進見，言利害事，審而中理；多所薦拔，尤惡僥倖。帝問曾曰：「比臣僚請對，多求進者。」曾對曰：「惟陛下抑奔競而崇恬靜，庶幾有難進易退之人矣。」曹利用惡曾班己上，嘗怏怏不悅，語在利用傳。及利用坐事，太后大怒，曾爲之解。太后曰：「卿嘗言利用強橫，今何解也？」曾曰：「利用素恃恩，臣故嘗以理折之。今加以大惡，則非臣所知也。」太后意少釋，卒從輕議。

始，太后受册，將御大安殿，曾執以爲不可，及長寧節上壽，止共張便殿。太后左右姻家稍通請謁，曾多所裁抑，太后滋不悅。會玉清昭應宮災，乃出知青州。以彰德軍〔三〕節度使復知天雄軍，契丹使者往還，斂車徒而後過，無敢譁者。人樂其政，爲畫像而生祠之。改天平軍節度使、同中書門下平章事、判河南府。景祐元年，爲樞密使。明年，拜右僕射兼門下侍郎、平章事、集賢殿大學士，封沂國公。

曾進退士人，莫有知者。范仲淹嘗問曾曰：「明揚士類，宰相之任也。公之盛德，獨少此耳。」曾曰：「夫執政者，恩欲歸己，怨使誰歸？」仲淹服其言。初，呂夷簡參知政事，事曾謹甚，曾力薦爲相。及夷簡位曾上，任事久，多所專決，曾不能堪，論議間有異同，遂求罷。仁宗疑以問曾曰：「卿亦有所不足邪？」時外傳知秦州王繼明納賂夷簡，曾因及之。帝以問夷簡，曾與夷簡交論帝前。曾言亦有過者，遂與夷簡俱罷，以左僕射、資政殿大學士判鄆州。寶元元年冬，大星晨墜其寢，左右驚告。曾曰：「後一月當知之。」如期而薨，年六十一。贈侍中，謚文正。

曾資質端厚，眉目如畫。在朝廷，進止皆有常處，平居寡言笑，人莫敢干以私。少與楊億同在侍從，億喜談謔，凡僚友無不狎侮。至與曾言，則曰：「余不敢以戲也。」平生自奉甚儉，有故人子孫京來告別，曾留之具饌，食後，合中送數軸簡紙，啓視之，皆它人書簡後裁取者也。皇祐中，仁宗爲篆其碑曰旌賢之碑，後又改其鄉曰旌賢鄉。大臣賜碑篆自曾始。仁宗既祔廟，詔擇將相配享，以曾爲第一。曾無子，養子曰繹。又以弟子融之子繹爲後，尚書兵部郎中、秘閣校理致仕，卒。

子融字熙仲。初以曾奏，爲將作監主簿。祥符進士及第，累遷太常丞、同知禮院。獻所爲文，召試，直集賢院。嘗論次國朝以來典禮因革，爲禮閣新編上之。以其書藏太常。權三司度支、鹽鐵判官。任布請鑄大錢，行之京城。三司使程琳集官議，子融曰：「今軍營半在城外，獨行大錢城中，可乎？」事遂寢。權同糾察刑獄、知河陽。又集五代事，爲唐餘錄六十卷以獻。進直龍圖閣，累遷太常少卿、權判大理寺。迺取讞獄輕重可爲準者，類次以爲斷例。

拜天章閣待制、尚書吏部郎中、知荆南。盜張海縱掠襄、鄧，至荆門，子融閱州兵，將迎擊之，賊引去。遷右諫議大夫、知陝州，徙河中府。既而勾當三班院，遷給事中，以尚書工部侍郎、集賢院學士知兗州。不赴，改刑部侍郎致仕。英宗即位，進兵部，卒。

本名皡，字子融。元昊反，請以字爲名。性儉嗇，街道卒除道，侵子融邸店尺寸地，至自詣開封府訴之。然教飭子孫，嚴厲有家法。晚學佛氏，從僧懷璉遊。

張知白字用晦，滄州清池人。幼篤學，中進士第，累遷河陽節度判官。咸平奏疏，言當今要務，眞宗異之，召試舍人院，權右正言。獻鳳扆箴，出知劍州。逾年，召試中書，加直史館，面賜五品服，判三司開拆司。

江南旱，與李防分路安撫。及還，權管勾京東轉運使事。周伯星見，司天以瑞奏，羣臣伏閤稱賀。知白以爲人君當修德應天，而星之見伏無所繫，因陳治道之要。帝謂宰臣曰：「知白可謂乃心朝廷矣。」東封，進右司諫。又言：「咸平中，河湟未平，臣嘗請罷郡國所上祥瑞。今天下無事，靈貺並至，望以泰山諸瑞圖寘玉清昭應宮，其副藏秘閣。」

陝西饑，命按巡之。尋知鄧州。會歸右流傭至境，知白旣發倉廩，又募民出粟以濟。擢龍圖閣待制、知審官院，再遷尚書工部郎中，使契丹。知白以朝廷制官，重內輕外，爲引唐李嶠議遷臺閣典藩郡，乃自請補外，不許，遂命糾察在京刑獄，固請，知靑州。還京師，求領國子監。帝曰：「知白豈倦於處劇邪？」宰臣言：「知白更踐中外，未嘗爲身謀。」乃遷右諫議大夫、權御史中丞，拜給事中、參知政事。

郊禮成，遷尚書工部侍郎。時同列王曾遷給事中，猶班知白上，知白心不能平，累表辭之。曾亦固請列知白下，乃加知白金紫光祿大夫，復爲給事中、判禮儀院。曾罷，還所辭官。時王欽若爲相，知白論議多相失，因稱疾辭位，罷爲刑部侍郎、翰林侍讀學士、知大名府。及欽若分司南京，宰相丁謂素惡欽若，徙知白南京留守，意其報怨。既至，待欽若加厚。謂怒，復徙知白亳州，遷兵部。仁宗即位，進尚書右丞，爲樞密副使，以工部尚書同中書門下平章事、會靈觀使、集賢殿大學士。時進士唱第，賜中庸篇，中書上其本，乃命知白進讀，至修身治家之道，必反復陳之。

知白在相位，愼名器，無毫髮私。常以盛滿爲戒，雖顯貴，其淸約如寒士。然體素羸，憂畏日侵，在中書忽感風眩，輿歸第。帝親問疾，不能語，薨。爲罷上巳宴，贈太傅、中書令。禮官謝絳議謚文節，御史王嘉言言[六]：「知白守道徇公，當官不撓，可謂正矣，謚文正。」王曾曰：「文節，美謚矣。」遂不改。

知白九歲，其父終邪州，殯於佛寺。及契丹寇河北，寺宇多頹廢，殯不可辨。知白既登第，徒行訪之，得佛寺殿基，恍然識其處。既發，其衣衾皆可驗，衆歎其誠孝。嘗過陝州，與通判孫何遇，讀道旁古碑凡數千言，及還，知白略無所遺。天聖中，契丹大閱，聲言獵幽州，朝廷患之。帝以問二府，衆曰：「備粟練師，以備不虞。」知白曰：「不然，契丹修好未遠，今其舉者，以上初政，試觀朝廷耳，豈可自生釁邪！若終以爲疑，莫如因今河決，發兵以防河爲名，彼亦不虞也。」未幾，契丹果罷去。無子，以兄子子思後，仕至尙書工部侍郎致仕。

杜衍字世昌，越州山陰人。父遂良，仕至尙書度支員外郎。衍總髮苦志厲操，尤篤于學。擢進士甲科，補揚州觀察推官，改秘書省著作佐郞、知平遙縣。使者薦之，通判晉州。詔舉良吏，擢知乾州。陳堯咨安撫陝西，有詔藩府乃賜宴，堯咨至乾州，以衍賢，特賜宴，仍徙衍權知鳳翔府。及罷歸，二州民邀留境上，曰：「何奪我賢太守也？」以太常博士提點河東路刑獄，遷尙書祠部員外郎。按行潞州，折寃獄，知州王曙爲作辨獄記。高繼昇知石州，人告繼昇連蕃族謀變，逮捕繫治，久不決，衍辯其誣，抵告者罪。寧化軍守將鞫人死罪，不以實，衍覆正之。守將不伏，訴之，詔爲置獄，果不當死。徙京西路，又徙知揚州。有司奏衍辨獄法當賞，遷刑部。章獻太后遣使安撫淮南，使還，未及他語，問杜衍安否，使者以治狀對。太后歎曰：「吾知之久矣。」

徙河東轉運副使、陝西轉運使。召爲三司戶部副使，擢天章閣待制、知江陵府。未行，會河北乏軍費，選爲都轉運使，遷工部郎中，不增賦于民而用足。還，爲樞密直學士。求補外，以右諫議大夫知天雄軍。

始，衍爲治謹密，不以威刑督吏，然吏民亦憚其清整。仁宗特召爲御史中丞。奏言：「中書、樞密，古之三事大臣，所謂坐而論道者也。止隻日對前殿，何以盡天下之事？宜迭召見，賜坐便殿，以極獻替可否，其他，不必親煩陛下也。」又議常平法曰：「歲有豐凶，穀有貴賤，官以法平之，則農有餘利矣。今豪商大賈，乘時賤收，水旱，則稽伏而不出，冀其翔踊，以圖厚利，而困吾民也。請量州郡遠近，戶口衆寡，嚴賞罰，課責官吏，出納無壅，增損有宜。公糴未充，則禁爭糴以規利者；糴畢而儲之，則察其以供軍爲名而假借者。州郡闕母錢，願出官帑助之。否則勸課之官，家至日見，亦奚益於事哉。」

兼判吏部流內銓。選補科格繁長，主判不能悉閱，吏多受賕，出縮爲姦。衍既視事，即敕吏函銓法，問曰：「盡乎？」曰：「盡矣。」力閱視，具得本末曲折。明日，令諸吏無得升堂，各坐曹聽行文書，銓事悉自予奪，由是吏不能爲姦利。數月，聲動京師。改知審官院，其裁制如判銓時。遷尚書工部侍郎、知永興軍。民有晝亡其婦者，爲設方略捕，立得殺人賊，發所瘞屍，并得賊殺他婦人屍二，秦人大驚。徙并州。元昊反，以太原要衝，加龍圖閣學士。

寶元二年，遷刑部侍郎、復知永興軍。時方用兵，民苦調發，吏因緣爲姦。衍區處計畫，量道里遠近，寬其期會，使民得次第輸官，比他州費，省錢過半。召還，權知開封府，權近聞衍名，莫敢干以私。拜同知樞密院事，改樞密副使。夏竦上攻守策，宰相欲用出師。

衍曰：「僥倖成功，非萬全計。」爭議久之，求罷不許，賜手詔敦勉。爲河東宣撫使，拜吏部侍郎、樞密使。每內降恩，率寢格不行，積詔旨至十數，輒納帝前。諫官歐陽脩入對，帝曰：「外人知杜衍封還內降邪？凡有求於朕，每以衍不可告之而止者，多於所封還也。」

契丹與元昊戰黃河外，參知政事范仲淹宣撫河東，欲以兵自從。衍曰：「二國方交鬥，勢必不來，我兵不可妄出。」仲淹爭議帝前，詆衍，語甚切。仲淹嘗父行事衍，衍不以爲恨。契丹壻劉三嘏避罪來歸，輔臣議厚館之，以詰契丹陰事。諫官歐陽脩亦請留三嘏，帝以問衍。衍曰：「中國主忠信，若自違誓約，納叛亡，則不直在我。且三嘏爲契丹近親，而逋逃來歸，其謀身若此，尚足與謀國乎！納之何益，不如還之。」乃還三嘏。拜同平章事、集賢殿大學士兼樞密使。

衍好薦引賢士，而沮止僥倖，小人多不悅。其壻蘇舜欽，少年能文章，論議稍侵權貴，監進奏院，循前例，祠神以伎樂娛賓。集賢校理王益柔爲衍所知，或言益柔嘗戲作傲歌，御史皆劾奏之，欲因以危衍。諫官孫甫言：「丁度因對求大用，請屬吏。」度知甫所奏誤，力求置對。衍以甫方奉使契丹，寢甫奏，度深銜之。及衍罷，度草制指衍爲朋比。時范仲淹、富弼欲更理天下事，與用事者不合，仲淹、弼既出宣撫，言者附會，益攻二人之短。帝欲罷仲淹、弼政事，衍獨左右之，然衍平日議論，實非朋比也。以尙書左丞出知兗州。慶曆七年，衍甫七十，上表請還印綬，乃以太子少師致仕。

衍爲宰相，賈昌朝不喜，議者謂故相一上章得請，以三少致仕，皆非故事，蓋昌朝抑之也。皇祐元年，特遷太子太保，召陪祀明堂，仍詔應天府敦遣就道，都亭驛設帳具几杖待之，稱疾固辭。進太子太傅，賜其子同進士出身，又進太子太師。知制誥王洙諷告歸應天府，有詔撫問，封祁國公。

衍清介不殖私產，既退，寓南都凡十年，第室卑陋，才數十楹，居之裕如也。出入從者十許人，烏帽、皂綈袍、革帶。或勸衍爲居士服，衍曰：「老而謝事，尙可竊高士名邪！」善爲詩，正書、行、草皆有法。病革，帝遣中使賜藥，挾太醫往視，不及。卒，年八十。贈司徒兼侍中，謚正獻。戒其子努力忠孝，斂以一枕一席，小壙庳冢以葬。自作遺疏，其略曰：「無以久安而忽邊防，無以既富而輕財用，宜早建儲副，以安人心。」語不及私。

論曰：李迪、王曾、張知白、杜衍，皆賢相也。四人風烈，往往相似。方仁宗初立，章獻臨朝，頗挾其才，將有專制之患。迪、曾正色危言，能使宦官近習，不敢窺覦；而仁宗君德日就，章獻亦全令名，古人所謂社稷臣，於斯見之。知白、衍勁正淸約，皆能斬惜名器，裁抑僥倖，凜然有大臣之概焉。宋之賢相，莫盛於眞、仁之世，漢魏相，唐宋璟、楊綰，豈得專美哉！

校勘記

〔一〕東之　原作「東之」，據東都事略卷五一本傳、王安石王文公文集卷一〇刑部侍郎充集賢院學士李東之改兵部侍郎加食邑食實封制、王珪華陽集卷三四送太子少保致仕李東之歸西京詩序改。下文同。

〔二〕拜太子少保致仕　「少保」原作「太保」，據同上東都事略、華陽集同卷同篇改。

〔三〕勾當三班院　「勾當」原作「勾院」。按宋官制三班院的主管稱勾當官，據長編卷八〇、宋祁景文集卷八五王曾墓誌銘改。

〔四〕入內押班　「押班」原作「押排」，據本書卷六八雷允恭傳、長編卷八七改。

〔五〕彰德軍　原作「彰信軍」，據琬琰集中編卷四四王曾行狀、東都事略卷五一本傳改。

〔六〕御史王嘉言　「言」字原脫，與長編卷一〇六所載不合。按本書卷二九三王禹偁傳，王嘉言爲禹偁子，官殿中侍御史。據補。

宋史卷三百一十一

列傳第七十

晏殊 龐籍孫恭孫 王隨 章得象 呂夷簡子公綽 公弼 公孺 張士遜

晏殊字同叔，撫州臨川人。七歲能屬文，景德初，張知白安撫江南，以神童薦之。帝召殊與進士千餘人並試廷中，殊神氣不懾，援筆立成。帝嘉賞，賜同進士出身。宰相寇準曰：「殊江外人。」帝顧曰：「張九齡非江外人邪？」後二日，復試詩、賦、論，殊奏：「臣嘗私習此賦，請試他題。」帝愛其不欺，既成，數稱善。擢祕書省正字，祕閣讀書。命直史館陳彭年察其所與遊處者，每稱許之。

明年，召試中書，遷太常寺奉禮郎。東封恩，遷光祿寺丞，爲集賢校理。喪父，歸臨川，奪服起之，從祀太清宮。詔修寶訓，同判太常禮院。喪母，求終服，不許。再遷太常寺丞，擢左正言、直史館，爲昇王府記室參軍。歲中，遷尚書戶部員外郎，爲太子舍人，尋知制誥，判集賢院。久之，爲翰林學士，遷左庶子。帝每訪殊以事，率用方寸小紙細書，已答奏，輒并稿封上，帝重其愼密。

仁宗卽位，章獻明肅太后奉遺詔權聽政。宰相丁謂、樞密使曹利用，各欲獨見奏事，無敢決其議者。殊建言：「羣臣奏事太后者，垂簾聽之，皆毋得見。」議遂定。遷右諫議大夫兼侍讀學士，太后謂東宮舊臣，恩不稱，加給事中。預修眞宗實錄。進禮部侍郎，拜樞密副使。上疏論張耆不可爲樞密使，忤太后旨。坐從幸玉淸昭應宮從者持笏後至，殊怒，以笏撞之折齒，御史彈奏，罷知宣州。

數月，改應天府，延范仲淹以教生徒。自五代以來，天下學校廢，興學自殊始。召拜御史中丞，改資政殿學士、兼翰林侍讀學士，兵部侍郎、兼祕書監，爲三司使，復爲樞密副使，未拜，改參知政事，加尚書左丞。太后謁太廟，有請服袞冕者，太后以問，殊以周官后服對。太后崩，以禮部尚書罷知亳州，徙陳州，遷刑部尚書，以本官兼御史中丞，復爲三司使。

陝西方用兵，殊請罷內臣監兵，不以陣圖授諸將，使得應敵爲攻守；及募弓箭手教之，以備戰鬬。又請出宮中長物助邊費，凡他司之領財利者，悉罷還度支。悉爲施行。康定初，知樞密院事，遂爲樞密使。進同中書門下平章事。慶曆中，拜集賢殿學士、同平章事，兼樞密使。

殊平居好賢，當世知名之士，如范仲淹、孔道輔皆出其門。及爲相，益務進賢材，而仲淹與韓琦、富弼皆進用，至於臺閣，多一時之賢。帝亦奮然有意，欲因羣材以更治，而小人權倖皆不便。殊出歐陽脩爲河北都轉運，諫官奏留，不許。孫甫、蔡襄上言：「宸妃生聖躬爲天下主，而殊嘗被詔誌宸妃墓，沒而不言。」又奏論殊役官兵治僦舍以規利。坐是，降工部尙書、知潁州。然殊以章獻太后方臨朝，故誌不敢斥言；而所役兵，乃輔臣例宣借者，時以謂非殊罪。

徙陳州，又徙許州，稍復禮部、刑部尙書。祀明堂，遷戶部，以觀文殿大學士知永興軍，徙河南府，遷兵部。以疾，請歸京師訪醫藥。既平，復求出守，特留侍經筵，詔五日一與起居，儀從如宰相。踰年，病寖劇，乘輿將往視之。殊卽馳奏曰：「臣老疾，行愈矣，不足爲陛下憂也。」已而薨。帝雖臨奠，以不視疾爲恨，特罷朝二日，贈司空兼侍中，謚元獻，篆其碑首曰「舊學之碑」。

殊性剛簡，奉養清儉。累典州，吏民頗畏其悁急。善知人，富弼、楊察，皆其壻也。殊爲宰相兼樞密使，而弼爲副使，辭所兼，詔不許，其信遇如此。文章贍麗，應用不窮，尤工詩，閑雅有情思，晚歲篤學不倦。文集二百四十卷，及刪次梁、陳以後名臣述作，爲集選一百卷。

子知止，爲朝請大夫。

龐籍字醇之，單州成武〔一〕人。及進士第，爲黃州司理參軍，知州夏竦以爲有宰相器。調開封府兵曹參軍，知府薛奎薦爲法曹。遷大理寺丞、知襄邑縣。

預修天聖編敕，爲刑部詳覆官。擢羣牧判官，因轉對言：「舊制不以國馬假臣下，重武備也。樞密院以帶甲馬借內侍楊懷敏，羣牧覆奏，乃賜一馬，三日，迺復借之，數日而復罷。樞密掌機命，反覆乃如此。平時，百官奏事上前，不自批章，止送中書、樞密院。近歲璽書內降，寖多於舊，無以防偏請、杜倖門矣。往者，王世融以公主子毆府吏，法當贖金，特停任。近作坊物料庫〔二〕主吏盜官物，輒自逃避。以宮掖之親，三司遽罷追究。今日聖斷乃異於昔，臣竊惑焉。祥符令檢下稍嚴，胥吏相率空縣而去，令坐罷免。若是，則清彊者沮矣。」

久之，出知秀州。召爲殿中侍御史，章獻太后遺誥：章惠太后議軍國事；籍請下閤門，取垂簾儀制盡燔之。又奏：「陛下躬親萬幾，用人宜辨邪正、防朋黨，擢進近列，願採公論，毋令出於執政。」孔道輔謂人曰：「言事官多觀望宰相意，獨龐醇之，天子御史也。」爲開封府判官，尙美人遺內侍稱敎旨免工人市租。籍言：「祖宗以來，未有美人稱敎旨下府者，當杖內侍。」詔有司：「自今宮中傳命，毋得輒受。」數劾范諷罪，諷善李迪，皆寢不報，反坐言宮禁事不得實，以祠部員外郎罷爲廣南東路轉運使。又言范諷事有不盡如奏，諷坐貶，籍亦降太常博士、知臨江軍。尋復官，徙福建轉運使。

景祐三年，爲侍御史，改刑部員外郎、知雜事，判大理寺，進天章閣待制。元昊反，爲陝西體量安撫使。坐令開封府吏馮士元市女口，降知汝州。徙同州，就除陝西都轉運使。文彥博鞫黃德和獄，未上，詔籍同案。籍言曰：「德和退怯當誅。劉平力戰而沒，宜加恤其子孫。」又建言：「頻歲災異，天久不雨。宮中費用奢靡，出納不嚴，須索煩多，有司無從鉤校虛實。臣竊謂凡乘輿所費，宮中所用，宜務加裁抑，取則先帝，修德弭災之道也。今宿兵西鄙，將士力戰，弗獲功賞；而內官、醫官、樂官，無功勞，享豐賜，天下指目，謂之『三官』。願少裁損，無厚賚予，專勵戰功，寇不足平也。」

進龍圖閣直學士、知延州，俄兼鄜延都總管、經略安撫緣邊招討使。明年，改延州觀察使，力辭，換左諫議大夫。自元昊陷金明、承平、塞門、安遠、栲栳砦，破五龍川，邊民焚掠殆盡，籍至，稍葺治之。戍兵十萬無壁壘，皆散處城中，畏籍，莫敢犯法。金明西北有渾州川，土沃衍。川尾曰橋子谷，寇出入之隘道。使部將狄青將萬餘人，築招安砦于谷旁，數募民耕種，收粟以贍軍。周美襲取承平砦，王信築龍安砦，悉復所亡地，築十一城。及開乩[三五]名、平戎道，通永和、烏仁關，更東西陣法爲方陣，頗損益兵械。元昊遣李文貴齎野利旺榮書來送款，籍曰：「此詐也。」乃屯兵青澗城。後數月，果大寇定川，籍召文貴開諭之，遣去。既而元昊又以旺榮書來，會帝厭兵，因招懷之，遣籍報書，使呼旺榮爲太尉。籍曰：「太尉三公，非陪臣所得稱，使旺榮當之，則元昊不得臣矣。今其書自稱『寧令』或『謨寧令』，皆其官名也，於義無嫌。」朝廷從之。

會敵新破涇原城砦，方議修復。使者往返，踰年，又遣賀從勖來，改名曰曩霄，稱男不稱臣。籍不敢聞，從勖曰：「子事父，猶臣事君也。若得至京師，天子不許，更歸議之。」籍送使者闕下，因陳便宜，言：「羌久不通和市，國人愁怨。今辭理寖順，必有改事中國之心，請遣使者申諭之。」朝廷采用其策。

元昊既臣，召籍爲樞密副使。籍言：「自陝西用兵，公私俱困，請併省官屬，退近塞之兵就食內地。」從之，於是頗省邊費。改參知政事，拜工部侍郎、樞密使，遷戶部，拜同中書門下平章事、昭文館大學士、監修國史。籍初入相，且獨員，而遽爲昭文館大學士，出殊拜也。

儂智高反，師數不利，遣狄青爲宣撫使。諫官韓絳謂武人不宜專任，帝以問籍。籍曰：

青起行伍，若以文臣副之，則號令不專，不如不遣。」詔嶺南諸軍，皆受青節度。既而捷書至，帝喜曰：「青破賊，卿之力也。」遂欲以青爲樞密使、同平章事，籍力爭之，不聽。嶺南平，二廣舉人推恩者六百九十一人，論者以爲過。

頃之，齊州學究皇甫淵以捕賊功，法當賞錢，數上書求用。道士趙清貺與籍姊家親，紿爲淵白籍，迺與堂吏共受淵賂。小吏訴之，下開封府，捕清貺，刺配遠州，道死。韓絳言籍陰諷府杖殺清貺以滅口，覆之無狀。言不已，乃罷知鄆州。居數月，加觀文殿大學士。拜昭德軍節度使、知永興軍，改幷州。

仁宗不豫，籍嘗密疏，請擇宗室之賢者爲皇子，其言甚切。坐擅聽麟州築堡白草平，而州將武戡等爲夏人所敗，復爲觀文殿大學士、戶部侍郎、知青州。遷尙書左丞，不拜。徙定州，召還京師，上章告老，尋以太子太保致仕，封潁國公。薨，年七十六。時仁宗不豫，廢朝、臨奠皆不果，第遣使弔賻其家。贈司空，加侍中，謚莊敏。

籍曉律令，長於吏事。持法深峭，軍中有犯，或斷斬刳磔，或累笞至死，以故士卒畏服。治民頗有惠愛，及爲相，聲望減於治郡時。子元英，朝散大夫。孫恭孫。

恭孫字德孺，以蔭，補通判施州。崇寧中，部蠻向文彊叛，詔轉運使王蘧領州事致討，恭孫說降文蠻而斬之。遷上其功，進三秩，知涪州，遂以開邊爲己任。誘珍州駱文貴、承州駱世華納土，賞不貲。轉運判官朱師古劾恭孫生事，詔黜師古而以恭孫代，於是溱、播、溪、思、費等州相繼降。每開一城，輒褒遷，五年間，至徽猷閣待制。威州守乞遁保、霸二州，進恭孫直學士、知成都府，委以招納。未幾，其酋董舜咨、董彥博來納土，詔遣赴闕，皆拜承宣使，賜第京師，更名保州祺州、霸州亨州，使恭孫進築之。言者論其貪縱，究治如章，謫保靜軍節度副使。才踰月，起知陳州，復待制，帥瀘州。又以築思州，進學士。前後在西南二十年，所得州縣，多張名簿，實瘠鹵不毛地，繕治轉餉，爲蜀人病，無幾時皆廢。宣和中，卒。

王隨字子正，河南人。登進士甲科，爲將作監丞、通判同州，遷祕書省著作郎、直史館判三司磨勘司。

爲京西轉運副使，陛辭，且言曰：「臣父母家洛中，乃在所部，得奉湯藥，聖主之澤也。」眞宗因賜詩寵行，以羊酒束帛令過家爲壽。遷淮南轉運使，父憂，起復。時歲比饑，隨敕屬部出庫錢，貸民市種糧，歲中約輸絹以償，流庸多復業。徙河東轉運使，三遷刑部員外郎兼侍御史知雜事。擢知制誥，以不善制辭，出知應天府。一日，帝謂宰相曰：「隨治南京太寬。」王旦曰：「南京，都會之地，隨臨事汗漫，無以彈壓。」改知揚州。再加右諫議大夫、權知開封府。

仁宗爲太子，拜右庶子，仍領府事。周懷政誅，隨自陳嘗假懷政白金五十兩，奪知制誥，改給事中、知杭州。乾興初，復降祕書少監，徙通州。以州少學者，徙孔子廟，起學舍，州人憙，遣子弟就學。母喪，起復光祿卿、知潤州，徙江寧府。歲大饑，轉運使移府發常平倉米，計口日給一升，隨置不聽，曰：「民所以饑者，由兼幷閉糴，以邀高價也。」乃大出官粟，平其價。

復給事中，爲龍圖閣直學士、知秦州。秦卒有負罪逃入蕃部者，戎人輒奴畜之，小不如意，復執出求賞，前此坐法多死。隨下敎能自歸者免死，聽復隸軍籍，由是多來歸者。又建請增蕃落卒，給廢陷馬地，募民耕種。坐事，徙河南府。入爲御史中丞，同知禮部貢舉，遷尙書禮部侍郎、翰林侍讀學士。

明道中，爲江淮安撫使，還拜戶部侍郎、參知政事，請與同列日獻前代名臣規諫一事。議者謂非輔弼之職，其事遂寢。加吏部侍郎、知樞密院事，爲莊惠皇太后園陵監護使，拜門下侍郎、同中書門下平章事、昭文館大學士、監修國史。自薛居正後，故事，初相無越遷門下侍郎者，學士丁度之失也。

頃之，以疾在告，詔五日一朝，入中書視事。爲相一年，無所建明。與陳堯佐、韓億、石中立同執政，數爭事。會災異屢發，諫官韓琦言之，四人俱罷。隨以彰信軍節度使、同中書門下平章事判河陽。薨，贈中書令，謚章惠，後改文惠。隨外若方嚴，而治失於寬。晚更卞急，輒嫚駡人。性喜佛，慕裴休之爲人，然風跡弗逮也。

章得象字希言，世居泉州。高祖仔鈞，事閩爲建州刺史，遂家浦城。得象母方娠，夢登山，遇神人授以玉象〔三〕；及生，父奐復夢家庭積笏如山。長而好學，美姿表，爲人莊重。進士及第，爲大理評事、知玉山縣，遷本寺丞。眞宗將東封泰山，以殿中丞簽書兗州觀察判官事，知台州，歷南雄州，徙洪州。楊億以爲有公輔器，薦之。或問之，億曰：「閩士輕狹，而章公深厚有容，此其貴也。」得象嘗與億戲博李宗諤家，一夕負錢三十萬，而酣寢自如。他日博勝，得宗諤金一奩；數日博又負，即反奩與宗諤，封識未嘗發也。其度量宏廓如此。

未幾，召試，爲直史館、安撫京東，權三司度支判官，累遷尚書刑部郎中，使契丹，遂以兵部郎中知制誥。踰年，爲翰林學士，遷右諫議大夫，以給事中爲羣牧使，遷禮部侍郎兼龍圖閣學士，進承旨兼侍講學士，擢同知樞密院事，遷戶部侍郎，遂拜同中書門下平章事、集賢殿大學士。帝謂得象曰：「向者太后臨朝，羣臣邪正，朕皆默識之。卿清忠無所附，且未嘗有所干請，今日用卿，職此也。」

陝西用兵，加中書侍郎兼工部尚書兼樞密使，辭所加官。明年，以工部尚書爲昭文館大學士。慶曆五年，拜鎭安軍節度使、同平章事，封郇國公，徙判河南府，守司空致仕，薨。故事，致仕官乘輿不臨奠，帝特往焉。贈太尉兼侍中，謚文憲。皇祐中，改謚文簡。

得象在翰林十二年，章獻太后臨朝，宦官方熾，太后每遣內侍至學士院，得象必正色待之，或不交一言。在中書凡八年，宗黨親戚，一切抑而不進。仁宗銳意天下事，進用韓琦、范仲淹、富弼，使同得象經畫當世急務，得象無所建明，御史孫抗數言之，得象居位自若。既而章十上請罷，帝不得已，許之。初，閩人謠曰：「南臺江合出宰相。」至得象相時，沙湧可涉云。

論曰：殊、籍、隨、得象皆起孤生，致位宰相。籍通曉法令，隨練習民事，皆能用其所長。

然籍終至絀免，隨數遭譴斥，何其才之難得也。得象渾厚有容，殊喜薦拔人物，樂善不倦，方之諸人，殊其最優乎！

呂夷簡字坦夫，先世萊州人。祖龜祥知壽州，子孫遂爲壽州人。夷簡進士及第，補絳州軍事推官，稍遷大理寺丞。祥符中，試材識兼茂明於體用科，或言六科所以求闕政，今封禪告成，何闕政之求，罷之。通判通州，徙濠州，再遷太常博士。

河北水，選知濱州。代還奏：「農器有算，非所以勸力本也。」遂詔天下農器皆勿算。擢提點兩浙刑獄，遷尚書祠部員外郎。時京師大建宮觀，伐材木于南方。有司責期會，工徒至有死者，誣以亡命，收繫妻子。夷簡請緩其役，從之。又言：「盛冬挽運艱苦，須河流漸通，以卒番送。」眞宗曰：「觀卿奏，有爲國愛民之心矣。」擢刑部員外郎兼侍御史知雜事。

蜀賊李順叛，執送闕下，左右稱賀。既而屬御史臺按之，非是，賀者趣具順獄，夷簡曰：「是可欺朝廷邪？」卒以實奏，忤大臣意。歲蝗旱，夷簡請責躬修政，嚴飭輔相，思所以共順天意；及奏彈李溥專利罔上。寇準判永興，黥有罪者徙湖南，道由京師，上準變事。夷簡曰：「準治下急，是欲中傷準爾，宜勿問，益徙之遠方。」從之。趙安仁爲御史中丞，夷簡以親嫌，改起居舍人、同勾當通進司兼銀臺封駁事。使契丹，還，知制誥。兩川饑，爲安撫使，進龍圖閣直學士，再遷刑部郎中、權知開封府。治嚴辦有聲，帝識姓名于屏風，將大用之。

仁宗卽位，進右諫議大夫。雷允恭擅徙永定陵地，夷簡與魯宗道驗治，允恭誅，以給事中參知政事，因請以祥符天書內之方中。眞宗祔廟，太后欲具平生服玩如宮中，以銀罩覆神主。夷簡言：「此未足以報先帝。今天下之政在兩宮，惟太后遠姦邪，奬忠直，輔成聖德，所以報先帝者，宜莫若此也。」故事，郊祠畢，輔臣遷官，夷簡與同列皆辭之，後爲例。遷尚書禮部侍郎、修國史，進戶部，拜同中書門下平章事、集賢殿大學士、景靈宮使。玉淸昭應宮災，太后泣謂大臣曰：「先帝尊道奉天而爲此，今何以稱遺旨哉。」夷簡意其將復營構也，乃推洪範災異以諫，太后默然。因奏罷二府兼宮觀使。進吏部，拜昭文館大學士、監修國史，史成，辭進官。

天聖末，加中書侍郎。章懿太后爲順容，薨，宮中未治喪，夷簡朝奏事，因曰：「聞有宮嬪亡者。」太后矍然曰：「宰相亦預宮中事邪？」引帝偕起。有頃獨出，曰：「卿何間我母子也？」夷簡曰：「太后他日不欲全劉氏乎？」太后意稍解。有司希太后旨，言歲月葬未利。夷簡請發哀成服，備儀仗葬之。

大內火，百官晨朝，而宮門不開。輔臣請對，帝御拱辰門，百官拜樓下，夷簡獨不拜。帝使人問其故，曰：「宮庭有變，羣臣願一望清光。」帝舉簾見之，乃拜。詔以爲修大內使。內成，進尚書右僕射兼門下侍郎，辭僕射，乃兼吏部尚書。

初，荆王子養禁中，既長，夷簡請出之。太后欲留使從帝誦讀，夷簡曰：「上富春秋，所親非儒學之臣，恐無益聖德。」卽日命還邸中。太后崩，帝始親政事，夷簡手疏陳八事，曰：正朝綱，塞邪徑，禁貨賂，辨佞壬，絕女謁，疎近習，罷力役，節冗費。其勸帝語甚切。

帝始與夷簡謀，以張耆、夏竦皆太后所任用者也，悉罷之，退告郭皇后。后曰：「夷簡獨不附太后邪？但多機巧、善應變耳。」由是夷簡亦罷爲武勝軍節度使、檢校太傅、同中書門下平章事、判陳州。及宣制，夷簡方押班，聞唱名，大駭，不知其故。而夷簡素厚內侍副都知閻文應，因使爲中詗，久之，乃知事由皇后也。歲中而夷簡復相。

初，劉渙上疏請太后還政，太后怒，使投嶺外，屬太后疾革，夷簡請留之。至是，渙以前疏自言，帝擢渙右正言，顧謂夷簡：「向者樞密院亟欲投渙，賴卿以免。」夷簡謝，因曰：「渙由疏外故敢言，大臣或及此，則太后必疑風旨自陛下，使子母不相安矣。」帝以夷簡爲忠。

郭后以怒尚美人，批其頰，誤傷帝頸。帝以爪痕示執政大臣，夷簡以前罷相故，遂主廢后議。仁宗疑之，夷簡曰：「光武，漢之明主也，郭后止以怨懟坐廢，況傷陛下頸乎？」夷簡將廢后，先敕有司，無得受臺諫章奏。於是御史中丞孔道輔、右司諫范仲淹率臺諫詣閤門，請對，有旨令臺諫詣中書，夷簡乃貶出道輔等，后遂廢。宗室子益衆，爲置大宗正糾率，增教授員。加右僕射，封申國公。

王曾與夷簡數爭事，不平，曾斥夷簡納賂市恩。夷簡乞置對，帝問曾，曾語屈，於是二人皆罷。夷簡以鎮安軍節度使、同平章事判許州，徙天雄軍。未幾，以右僕射復入相，逾年，進位司空，辭不拜，徙許國公。時方飭兵備，以判樞密院事，而諫官田況言總判名太重，改兼樞密使。

契丹聚兵幽薊，聲言將入寇，議者請城洛陽。夷簡謂：「契丹畏壯侮怯，遽城洛陽，亡以示威，景德之役，非乘輿濟河，則契丹未易服也。宜建都大名，示將親征以伐其謀。」或曰：「此虛聲爾，不若修洛陽。」夷簡曰：「此子囊城郢計也。使契丹得渡河，雖高城深池，何可恃耶？」乃建北京。

未幾，感風眩，詔拜司空、平章軍國重事。疾稍間，命數日一至中書，裁決可否。夷簡力辭，復降手詔曰：「古謂髭可療疾，今翦以賜卿。」三年春，帝御延和殿召見，敕乘馬至殿門，命內侍取兀子輿以前。夷簡引避久之，詔給扶毋拜。乃授司徒、監修國史，軍國大事與中書、樞密同議。固請老，以太尉致仕，朝朔望。既薨，帝見羣臣，涕下，曰：「安得憂國忘身如夷簡者！」贈太師、中書令，謚文靖。

自仁宗初立，太后臨朝十餘年，天下晏然，夷簡之力爲多。其後元昊反，四方久不用兵，師出數敗；契丹乘之，遣使求關南地。頗賴夷簡計畫，選一時名臣報使契丹、經略西夏，二邊以寧。然建募萬勝軍，雜市井小人，浮脆不任戰鬥。用宗室補環衞官，驟增奉賜，又加遺契丹歲繒金二十萬，當時不深計之，其後費大而不可止。郭后廢，孔道輔等伏閤進諫，而夷簡謂伏閤非太平事，且逐道輔。其後范仲淹屢言事，獻百官圖論遷除之敝，夷簡指爲狂肆，斥于外。時論以此少之。

夷簡當國柄最久，雖數爲言者所詆，帝眷倚不衰。然所斥士，旋復收用，亦不終廢。其於天下事，屈伸舒卷，動有操術。後配食仁宗廟，爲世名相。始，王旦奇夷簡，謂王曾曰：「君其善交之。」卒與曾並相。後曾家請御篆墓碑，帝因慘然思夷簡，書「懷忠之碑」四字以賜之。有集二十卷。

子公綽、公弼、公著、公孺。公著自有傳。

公綽字仲裕，蔭補將作監丞、知陳留縣。天聖中，爲館閣對讀。召試，直集賢院，辭，改校理，遷太子中允。夷簡罷相，復爲直集賢院、同管勾國子監，出知鄭州。嘗問民疾苦，父老曰：「官籍民產，第賦役重輕，至不敢多畜牛，田疇久蕪穢。」公綽爲奏之，自是牛不入籍。

還判吏部南曹，累遷太常博士、同判太常寺。請復太醫局，及請設令、丞、府史如天官醫師。鈞容直假太常旌纛、羽籥，爲優人戲，公綽執不可，遂罷之。

糾察在京刑獄。虎翼卒劉慶告變，下吏案驗，乃慶始謀，衆不從，慶反誣衆以邀賞。因言：「京師衞兵百萬，不痛懲之，則衆心搖。」遂斬慶以徇。遷尚書工部員外郎，爲史館修撰。時夷簡雖謝事，猶領國史，公綽辭修撰。夷簡薨，還兵部員外郎，復爲修撰。服除，復同判太常寺兼提舉修祭器。

公綽以郊廟祭器未完，制度多違禮，請悉更造。故事，薦新諸物，禮官議定迺薦，或後時陳敗。公綽採月令諸書，以四時新物及所當薦者，配合爲圖。又以歲大、中、小祠凡六十一，「禘祫二，裸獻興俯，玉帛尊彝，菁茆醓醢，鍾石歌奏，集爲郊祀總儀上之。又言：「古者，天地、宗廟、日月、五方、百神之祀，咸有尊罍，五齊三酒，分實其中，加明水、明酒，以達陰陽之氣。今有司徒設尊罍，而酌用一尊，非禮神之意。宜按周禮實齊酒，取火於日，取水於月，因天地之潔氣。」又言：「祖宗配郊，當正位，今側鄉之，非所以示尊嚴也。」初，謚諸后，皆繫祖宗謚，而眞宗五后獨曰「莊」。公綽曰：「婦人從夫之謚，眞宗謚章聖，而后曰『莊』，非禮也，願更爲『章』。」多施行之。

歷知制誥、龍圖閣直學士、集賢殿修撰、知永興軍，改樞密直學士、知秦州。安遠砦、古渭州諸羌來獻地，公綽顧其屬曰：「天下之大，豈利區落尺寸地以爲廣邪？」卻之。弓箭手馬多闕，公綽諭諸砦戶爲三等，凡十丁爲社，至秋成，募出金帛市馬，馬少，則先後給之。祀明堂，遷刑部郎中，召爲龍圖閣學士、權知開封府。歲餘，願罷府事，進翰林侍讀學士、知審刑院兼判太常寺。

初，公綽在開封府，宰相龐籍外屬道士趙清貺受賂，杖脊道死。至是，御史以爲公綽受籍旨，杖殺清貺以滅口，左遷龍圖閣學士、知徐州。方杖清貺時，實非公綽所臨。頃之，公綽亦自辨，復侍讀學士，徙河陽，留侍經筵。時久不雨，帝顧問：「何以致雨？」曰：「獄久不決，即有寃者，故多旱。」帝親慮囚，已而大雨。遷右司郎中，未拜，卒。贈左諫議大夫。

公綽通敏有才，父執政時，多涉干請，喜名好進者趨之。嘗漏洩除拜以市恩，時人比之竇申。

公弼字寶臣。賜進士出身，積遷直史館、河北轉運使。自寶元、慶曆以來，宿師備邊。既西北撤警，而將屯如故，民疲餽餉。公弼始通御河，漕粟實塞下；冶鐵以助經費；移近邊屯兵就食京東；增城卒，給板築；蠲冗賦及民逋數百萬。夷簡之亡也，仁宗思之，問知公弼名，識于殿柱。至是，益材其爲。擢都轉運使，加龍圖閣直學士、知瀛州，入權開封府。

嘗奏事退，帝目送之，謂宰相曰：「公弼甚似其父。」

改同羣牧使，以樞密直學士知渭、延二州，徙成都府。其治尙寬，人疑少威斷。營卒犯法當杖，扞不受，曰：「寧以劍死。」公弼曰：「杖者國法，劍汝自請。」杖而後斬之，軍府肅然。英宗罷三司使蔡襄，召公弼代之。初，公弼在羣牧時，帝居藩，得賜馬頗劣，欲易不可。至是，帝謂曰：「卿曩歲不與朕馬，是時固已知卿矣。蔡襄主計，訴訟不時決，故多留事。卿繼其後，將何以處之？」公弼頓首謝，對曰：「襄勤於事，未嘗有曠失，恐言之者妄耳。」帝以爲長者。

拜樞密副使。時言事者數與大臣異議去，公弼諫曰：「諫官、御史，爲陛下耳目，執政爲股肱。股肱耳目，必相爲用，然後身安而元首尊。宜考言觀事，視其所以而進退之。」彗出營室，帝憂之，同列請飭邊備。公弼曰：「彗非小變，陛下宜側身修德，以應天戒，臣恐患不在邊也。」

神宗立，司馬光劾內侍高居簡，帝未決。公弼曰：「光與居簡，勢不兩立。居簡，內臣耳，而光中執法，願陛下擇其重者。」帝曰：「然則當奈何？」公弼曰：「遷居簡一官，而解其近職，光當無爭。」從之。進樞密使。議者欲併環慶、鄜延爲一路，公弼曰：「自白草西抵定遠，中間相去千里，若合爲一路，猝有緩急，將何以應？」又欲下邊臣使議之，公弼曰：「廟堂之上不處決，而諉邊吏，可乎？」乃止。

王安石知政事，嗛公弼不附己，白用其弟公著爲御史中丞以偪之。公弼不自安，立上章避位，不許。陳升之建議，衞兵年四十以上，稍不中程者，減其牢廩，徙之淮南。公弼以爲非人情，帝曰：「是當退爲剩員者，今故爲優假，何所害？」對曰：「臣不敢生事邀名，正恐誤國耳。既使去本土，又削其廩，儻二十萬衆皆反側，爲之奈何？」韓絳議復肉刑，公弼力陳不可，帝皆爲之止。

安石立新法，公弼數言宜務安靜，又將疏論之。從孫嘉問竊其稿示安石，安石先白之，帝不樂，遂罷爲觀文殿學士、知太原府。韓絳宣撫秦、晉，將取囉兀城，令河東發兵二萬，趣神堂新路。公弼曰：「虜必設覆以待我。永和關雖回遠，可安行無患。」乃由永和。既而新路援兵果遇覆，詔褒之。麟州無井，唯沙泉在城外，欲拓城包之，而土善陷，夏人每至圍城，人皆憂渴死。公弼用其僚鄧子喬計，倣古拔軸法，去其沙，實以末炭，墐土於其上，板築立，遂包泉於中。自是城堅不陷，而州得以守。

俄以疾，請知鄭州。王韶取熙河，朝廷謀秦鳳帥，帝曰：「公弼在河東，方出師倉卒時，有綏御之能，宜使往。」乃拜宣徽南院使、判秦州。帝疑其不肯行，公弼聞命即治裝，帝喜，召之入對，慰勞而遣之。既赴鎭，羌董氈輒治書稱敕，公弼卻之，曰：「藩臣安得妄稱敕？」董氈懼，自是不復敢。纔旬月，復以疾求解，爲西太一宮使。薨，年六十七。贈太尉，謚曰惠穆。

公孺字稚卿。任爲奉禮郎，賜進士出身，判吏部南曹。占對詳敏，仁宗以爲可用。知澤、潁、廬、常四州，提點福建、河北路刑獄，入爲開封府推官。民鬻薪爲盜所奪，逐之遭傷，尹包拯命笞盜。公孺曰：「盜而傷主，法不止笞。」執不從，拯善其守。及使三司，而公孺爲判官，事皆咨決之。判都水監，未幾，改陝西轉運使。

神宗得綏州，遣使議守棄之便，久未決。命公孺往，與郭逵議合，遂存綏州。常平法行，公孺請以青苗、免役歸提刑司。徙知渭州，再徙鄆州。坐失入死刑，責知蔡州。

元豐初，帝召公孺，慰之曰：「長安謀帥，無以易卿。」命知永興軍。徙河陽，洛口兵千人，以久役思歸，奮斧鍤排關，不得入，西走河橋，觀聽洶洶。諸將請出兵掩擊，公孺曰：「此皆亡命，急之，變且生。」卽乘馬東去，遣牙兵數人迎諭之曰：「汝輩誠勞苦，然豈得擅還？一度橋，則罪不赦矣！太守在此，願自首者止道左。」皆佇立以俟。公孺索倡首者，黥一人，餘復送役所。語其校曰：「若復偃蹇者，斬而後報。」衆帖息。乃自劾專命，詔釋之。

知審官東院，出知秦州。李憲以詔出兵，欲盡駐原、渭，公孺不可，與憲相論奏，坐徙相州，更陳、杭、鄭、瀛四州。元祐初，加龍圖閣直學士，復以爲秦州，固辭，改祕書監。遷刑部侍郎、知開封府，爲政明恕。幕人遷黼坐設，毀其角，法當徒，公孺請罪，數十人皆以杖免。原廟亡珠，繫治典吏久，公孺曰：「主者番代不一，曷嘗以珠數相授受，歲時諱日，宮嬪狎至，奈何顓指吏卒乎？」請之，得釋。擢戶部尙書，以病，提舉醴泉觀。卒，年七十。贈右光祿大夫。公孺廉儉，與人寡合。嘗護曹佾喪，得厚餉，辭不受，談者淸其節焉。

張士遜字順之。祖裕，嘗主陰城鹽院，因家陰城。士遜生百日始啼。淳化中，舉進士，調鄖鄉主簿，遷射洪令。轉運使檄移士遜治郪，民遮馬首不得去，因聽還射洪。安撫使至梓州，問屬吏能否，知州張雍曰：「射洪令，第一也。」改襄陽令，爲祕書省著作佐郎、知邵武縣，以寬厚得民。前治射洪，以旱，禱雨白崖山陸使君祠〔四〕，尋大雨，士遜立廷中，須雨足乃去。至是，邵武旱，禱歐陽太守廟，廟去城過一舍，士遜徹蓋，雨霑足始歸。改祕書丞、監折中倉，歷御史臺推直官。

翰林學士楊億薦爲監察御史。貢舉初用糊名法，士遜爲諸科巡鋪官，以進士有姻黨，士遜請避去，眞宗記名于御屛，自是有親嫌者皆移試，著爲令。中書擬人充江南轉運使，再擬輒見卻，帝獨用士遜。再遷侍御史，徙廣東，又徙河北。河侵棣州，詔徙州陽信，議者患糧多，不可遷。士遜視瀕河數州方艱食，卽計餘以貸貧者，期來歲輸陽信，公私利之。

仁宗出閤，帝選僚佐，謂宰臣曰：「翊善、記室，府屬也，王皆受拜。今王尚少，宜以士遜爲友，令王答拜。」於是以戶部郎中直昭文館，爲壽春郡王友，改昇王府諮議參軍，遷右諫議大夫兼太子右庶子，改左庶子。士遜言：「詣資善堂，升階列拜，而皇太子猶跪受，宜詔皇太子坐受之。」帝不許。詔士遜等遇太子侍駕出入許陪從。判史館，知審刑院，以太子賓客、樞密直學士判集賢院。既而二府大臣皆領東宮官，遂換太子詹事，擢樞密副使，遷給事中兼詹事，累遷尙書左丞，遂拜禮部尙書、同中書門下平章事、集賢殿大學士。

曹汭獄事起，宦者羅崇勳、江德明方用事，因譖利用。帝疑之，問執政，衆顧望未有對者。士遜徐曰：「此獨不肖子爲之，利用大臣，宜不知狀。」太后怒，將罷士遜。帝以其東宮舊臣，加刑部尙書、知江寧府，解通犀帶賜之。後領定國軍節度使、知許州。

明道初，復入相，進中書侍郎兼兵部尙書。明年，進門下侍郎、昭文館大學士、監修國史。是歲旱蝗，士遜請如漢故事册免，不許。及帝自損尊號，士遜又請降官一等，以答天變，帝慰勉之。羣臣上章懿謚册，退而入慰，士遜與同列過楊崇勳園飲，日中不至。御史中丞范諷劾士遜，以尙書左僕射判河南府，崇勳亦以使相判許州。翌日入謝，班崇勳下。帝問其故，士遜曰：「崇勳爲使相，臣官僕射，位當下。」遂爲山南東道節度使、同中書門下平章事、判許州，以崇勳知陳州。時士遜罷已累日，制猶用宰相銜，有司但奉行制書，不復追改。徙河南府。

寶元初，復以門下侍郎、兵部尚書入相，封郢國公。士遜與輔臣奏事，帝從容曰：「朕昨放宮人，不獨閔幽閉，亦省浮費也。近復有獻孌女者，朕卻而弗受。」士遜曰：「此盛德事也。」帝徐曰：「近言者至有毀大臣、揭君過者。」士遜曰：「陛下審察邪正，則憸訐之人，宜自戒懼矣。」馮士元獄既具，帝以決獄問士遜。士遜曰：「臺獄阿徇，非出自宸斷，何以愜中外之論邪。」帝曰：「君子小人各有黨乎？」士遜曰：「有之，第公私不同爾。」帝曰：「法令必行，邪正有別，則朝綱舉矣。」

康定初，士遜言禁兵久戍邊，其家在京師，有不能自存者。帝命內侍條指揮使以下爲差等，出內藏緡錢十萬賜之。士遜又請遣使安撫陝西，帝命遣知制誥韓琦以行。於是詔樞密院，自今邊事，並與士遜等參議。及簡輦官爲禁軍，輦官攜妻子遮宰相、樞密院喧訴，士遜方朝，馬驚墮地。時朝廷多事，士遜亡所建明，諫官韓琦論曰：「政事府豈養病之地邪。」士遜不自安，累上章請老，迺拜太傅，封鄧國公致仕。詔朔望朝見及大朝會，綴中書門下班，與一子五品服。士遜辭朝朔望。間遣中使勞問，御書飛白「千歲」字賜之，士遜因建千歲堂。嘗請買城南官園，帝以賜士遜。宰相得謝，蓋自士遜始。就第凡十年，卒，年八十六。帝臨奠，贈太師、中書令，謚文懿，御篆其墓碑曰「舊德之碑」。

士遜生七日，喪母，其姑育養之。既長，事姑孝謹，姑亡，爲行服，徒跣扶柩以葬，追封南陽縣太君。初，陳堯佐罷參知政事，人有挾怨告堯佐謀反，復有誣諫官陰附宗室者。士遜曰：「憸人構陷善良，以搖朝廷，姦僞一開，亦不能自保矣。」帝悟，抵告者以罪，誣諫官事亦不下。然曹利用在樞府，藉寵肆威，士遜居其間，無所可否，時人以「和鼓」目之。士遜嘗納女口宮中，爲御史楊偕所劾。

子友直字益之。初補將作監主簿，再遷爲丞。士遜爲請館閣校勘，仁宗曰：「館閣所以待英俊，不可。」乃令館閣讀書，詔校勘毋得增員。後編三館書籍，遷祕閣校理、同知禮院，賜進士出身，知襄州。坐軍賊張海剽刼不能制，罷歸。後除史館修撰，御史何郯言：「史館修撰，故事，皆試知制誥，友直不當得。」改集賢殿修撰。以天章閣待制知陝州，同勾當三班院。侍宴集英殿，猶衣緋衣，仁宗顧見之，迺賜金紫。累遷工部郎中、知越州。州民每春斂財，大集僧道士女，謂之「祭天」，友直下令禁絕，取所斂財，建學以延諸生。卒官。士遜嘗記帝東宮舊事，而史官未之見，友直纂爲資善錄上之。

幼子友正字義祖，杜門不治家事，居小閣學書，積三十年不輟，遂以書名。神宗評其草書，爲本朝第一。

論曰：呂夷簡、張士遜皆以儒學起家，列位輔弼。仁宗之世，天下承平，因時制宜，濟以寬厚，相臣預有力焉。士遜練習民事，風蹟可紀，而依違曹利用以取譏。方夷簡在下僚，諸父蒙正以宰相才期之。及其爲相，深謀遠慮，有古大臣之度焉。在位日久，頗務收恩避怨，以固權利，郭后之廢，遂成其君之過舉，咎莫大焉。雖然，呂氏更執國政，三世四人，世家之盛，則未之有也。

校勘記

〔一〕成武　二字原倒。本書卷八五地理志單州有成武縣，無「武成」地名，據司馬光溫國文正司馬公文集卷七六龐籍墓誌銘、王珪華陽集卷三五龐籍神道碑乙正。

〔二〕作坊物料庫　「物料」二字原倒，據本書卷一六五職官志、宋會要食貨五二之四乙正。

〔三〕玉象　原作「玉像」，據隆平集卷五、東都事略卷五六本傳改。

〔四〕陸使君祠　「使」原作「史」，胡宿文恭集卷四〇張士遜行狀作「使」。「使君」爲州郡長官的尊稱，此處的陸使君指唐陸弼，長編卷八一：「唐瀘州刺史陸弼，有廟在射洪縣之白崖山。」即此。行狀是，據改。

宋史卷三百一十二

列傳第七十一

韓琦 子忠彥　曾公亮 子孝寬 孝廣 孝蘊　陳升之　吳充

王珪 從父罕 從兄琪

韓琦字稚圭，相州安陽人。父國華，自有傳。琦風骨秀異，弱冠舉進士，名在第二。方唱名，太史奏日下五色雲見，左右皆賀。授將作監丞、通判淄州，入直集賢院、監左藏庫。時方貴高科，多徑去爲顯職，琦獨滯筦庫，衆以爲非宜，琦處之自若。禁中需金帛，皆內臣直批旨取之，無印可驗，琦請復舊制，置傳宣合同司，以相防察。又每綱運至，必俟內臣監涖，始得受，往往數日不至，暴露廡下。衙校以爲病，琦奏罷之。

歷開封府推官、三司度支判官，拜右司諫。時宰相王隨、陳堯佐，參知政事韓億、石中立，在中書罕所建明，琦連疏其過，四人同日罷。又請停內降，抑僥倖。凡事有不便，未嘗不言，每以明得失、正紀綱、親忠直、遠邪佞爲急，前後七十餘疏。王曾爲相，謂之曰：「今言者不激，則多畏顧，何補上德？如君言，可謂切而不迂矣。」曾聞望方崇，罕所獎與，琦聞其語，益自信。權知制誥。

益、利歲饑，爲體量安撫使。異時郡縣督賦調繁急，市上供綺繡諸物不予直，琦爲緩調蠲給之，逐貪殘不職吏，汰冗役數百，活飢民百九十萬。趙元昊反，琦適自蜀歸，論西師形勢甚悉，卽命爲陝西安撫使。劉平與賊戰，敗，爲所執，時宰入他誣，收繫平子弟，琦辨直其冤。

進樞密直學士，副夏竦爲經略安撫、招討使。詔遣使督出兵，琦亦欲先發以制賊，而合府固爭，元昊遂寇鎭戎。琦畫攻守二策馳入奏，仁宗欲用攻策，執政者難之。琦言：「元昊雖傾國入寇，衆不過四五萬人，吾逐路重兵自爲守，勢分力弱，遇敵輒不支。若併出一道，鼓行而前，乘賊驕惰，破之必矣。」乃詔鄜延、涇原同出征。旣還營，元昊來求盟。琦曰：「無約而請和者，謀也。」命諸將戒嚴，賊果犯山外。琦悉兵付大將任福，令自懷遠城趨德勝砦出賊後，如未可戰，卽據險置伏，要其歸。及行，戒之至再。又移檄申約，苟違節度，雖有功，亦斬。福竟爲賊誘，沒于好水川。竦使人收散兵，得琦檄於福衣帶間，言罪不在琦。琦亦上章自劾，猶奪一官，知秦州，尋復之。

會四路置帥，以琦兼秦鳳經略安撫、招討使〔一〕。慶曆二年，與三帥皆換觀察使，范仲淹、龐籍、王沿不肯拜，琦獨受不辭。未幾，還舊職，爲陝西四路經略安撫、招討使，屯涇州。琦與范仲淹在兵間久，名重一時，人心歸之，朝廷倚以爲重，故天下稱爲「韓范」。東兵從宿衞來，不習勞苦，琦奏增土兵以代戍，建德順軍以蔽蕭關、鳴沙之道。方謀取橫山，規河南，而元昊稱臣，召爲樞密副使。

元昊介契丹爲援，强邀索無厭，宰相晏殊等厭兵，將一切從之。琦陳其不便，條所宜先行者七事：一曰清政本，二曰念邊計，三曰擢材賢，四曰備河北，五曰固河東，六曰收民心，七曰營洛邑。繼又陳救弊八事，欲選將帥，明按察，豐財利，遏僥倖，進能吏，退不才，謹入官，去冗食。謂：「數者之舉，謗必隨之，願委計輔臣，聽其注措。」帝悉嘉納。遂宣撫陝西，討平羣盜張海、郭邈山；禁卒羸老不任用者，悉汰之；盡修鄜延城障，須敵悉歸所侵地，乃許和。歸陳西北四策，以爲：「今當以和好爲權宜，戰守爲實務。請繕甲厲兵，營修都城，密定討伐之計。」

時二府合班奏事，琦必盡言，雖事屬中書，亦指陳其實。同列或不悅，帝獨識之，曰：「韓琦性直。」琦與范仲淹、富弼皆以海內人望，同時登用，中外跂想其勛業。仲淹等亦以天下爲己任，羣小不便之，毁言日聞。仲淹、弼繼罷，琦爲辨析，不報。尹洙與劉滬爭城水洛事，琦右洙，朝論不謂然。乃請外，以資政殿學士知揚州，徙鄆州、成德軍、定州。兼安撫使，進大學士，又加觀文殿學士。

初，定州兵狃平貝州功，需賞賚，出怨語，至欲謀城下。琦聞之，以爲不治且亂，用軍制勒習，誅其尤無良者。士死攻戰，則賞賻其家，籍其孤嫠繼廩之，威恩並行。又倣古三陣法，日月訓齊之，由是中山兵精勁冠河朔。京師發龍猛卒戍保州，在道爲人害，至定，琦悉留不遣，易素教者使之北，又振活飢民數百萬。璽書褒激，鄰道視以爲準。

拜武康軍節度使、知并州。承受廖浩然，怙中貴勢貪恣，既誣逐前帥李昭亮，所爲益不法，琦奏還之，帝命鞭諸本省。契丹冒占天池廟地，琦召其酋豪，示以曩日彼所求修廟檄，無以對，遂歸我斥地。既又侵耕陽武砦地，琦鑿塹立石以限之。始，潘美鎮河東，患寇鈔，令民悉內徙，而空塞下不耕，於是忻、代、寧化、火山之北多廢壤。琦以爲此皆良田，今棄不耕，適足以資敵，將皆爲所有矣。遂請距北界十里爲禁地，其南則募弓箭手居之，墾田至九千六百頃。久之，求知相州。

嘉祐元年，召爲三司使，未至，迎拜樞密使。三年六月，拜同中書門下平章事、集賢殿大學士。六年閏八月，遷昭文館大學士、監修國史，封儀國公。帝既連失三王，自至和中得疾，不能御殿。中外惴恐，臣下爭以立嗣固根本爲言，包拯、范鎭尤激切。積五六歲，依違未之行，言者亦稍息。至是，琦乘間進曰：「皇嗣者，天下安危之所係。自昔禍亂之起，皆由策不早定。陛下春秋高，未有建立，何不擇宗室之賢者，以爲宗廟社稷計？」帝曰：「後宮將有就館者，姑待之。」已又生女。

一日，琦懷漢書孔光傳以進，曰：「成帝無嗣，立弟之子。彼中材之主，猶能如是，況陛下乎。願以太祖之心爲心，則無不可者。」又與曾公亮、張昪、歐陽脩極言之。會司馬光、呂誨皆有請，琦進讀二疏，未及有所啓，帝遽曰：「朕有意久矣，誰可者？」琦皇恐對曰：「此非臣輩所可議，當出自聖擇。」帝曰：「宮中嘗養二子，小者甚純，近不慧，大者可也。」琦請其名，帝以宗實告。宗實，英宗舊名也。琦等遂力贊之，議乃定。

英宗居濮王喪，議起知宗正。琦曰：「事若行，不可中止。陛下斷自不疑，乞內中批出。」帝意不欲宮人知，曰：「只中書行足矣。」命下，英宗固辭。帝復問琦，琦對曰：「陛下既知其賢而選之，今不敢遽當，蓋器識遠大，所以爲賢也。願固起之。」英宗既終喪，猶堅臥不起。琦言：「宗正之命初出，外人皆知必爲皇子，不若遂正其名。」乃下詔立爲皇子。明年，英宗嗣位，以琦爲仁宗山陵使，加門下侍郎，進封衞國公。

琦既輔立英宗，門人親客，或從容語及定策事，琦必正色曰：「此仁宗聖德神斷，爲天下計，皇太后內助之力，臣子何與焉。」英宗暴得疾，太后垂簾聽政。帝疾甚，舉措或改常度，遇宦官尤少恩。左右多不悅者，乃共爲讒間，兩宮遂成隙。琦與歐陽脩奏事簾前，太后嗚咽流涕，具道所以。琦曰：「此病固爾，病已，必不然。子疾，母可不容之乎？」脩亦委曲進言，太后意稍和，久之而罷。後數日，琦獨見上，上曰：「太后待我無恩。」琦對曰：「自古聖帝明王，不爲少矣。然獨稱舜爲大孝，豈其餘盡不孝耶？父母慈愛而子孝，此常事不足道；惟父母不慈，而子不失孝，乃爲可稱。但恐陛下事之未至爾，父母豈有不慈者哉。」帝大感悟。及疾愈，琦請乘輿因禱雨具素服以出，人情乃安。太后還政，拜琦右僕射，封魏國公。夏人寇大順，琦議停歲賜，絕和市，遣使問罪。樞密使文彥博難之，或舉寶元、康定事，琦曰：「諒祚，狂童也，非有元昊智計，而邊備過當時遠甚。亟詰之，必服。」既而諒祚上表謝，帝顧琦曰：「一如所料。」帝寢疾，琦入問起居，言曰：「陛下久不視朝，願早建儲，以安社稷。」帝頷之，即召學士草制，立潁王。

神宗立，拜司空兼侍中，爲英宗山陵使。琦執政三世，或病其專。御史中丞王陶劾琦不赴文德殿押班爲跋扈。琦請去，帝爲黜陶。永厚陵復土，琦不復入中書，堅辭位。除鎮安武勝軍節度使、司徒兼侍中、判相州。入對，帝泣曰：「侍中必欲去，今日已降制矣。」賜興道坊宅一區，擢其子忠彥祕閣校理。琦辭兩鎭，乃但領淮南。

會种諤擅取綏州，西邊俶擾，改判永興軍，經略陝西。琦言：「邊臣肆意妄作，棄約基亂，願召二府亟決之。」琦入辭，曾公亮等方奏事，乞與琦同議。帝召之，琦曰：「臣前日備員政府，所當共議。今日，藩臣也，不敢預聞。」又言：「王陶指臣爲跋扈，今陛下乃舉陝西兵柄授臣，復有勁臣如陶者，則臣赤族矣。」帝曰：「侍中猶未知朕意邪？」琦初言綏州不當取，已而夏人誘殺楊定，琦復言：「賊既如此，綏今不可棄。」樞密院以初議詰之，琦具論其故，卒存之。

熙寧元年七月，復請相州以歸。河北地震、河決，徙判大名府，充安撫使，得便宜從事。王安石用事，出常平使者散青苗錢，琦亟言之。帝袖其疏以示宰臣，曰：「琦眞忠臣，雖在外，不忘王室。朕始謂可以利民，今乃害民如此。且坊郭安得青苗，而亦強與之乎？」安石勃然進曰：「苟從其欲，雖坊郭何害。」明日，稱疾不出。當是時，新法幾罷，安石復出，持前議益堅。琦又懇奏，安石下之條例司，令其屬疏駁，刊石頒天下。琦申辨愈切，不克從。於是請解四路安撫使，止領一路，安石欲沮琦，卽從之。六年，還判相州。

契丹來求代北地，帝手詔訪琦，琦奏言：

臣觀近年以來，朝廷舉事，似不以大敵爲恤。彼見形生疑，必謂我有圖復燕南意，故引先發制人之說，造爲釁端。所以致疑，其事有七：高麗臣屬北方，久絕朝貢，乃因商舶誘之使來，契丹知之，必謂將以圖我。一也。強取吐蕃之地以建熙河，契丹聞之，必謂行將及我。二也。遍植榆柳於西山，冀其成長以制蕃騎。三也。創團保甲。四也。諸州築城鑿池。五也。置都作院，頒弓刀新式，大作戰車。六也。置河北三十七將。七也。契丹素爲敵國，因事起疑，不得不然。

臣昔年論青苗錢事，言者輒肆厚誣，非陛下之明，幾及大戮。自此，聞新法日下，不敢復言。今親被詔問，事係安危，言及而隱，死有餘罪。臣嘗竊計，始爲陛下謀者，必曰治國之本，當先聚財積穀，募兵於民，則可以鞭笞四夷。故散青苗錢，使民出利；爲免役之法，次第取錢；迨置市易務，而小商細民，無所措手。新制日下，更改無常，官吏茫然，不能詳記，監司督責，以刻爲明。今農怨於畎畝，商歎於道路，長吏不安其職，陛下不盡知也。夫欲攘斥四夷，以興太平，而先使邦本困搖，衆心離怨，此則爲陛下始謀者大誤也。

臣今爲陛下計，謂宜遣使報聘，具言向來興作，乃修備之常，豈有他意；疆土素定，悉如舊境，不可持此造端，以隳累世之好。以可疑之形，如將官之類，因而罷去。益養民愛力，選賢任能，疏遠奸諛，進用忠鯁，使天下悅服，邊備日充。若其果自敗盟，則可一振威武，恢復故疆，攄累朝之宿憤矣。

疏上，會安石再入相，悉以所爭地與契丹，東西七百里，論者惜之。八年，換節永興軍，再任，未拜而薨，年六十八。前一夕，大星隕于治所，櫪馬皆驚。帝發哀苑中，哭之慟。輟朝三日，賜銀三千兩，絹三千匹，發兩河卒爲治冢，篆其碑曰「兩朝顧命定策元勳」。贈尚書令，謚曰忠獻，配享英宗廟庭。常令其子若孫一人官于相，以護丘墓。故事，三省長官，惟尚書令爲尤重，贈者必兼他官。至琦，乃單贈。後又詔，雖當追策，不復更加師保，蓋貴之也。

琦蚤有盛名，識量英偉，臨事喜愠不見于色，論者以重厚比周勃，政事比姚崇。其爲學士臨邊，年甫三十，天下已稱爲韓公。嘉祐、治平間，再決大策，以安社稷。當是時，朝廷多故，琦處危疑之際，知無不爲。或諫曰：「公所爲誠善，萬一蹉跌，豈惟身不自保，恐家無處所。」琦歎曰：「是何言也。人臣盡力事君，死生以之。至於成敗，天也，豈可豫憂其不濟，遂輟不爲哉。」聞者愧服。在魏都久，遼使每過，移牒必書名，曰：「以韓公在此故也。」忠彥使遼，遼主問知其貌類父，卽命工圖之，其見重於外國也如此。

琦天資朴忠，折節下士，無貴賤，禮之如一。尤以獎拔人才爲急，儻公論所與，雖意所不悅，亦收用之，故得人爲多。選飭羣司，皆使奉法循理。其所建請，第顧義所在，無適莫心。在相位時，王安石有盛名，或以爲可用，琦獨不然之。及守相，陛辭，神宗曰：「卿去，誰可屬國者，王安石何如？」琦曰：「安石爲翰林學士則有餘，處輔弼之地則不可。」上不答。

其鎮大名也，魏人爲立生祠。相人愛之如父母，有門訟，傳相勸止，曰：「勿撓吾侍中也。」與富弼齊名，號稱賢相，人謂之「富韓」云。徽宗追論琦定策勳，贈魏郡王。子五人：忠彥、端彥、純彥、粹彥、嘉彥。端彥右贊善大夫。純彥官至徽猷閣直學士。粹彥爲吏部侍郎，終龍圖閣學士。嘉彥尙神宗女齊國公主〔二〕，拜駙馬都尉，終瀛海軍承宣使。

忠彥字師朴，少以父任，爲將作監簿，復舉進士。琦罷政，忠彥以祕書丞召試館職，除校理、同知太常禮院，爲開封府判官、三司鹽鐵判官。出通判永寧軍，召還，爲戶部判官。琦薨，服除，爲直龍圖閣，擢天章閣〔三〕待制、知瀛州。朝廷以夏人囚廢其主秉常，用兵西方，旣下米脂等城砦數十，夏人求救于遼，遼人移書繼至。會遣使賀遼主生辰，神宗以命忠彥，遂以給事中奉使。遼遣趙資睦迓之，語及西事，忠彥曰：「此小役也，何問爲？」遼主使其臣王言敷燕于館，言敷問：「夏國胡罪，而中國兵不解？無失兩朝之懽，則善矣。」忠彥曰：「問罪西夏，於二國之好何預乎？」

使還。時官制行，章惇爲門下侍郎，奏：「給事中東省屬官，封駁宜先稟而後上。」忠彥奏：「朝廷之事，執政之所行也。事當封駁，則與執政固已異矣，尙何稟議之有。」詔從其請。左僕射王珪爲南郊大禮使，事之當下者，自從其所畫旨。忠彥以官制駁之曰：「今事于南郊者，大禮使既不從中書旨，處分出一時者，又不從中書奏審。官制之行，曾未期月，而廟堂自渝之，後將若之何？」乃詔事無鉅細，必經三省而後行。拜禮部尙書，以樞密直學士知定州。

元祐中，召爲戶部尙書，擢尙書左丞。弟嘉彥尙主，改同知樞密院事，遷知院事。哲宗親政，更用大臣，言者觀望，爭言垂簾時事。忠彥言：「昔仁宗始政，當時亦多譏斥章獻時事，仁宗惡其持情近薄，下詔戒飭。陛下能法仁祖用心，則善矣。」以觀文殿學士知眞定府，移定州。忠彥在西府，以用兵西方非是，願以所取之地棄還之，以息民力。至是，言者以爲言，降資政殿學士，改知大名府。徽宗卽位，以吏部尙書召拜門下侍郎。忠彥陳四事：一曰廣仁恩，二曰開言路，三曰去疑似，四曰戒用兵。踰月，拜尙書右僕射兼中書侍郎。上用忠彥言，數下詔蠲天下逋責，盡還流人而甄敍之，忠直敢言若知名之士，稍見收用。

進左僕射兼門下侍郎，封儀國公。而曾布爲右相，多不協，言事者助布排忠彥，以觀文殿大學士知大名府。又以欽聖欲復廢后，爲忠彥罪，再降太中大夫，懷州居住。又論忠彥在相位，不應棄湟州，謫崇信軍節度副使，濟州居住。逮復湟、鄯，又謫磁州團練副使。復太中大夫，遂以宣奉大夫致仕。卒，年七十二。子治，徽宗時，爲太僕少卿，出知相州。以疾丐祠，命其子肖胄代之，別有傳。

論曰：琦相三朝，立二帝，厥功大矣。當治平危疑之際，兩宮幾成嫌隙，琦處之裕如，卒安社稷，人服其量。歐陽脩稱其「臨大事，決大議，垂紳正笏，不動聲色，措天下於泰山之安，可謂社稷之臣」。豈不信哉！忠彥世濟其美，繼登相位，宜矣。

曾公亮字明仲，泉州晉江人。舉進士甲科，知會稽縣。民田鏡湖旁，每患湖溢。公亮立斗門，泄水入曹娥江，民受其利。坐父買田境中，謫監湖州酒。久之，爲國子監直講，改諸王府侍講。歲滿，當用故事試館職，獨獻所爲文，授集賢校理、天章閣侍講、修起居注。擢天章閣待制，賜金紫。先是，待制不改服。仁宗面錫之，曰：「朕自講席賜卿，所以尊寵儒臣也。」遂知制誥兼史館修撰，爲翰林學士、判三班院。三班吏叢猥，非賕謝不行，貴游子弟，多倚勢請謁。公亮掇前後章程，視以從事，吏不能舉手。以端明殿學士知鄭州，爲政有能聲，盜悉竄他境，至夜戶不閉。嘗有使客亡橐中物，移書詰盜，公亮報：「吾境不藏盜，殆從者之廋耳。」索之，果然。復入爲翰林學士、知開封府。未幾，擢給事中、參知政事。加禮部侍郎，除樞密使。嘉祐六年，拜吏部侍郎、同中書門下平章事、集賢殿大學士。

公亮明練文法，更踐久，習知朝廷臺閣典憲，首相韓琦每咨訪焉。仁宗末年，琦請建儲，與公亮等共定大議。密州民田產銀，或盜取之，大理當以彊。公亮曰：「此禁物也，取之雖彊，與盜物民家有間矣。」固爭之，遂下有司議，比劫禁物法，盜得不死。初，東州人多用此抵法，自是無死者。

契丹縱人漁界河，又數通鹽舟，吏不敢禁，皆謂：與之校，且生事。公亮言：「萌芽不禁，後將奈何？雄州趙滋勇而有謀，可任也。」使諭以指意，邊害訖息。英宗即位，加中書侍郎兼禮部尚書，尋加戶部尚書。帝不豫，遼使至不能見，命公亮宴于館，使者不肯赴。公亮質之曰：「錫宴不赴，是不虔君命也。人主有疾，而必使親臨，處之安乎？」使者即就席。神宗即位，加門下侍郎兼吏部尚書。

熙寧二年，進昭文館大學士，累封魯國公。以老避位，三年九月，拜司空兼侍中、河陽三城節度使、集禧觀使。明年，起判永興軍。先是，慶卒叛，既伏誅，而餘黨越佚，自陝以西皆警備。閱義勇，益邊兵，移內地租賦，人情騷然。公亮一鎮以靜，次第奏罷之，專務裁抑冗費。長安豪喜造飛語，聲言營卒怨減削，謀以上元夜結外兵爲亂，邦人大恐。或勸毋出游，公亮不爲動，張燈縱觀，與賓佐竟夕乃歸。居一歲，還京師。旋以太傅〔四〕致仕。元豐元年卒，年八十。帝臨哭，輟朝三日，贈太師、中書令，謚曰宣靖，配享英宗廟庭。及葬，御篆其碑首曰「兩朝顧命定策亞勳之碑」。

公亮方厚莊重，沈深周密，平居謹繩墨，蹈規矩；然性吝嗇，殖貨至鉅萬，帝嘗以方張安世。初薦王安石，及同輔政，知上方向之，陰爲子孫計，凡更張庶事，一切聽順，而外若不與之者。嘗遣子孝寬參其謀，至上前略無所異，於是帝益信任安石。安石德其助己，故引擢孝寬至樞密以報之。蘇軾嘗從容責公亮不能救正，公亮曰：「上與介甫如一人，此乃天也。」世譏其持祿固寵云。子孝寬，從子孝廣、孝蘊。

孝寬字令綽，以蔭知桐城縣。選知咸平縣，民詣府訴雨傷麥，府以妄杖之。孝寬躬行田，辨其實，得蠲賦。除祕閣修撰、提點開封府界鎭縣。

保甲法行，民相驚言且籍爲兵。知府韓維上言，乞候農隙行之。孝寬牓十七縣，揭賞告捕扇惑者，民兵不敢訴，維之言不得行。入知審官東院、判刑部。

熙寧五年，遷樞密都承旨，承旨用文臣，自孝寬始。擢拜樞密直學士、簽書樞密院。丁父憂，除喪，以端明殿學士知河陽，徙鄆。鄆有孟子廟，孝寬請於朝，得封鄒國公，配享孔子。連徙鎭，以吏部尚書召，道卒，年六十六。贈右光祿大夫。

孝廣字仲錫。元豐末，爲北外都水丞。元祐中，大臣議復河故道，召孝廣問之，言不可，出通判保州。久之，復爲都水丞。前此，班行使臣部木栰至者，須校驗無所失亡，乃得㕘銓，監吏領賕謝，不時遣。孝廣治籍疏姓名，謹其去留，一歲中，歸選者百輩。除京西轉運判官，入爲水部員外郎。河決內黃，詔孝廣行視，遂疏蘇村，鑿鉅野，導河北流，紓澶、滑、深、瀛之害。遷都水使者。洛水頻歲溢涌，浸齧北岸，孝廣按河隄，得廢澾口遺迹，曰：「此昔人所以殺水勢也。」卽日濬決之，累石爲防，自是無水患。出提點永興路刑獄，陝西、京西轉運副使，還爲左司郎中，擢戶部侍郎，進尙書。坐錢帛不給費，罷爲天章閣待制、知杭州。又以前聘契丹失奉使體，奪職。尋復之，移知潭州，加顯謨閣直學士、知鄆州。

孝廣與胡安國、鄒浩善，皆大觀中忤時相，御史論之，復奪職知饒州。踰年，徙廣州，歷成德軍、太原府，得故職以卒，年六十，贈正議大夫。孝廣涖官以嚴稱，獲盜，輒碎其手焉。

孝蘊字處善。紹聖中，管幹發運司糶糴事，建言揚之瓜洲，潤之京口，常之犇牛，易堰爲牐，以便漕運、商賈。旣成，公私便之。提舉兩浙常平，改轉運判官，知臨江軍，召爲左司員外郎，遷起居舍人。

時京邑有盜，徽宗怒，期三日不獲，坐尹罪。孝蘊奏：「求盜急則遁益遠，小緩當自出。」從其言，得盜。崇寧建殿中省，擢爲監。居數月，言者論其與張商英善，以集賢殿修撰出知襄州，徙江浙荆淮發運。泗州議開直河，以避漲溢沙石之害，孝蘊以淮、汴不相接，不可成。既而工役大集，竟成之，策勳第賞，辭不受。未幾，河果塞。召爲戶部侍郎，帝嘗問右曹儲物幾何，疾作不能對。徙工部，以顯謨閣待制知杭州。其後坐累，連削黜，至貶安遠軍節度副使。

宣和二年，始復天章閣待制、知歙州。方臘起青溪，孝蘊約敕郡內，無得奔擾，分兵守阨塞，有避賊來歸者，獲罪，使出境，人稍恃以安。會移青州，既行而歙陷，道改杭州，時賊已破杭，孝蘊單車至城下。城既克復，軍士多殺人，孝蘊下令，脅從者得自首，無輒殺，皆束手不敢鶩。論功，進顯謨閣直學士，又加龍圖閣學士。卒，年六十五，贈通議大夫。

陳升之字暘叔，建州建陽人。舉進士，歷知封州、漢陽軍，入爲監察御史、右司諫，改起居舍人、知諫院。時俗好藏去交親尺牘，有訟，則轉相告言，有司據以推詰。升之謂：「此告訐之習也，請禁止之。」又言：「三館爲搢紳華途，近者用人益輕，遂爲貴游進取之階，請嚴其選。」詔自今臣僚乞子孫恩者，毋得除館閣。

著作佐郎王瓘遇殿帥郭承祐於道，訶怒不下馬，執送府。升之言，京官不宜爲節度使下馬，因劾承祐驕恣，解其任。張堯佐緣後宮親，爲三司使，尋爲宣徽使；內侍王守忠領兩鎭留後，求升正班；御史張昪補郡，久不召；彭思永論事，令窮問所從來；唐介擊宰相，斥嶺南：升之皆極諫。遷侍御史知雜事。凡任言責五年，所上數十百事，然持論不堅，以故不盡施用。

擢天章閣待制、河北都轉運使，知瀛州、眞定府，加龍圖閣直學士，復知諫院。上言：「天下州縣治否，朝廷不能周知，悉付之轉運使。今選用不精，又無考課，非闒滯罷懦，則淩肆刻薄，所以疾苦愁歎，壅於上聞。必欲垂意元元，宜從此始。」乃詔翰林學士承旨孫抃、權御史中丞張昪，與升之同領磨勘轉運使及提點刑獄功務。

升之初爲諫官時，嘗請抑絕內降，詔許有司執奏勿下。至是，申言之。詔委三省劾正其罪，仍揭於朝堂〔五〕。文彥博乞罷相，升之慮樞密使賈昌朝復用，疏論其邪，昌朝卒罷去。遷樞密直學士、知開封府。歲餘，拜樞密副使。於是諫官御史唐介、范師道、呂誨、趙抃、王陶交章論升之陰結宦者，故得大用。仁宗以示升之，升之丐去。帝謂輔臣曰：「朕選用執政，豈容內臣預議邪。」乃兩罷之。以升之爲資政殿學士、知定州，徙太原府。

治平二年，復拜樞密副使。神宗立，以母老請郡，爲觀文殿學士、知越州。熙寧元年，徙許，中道改大名府，過闕，留知樞密院。故事，樞密使與知院事不並置。時文彥博、呂公弼既爲使〔六〕，帝以升之三輔政，欲稍異其禮，故特命之。明年，同制置三司條例司，與王安石共事。數月，拜中書門下平章事、集賢殿大學士。升之既相，遂請免條例司，其說以爲宰相無所不統，所領職事，豈可稱司。安石曰：「古之六卿，即今之執政，有司馬、司徒、司空，各名一職，何害於理？」升之曰：「若制置百司條例則可，但今制置三司一官，則不可。」由是忤安石，稱疾歸臥逾十旬，帝數敦諭，乃出。會母喪，去位；終制，召爲樞密使。足疾不能立朝，七年，多祀，又不能相禮。拜鎭江軍節度使、同平章事、判揚州，封秀國公。卒，年六十九。贈太保、中書令，謚曰成肅。

升之深狡多數，善傅會以取富貴。王安石用事，患正論盈庭，引升之自助。升之心知其不可，而竭力爲之用，安石德之，故使先己爲相。甫得志，卽求解條例司，又時爲小異，陽若不與之同者。世以是譏之，謂之「筌相」。升之初名旭，避神宗嫌名，改焉。

吳充字沖卿，建州浦城人。未冠，舉進士，與兄育、京、方皆高第。調穀熟主簿，入爲國子監直講、吳王宮教授。等輩多與宗室狎，充齒最少，獨以嚴見憚，相率設席受經。充作六箴以獻，曰視，曰聽，曰好，曰學，曰進德，曰崇儉。仁宗命繕寫賜皇族，英宗在藩邸，書之坐右。

除集賢校理、判吏部南曹。選人胡宗堯者，翰林學士宿之子，坐小累，不得改京官。判銓歐陽脩爲之請，仇家譖脩以爲黨宿，詔出脩同州。充言：「脩以忠直擢侍從，不宜用讒逐。若以爲私，則臣願與脩同貶。」於是脩復留，而充改知太常禮院。張貴妃薨，治喪越式，判寺王洙命吏以印紙行文書，不令同僚知。充移開封治吏罪，忤執政意，出知高郵軍。還爲羣牧判官、開封府推官，歷知陝州，京西、淮南、河東轉運使。

英宗立，數問充所在，會入覲，語其爲吳王宮教授時事，嘉勞之。尋權鹽鐵副使。熙寧元年，知制誥。神宗諭以任用意，曰：「先帝知卿久矣。」遂同知諫院。言：「士大夫親沒，或藁殯數十年，傷敗風化，宜限期使葬。」詔著爲令。河北水災、地震，爲安撫使。使還，王安石參知政事，充子安持，其壻也，引嫌解諫職，知審刑院，權三司使，爲翰林學士。三年，拜樞密副使。王韶取洮州，蕃酋木征遁去，充請招還故地，縻以爵秩，使自領所部，永爲外臣，無庸列置郡縣，殫財屈力。時方以開拓付韶，充言不用。

八年，進檢校太傅、樞密使。充雖與安石連姻，而心不善其所爲，數爲帝言政事不便。

帝察其中立無與，欲相之，安石去，遂代爲同中書門下平章事、監修國史。充欲有所變革，乞召還司馬光、呂公著、韓維、蘇頌，乃薦孫覺、李常、程顥等數十人。光亦以充可告語，與之書曰：「自新法之行，中外洶洶。民困於煩苛，迫於誅斂，愁怨流離，轉死溝壑。日夜引領，冀朝廷覺悟，一變敝法，幾年于茲矣。今日救天下之急，苟不罷青苗、免役、保甲、市易，息征伐之謀，而欲求成效，猶惡湯之沸，而益薪鼓橐也。欲去此五者，必先別利害，以悟人主之心。欲悟人主之心，必先開言路。今病雖已深，猶未至膏肓，失今不治，遂爲痼疾矣。」充不能用。

王珪與充並相，忌充，陰掣其肘。而充素惡蔡確，確治相州獄，捕安持及親戚、官屬考治，欲鉤致充語，帝獨明其亡他。及確預政，充與議變法於前，數爲所詘。安南師出無功，知諫院張璪又謂充與郭逵書，止其進兵，復置獄。充既數遭同列困毀，素病瘤，積憂畏，疾益侵。元豐三年三月，輿歸第，罷爲觀文殿大學士、西太一宮使。踰月，卒，年六十。贈司空兼侍中，謚曰正憲。

充內行修飭，事兄甚謹。爲相務安靜。性沉密，對家人語，未嘗及國家事，所言於上，人莫知者。將終，戒妻子勿以私事干朝廷，帝益悲之。世謂充心正而力不足，識其知不可而弗能勇退也。子安詩、安持。安詩在元祐時爲諫官、起居郎。安持爲都水使者，遷工部侍郎，終天章閣待制。安詩子儲、安持子侔，官皆員外郎，坐與妖人張懷素通謀，誅死。

王珪字禹玉，成都華陽人，後徙舒。曾祖永，事太宗爲右補闕。吳越納土，受命往均賦，至則悉除無名之算，民皆感泣。使還，或言其多弛賦租。帝詰之，對曰：「使新附之邦，蒙天子仁恩，臣雖得罪，死不恨。」帝大悅。

珪弱歲奇警，出語驚人。從兄琪讀其所賦，嗟曰：「騏驥方生，已有千里之志，但蘭筋未就耳。」舉進士甲科，通判揚州。吏民皆少珪，有大校嫚不謹，捽置之法。王倫犯淮南，珪議出郊掩擊之，賊遁去。召直集賢院，爲鹽鐵判官、修起居注。接伴契丹使，北使過魏，舊皆盛服入。至是，欲便服，妄云衣冠在後乘。珪命取授之，使者愧謝。遂爲賀正旦使。進知制誥、知審官院，爲翰林學士、知開封府。遭母憂，除喪，復爲學士，兼侍讀學士。

先是，三聖並侑南郊，而溫成廟享獻同太室。珪言：「三后並配，所以致孝也，而瀆乎饗帝。後宮有廟，所以廣恩也，而僭乎饗親。」於是專以太祖侑于郊，而改溫成廟爲祠殿。嘉祐立皇子，中書召珪作詔，珪曰：「此大事也，非面受旨不可。」明日請對，曰：「海內望此舉久矣，果出自聖意乎？」仁宗曰：「朕意決矣。」珪再拜賀，始退而草詔。歐陽脩聞而歎曰：「眞學士也。」帝宴寶文閣，作飛白書分侍臣，命珪識歲月姓名。再宴羣玉，又使爲序，以所御筆、墨、牋、硯賜之。

英宗立，當撰先帝謚，珪言：「古者賤不誄貴，幼不誄長，故天子稱天以誄之，制謚於郊，若云受之於天者。近制，唯詞臣撰議，庶僚不得參聞，頗違稱天之義。請令兩制共議。」從之。濮王追崇典禮，珪與侍從、禮官合議宜稱皇伯，三夫人改封大國，執政不以爲然。其後三夫人之稱，卒如初議。始，珪之請對而作詔也，有密譖之者。英宗在位之四年，忽召至蘂珠殿，傳詔令兼端明殿學士，錫之盤龍金盆，諭之曰：「祕殿之職，非直器卿于翰墨間，二府員缺，卽出命矣。曩有讒口，朕今釋然無疑。」珪謝曰：「非陛下至明，臣死無日矣。」神宗卽位，遷學士承旨。珪典內外制十八年，最爲久次，嘗因展事齋宮，賦詩有所感，帝見而憐之。熙寧三年，拜參知政事。九年，進同中書門下平章事、集賢殿大學士。

元豐官制行，由禮部侍郎超授銀青光祿大夫。五年，正三省官名，拜尙書左僕射兼門下侍郎，以蔡確爲右僕射。先是，神宗謂執政曰：「官制將行，欲新舊人兩用之。」又曰：「御史大夫，非司馬光不可。」珪、確相顧失色。珪憂甚，不知所出。確曰：「陛下久欲收靈武，公能任責，則相位可保也。」珪喜，謝確。帝嘗欲召司馬光，珪薦俞充帥慶，使上平西夏策。珪意以爲既用兵深入，必不召光，雖召，將不至。已而光果不召。永樂之敗，死者十餘萬人，實珪啓之。八年，帝有疾，珪白皇太后，請立延安郡王爲太子。太子立，是爲哲宗。進珪金紫光祿大夫，封岐國公。五月，卒於位，年六十七。特輟朝五日，賻金帛五千，贈太師，謚曰文恭。賜壽昌甲第。

珪以文學進，流輩咸共推許。其文閎侈瓌麗，自成一家，朝廷大典策，多出其手，詞林稱之。然自執政至宰相，凡十六年，無所建明，率道諛將順。當時目爲「三旨相公」，以其上殿進呈，云「取聖旨」；上可否訖，云「領聖旨」；退諭稟事者，云「已得聖旨」也。紹聖中，邢恕謗起，黃履、葉祖洽、劉拯交論珪元豐末命事，以爲當時兩府大臣，嘗議奏請建儲，珪輒語李清臣云：「他自家事，外庭不當管。」恕又誘教高遵裕〔七〕子士京上奏，言珪欲立雍王，遣士京故兄士充，傳道言語於禁中。珪由是得罪，追貶萬安軍司戶參軍，削諸子籍。徽宗即位，還其官封。蔡京秉政，復奪贈謚。政和中，又復之。珪季父罕，從兄琪。

罕字師言，以蔭知宜興縣。縣多湖田，歲訴水，輕重失其平。罕躬至田處，列高下爲圖，明年訴牒至，按圖示之，某戶可免，某戶不可免，衆皆服。范仲淹在潤，奏下其式于諸道。西方用兵，仍年科箭羽于東南，價踊貴，富室至豫貯以待鬻。罕白郡守，倍其直市之，而令民輸錢。旁州聞之，皆願如常州法。累遷戶部判官。修太宗別廟，中貴人大慮材，將一新之。罕白是特歲久丹漆黯闇，但當致飾耳，榱櫨皆如故，唯易一楹，省緡錢十萬。

出爲廣東轉運使。儂智高入寇，罕行部在潮，廣州守仲簡自圍中遺書邀罕，罕報曰：「吾家亦受困，非不欲歸，顧獨歸無益，當求所以相濟者。」遂還惠州。州之惡少年正相率爲盜，里落驚擾，惠人要罕出城，及郊，遮道求救護者數千計。罕擇父老可語者問以策，曰：「吾屬皆有田客，欲給以兵，使相保聚。」罕曰：「有田客者如是，得矣，無者奈何？」乃呼耆長發里民，補壯丁，每長二百人；又令邑尉增弓手二千。巳時下令，約申而集。募有方略者，許以官秩、金帛，使爲甲首。久之，無至者。有婦人訴爲僕奪釵珥，捕得之，幷執奪攘者十八輩，皆梟首決口置道左，傳曰：「此耆長發爲壯丁不肯行者也。」觀者始有怖色。至期，得六百人，尉所部亦至。於是染庫帛爲旗，授之。割牛革爲盾形，柔之湯中，每盾削竹籤十六，穿于革，以木爲鼻，使持之自蔽。斷苦竹數千，銛其末，使操爲兵。悉出公私戎器。檄告屬城，倣而行之。

數日，衆大振，向之惡少年，皆隸行伍，無敢動。乃簡卒三千，方舟建旗，伐鼓作樂，順流而下。將至廣，悉衆登岸，斬木爲鹿角，積高數仞，營于南門。智高戴黃蓋臨觀，相去三十步，見已嚴備，不敢犯。罕徐開門而入，智高遂解去。時南道郵驛斷絕，罕上事，不得通；而提點刑獄鮑軻遁處南雄，數具奏。及賊平，軻受賞，罕謫監信州酒。安撫使孫沔言罕實有功，復以爲西路轉運使。或傳智高不死，走火峒，儂宗旦據險聚衆，邕守蕭注謀擊之。罕呼宗旦子日新謂之曰：「汝父內爲交阯所仇，外爲邊將希賞之餌，非計也。汝歸報，擇利而爲之。」於是父子俱降。

徙知潭州。擢戶部、度支副使，復爲潭州。爲政務適人情，不加威罰。有狂婦數訴事，出言無章，却之則勃駡，前守每叱逐之。罕獨引至前，委曲徐問，久稍可曉，乃本爲人妻，無子，夫死，妾有子，遂逐婦而據家貲，屢訴不得直，因憤恚發狂。罕爲治妾而反其貲，婦良愈，郡人傳爲神明。監司上治狀，敕書褒諭，賜絹三百。徙知明州。以光祿卿卒，年八十。兄之子珪少孤，罕教養有恩，後珪貴，每予書，必以盛滿爲戒云。

琪字君玉，兒童時已能爲歌詩。起進士，調江都主簿。上時務十二事，請建義倉，置營田，減度僧，罷鬻爵，禁錦綺、珠貝，行鄉飲、籍田，復制科，興學校。仁宗嘉之，除館閣校勘、集賢校理。

帝宴太淸樓，命館閣臣作山水石歌，琪獨蒙褒賞。詔通判舒州。歲饑，奏發廩救民，未報，先振以公租，守以下皆不聽，琪挺身任之。知復州，民毆佃客死，吏論如律。琪疑之，留未決，已而新制下，凡如是者聽減死。歷開封府推官、直集賢院、兩浙淮南轉運使、修起居注、鹽鐵判官、判戶部勾院、知制誥。嘗入對便殿，帝從容謂曰：「卿雅有心計，若三司缺使，當無以易卿。」

會奉使契丹，因感疾還，上介誣其詐，責信州團練副使。久之，以龍圖閣待制知潤州。轉運使欲浚常、潤漕河，琪陳其不便，詔寢役。而後議者卒請廢古城埭，破古函管而浚之，河反狹，舟不得方行，公私交病。徙知江寧。先是，府多火災，或託以鬼神，人不敢救。琪召令廂邏，具爲作賞捕之法，未幾，得姦人，誅之，火患遂息。復知制誥，加樞密直學士、知鄧州，徙揚州，入判太常寺，又出知杭州，復爲揚州、潤州。以禮部侍郎致仕。卒，年七十二。

琪性孤介，不與時合。數臨東南名鎭，政尚簡靜。每疾俗吏飾廚傳以沽名譽，故待賓客頗闊略。閒造飛語起謗，終不自恤。葬于眞州。詔眞、揚二州發卒護其窆，蓋異數也。

論曰：公亮靜重鎭浮，練達典憲，與韓琦並相，號稱老成。升之自爲言官，卽著直聲。然皆挾術任數，公亮疾琦專任，薦王安石以間之，升之陰助安石，陽爲異同，以避淸議，二人措慮如此，豈誠心謀國者乎？新法之行，何望其能正救也。及安石去位，充、琟實代之，天下喁喁，思有所休息。充力不逮心，同僚左掣右伺，至鞅鞅以死，傷哉，其不足與有行也。琟容身固位，於勢何所重輕，而陰忌正人，以濟其患失之謀，鄙夫可與事君也與哉！

校勘記

〔一〕以琦兼秦鳳經略安撫招討使　「招討」原在「安撫」上，據上下文及長編卷一三四、一三八乙正。

〔二〕嘉彥尚神宗女齊國公主　按本書卷二四八公主傳、宋會要帝系八之三〇，神宗女唐國長公主降左衞將軍韓嘉彥，公主歷封溫、曹、冀、雍、越、燕六國。封齊國未見記載。

〔三〕天章閣　畢仲游西臺集卷一五丞相儀國韓公行狀、長編卷三〇六都作「寶文閣」。

〔四〕太傅　原作「太保」，據長編卷二三四、琬琰集中編卷五二曾肇曾公亮行狀改。

〔五〕詔委三省劾正其罪仍揭於朝堂　按琬琰集下編卷一五陳成肅公升之傳，作「乃下詔，凡僥求內降恩賞，委二府劾奏正其罪，仍榜御史臺、閤門」。

〔六〕時文彥博呂公弼既爲使　「呂公弼」原作「呂公著」。按本書卷一六二職官志記此事爲文彥博、呂公弼，卷二一一宰輔表同。呂公著此時尚未入樞府，其除同知樞密院事在元豐元年。作「呂公著」誤，據改。

〔七〕高遵裕　原作「高道裕」，據本書卷四七一邢恕傳、長編卷四八六改。

宋史卷三百一十三

列傳第七十二

富弼 子紹庭 文彥博

富弼字彥國，河南人。初，母韓有娠，夢旌旗鶴鴈降其庭，云有天赦，已而生弼。少篤學，有大度，范仲淹見而奇之，曰：「王佐才也。」以其文示王曾、晏殊，殊妻以女。

仁宗復制科，仲淹謂弼：「子當以是進。」舉茂材異等，授將作監丞、簽書河陽判官。仲淹坐爭廢后事貶，弼上言：「是一舉而二失也，縱未能復后，宜還仲淹。」不聽。通判絳州，遷直集賢院。

趙元昊反，弼疏陳八事，乞斬其使者。召爲開封府推官、知諫院。康定元年，日食正旦，弼請罷宴徹樂，就館賜北使酒食。執政不可，弼曰：「萬一契丹行之，爲朝廷羞。」後聞契丹果罷宴，帝深悔之。時禁臣僚越職言事，弼因論日食，極言應天變莫若通下情，遂除其禁。

元昊寇鄜延，破金明，鈐轄盧守懃不救，內侍黃德和引兵走，大將劉平戰死，德和誣其降賊。弼請按竟其獄，德和坐要斬。夏守贇〔一〕爲陝西都部署，又以入內都知王守忠爲鈐轄。弼言：「用守贇既爲天下笑，今益以守忠，殆與唐監軍無異。守懃、德和覆車之轍，可復蹈乎！」詔罷守忠。又請令宰相兼領樞密院。時西夏首領二人來降，但補借奉職。弼言當厚賞以勸來者。事下中書，宰相初不知也。弼歎曰：「此豈小事，而宰相不知邪！」更極論之，於是從弼言。除鹽鐵判官、史館修撰，奉使契丹。慶曆二年，爲知制誥，糾察在京刑獄。堂吏有僞爲僧牒者，開封不敢治。弼白執政，請以吏付獄，呂夷簡不悅。

會契丹屯兵境上，遣其臣蕭英、劉六符來求關南地。朝廷擇報聘者，皆以其情叵測，莫敢行，夷簡因是薦弼。歐陽脩引顏眞卿使李希烈事，請留之，不報。弼卽入對，叩頭曰：「主憂臣辱，臣不敢愛其死。」帝爲動色，先以爲接伴。英等入境，中使迎勞之，英託疾不拜。弼曰：「昔使北，病臥車中，聞命輒起。今中使至而君不拜，何也？」英矍然起拜。弼開懷與語，英感悅，亦不復隱其情，遂密以其主所欲得者告曰：「可從，從之；不然，以一事塞之足矣。」弼具以聞。帝唯許增歲幣，仍以宗室女嫁其子。

進弼樞密直學士，辭曰：「國家有急，義不憚勞，奈何逆以官爵賂之。」遂爲使報聘。既至，六符來館客。弼見契丹主問故，契丹主曰：「南朝違約，塞鴈門，增塘水，治城隍，籍民兵，將以何爲？羣臣請舉兵而南，吾以謂不若遣使求地，求而不獲，舉兵未晚也。」弼曰：「北朝忘章聖皇帝之大德乎？澶淵之役，苟從諸將言，北兵無得脫者。且北朝與中國通好，則人主專其利，而臣下無獲；若用兵，則利歸臣下，而人主任其禍。故勸用兵者，皆爲身謀耳。」契丹主驚曰：「何謂也？」弼曰：「晉高祖欺天叛君，末帝昏亂，土宇狹小，上下離叛，故契丹全師獨克，然壯士健馬物故太半。今中國提封萬里，精兵百萬，法令修明，上下一心，北朝欲用兵，能保其必勝乎？就使其勝，所亡士馬，羣臣當之歟，抑人主當之歟？若通好不絕，歲幣盡歸人主，羣臣何利焉？」契丹主大悟，首肯者久之。弼又曰：「塞鴈門者，以備元昊也。塘水始於何承矩，事在通好前。城隍皆修舊，民兵亦補闕，非違約也。」契丹主曰：「微卿言，吾不知其詳。然所欲得者，祖宗故地耳。」弼曰：「晉以盧龍賂契丹，周世宗復取關南，皆異代事。若各求地，豈北朝之利哉？」

既退，六符曰：「吾主恥受金帛，堅欲十縣，何如？」弼曰：「本朝皇帝言，朕爲祖宗守國，豈敢妄以土地與人。北朝所欲，不過租賦爾。朕不忍多殺兩朝赤子，故屈己增幣以代之。若必欲得地，是志在敗盟，假此爲詞耳。澶淵之盟，天地鬼神實臨之。今北朝首發兵端，過不在我。天地鬼神，其可欺乎！」明日，契丹主召弼同獵，引弼馬自近，又言得地則歡好可久。弼反覆陳必不可狀，且言：「北朝既以得地爲榮，南朝必以失地爲辱。兄弟之國，豈可使一榮一辱哉？」獵罷，六符曰：「吾主聞公榮辱之言，意甚感悟。今惟有結昏可議耳。」弼曰：「婚姻易生嫌隙。本朝長公主出降，齎送不過十萬緡，豈若歲幣無窮之利哉？」契丹主諭弼使歸，曰：「俟卿再至，當擇一受之，卿其遂以誓書來。」

弼歸復命，復持二議及受口傳之詞于政府以往。行次樂壽，謂副使張茂實曰：「吾爲使者而不見國書，脫書詞與口傳異，吾事敗矣。」啓視果不同，卽馳還都，以晡時入見，易書而行。及至，契丹不復求婚，專欲增幣，曰：「南朝遺我之辭當曰『獻』，否則曰『納』。」弼爭之，契丹主曰：「南朝既懼我矣，於二字何有？若我擁兵而南，得無悔乎！」弼曰：「本朝兼愛南北，故不憚更成，何名爲懼？或不得已至於用兵，則當以曲直爲勝負，非使臣之所知也。」契丹主曰：「卿勿固執，古亦有之。」弼曰：「自古唯唐高祖借兵於突厥，當時贈遺，或稱獻納。其後頡利爲太宗所擒，豈復有此禮哉！」弼聲色俱厲，契丹知不可奪，乃曰：「吾當自遣人議之。」復使劉六符來。弼歸奏曰：「臣以死拒之，彼氣折矣，可勿許也。」朝廷竟以「納」字與之。始受命，聞一女卒；再命，聞一子生，皆不顧。又除樞密直學士，遷翰林學士，皆懇辭，曰：「增歲幣非臣本志，特以方討元昊，未暇與角，故不敢以死爭，其敢受乎！」

三年，拜樞密副使，辭之愈力，改授資政殿學士兼侍讀學士。七月，復拜樞密副使。弼言：「契丹既結好，議者便謂無事，萬一敗盟，臣死且有罪。願陛下思其輕侮之恥，坐薪嘗膽，不忘修政。」以誥納上前而罷。踰月，復申前命，使宰相諭之曰：「此朝廷特用，非以使遼故也。」弼乃受。帝銳以太平責成宰輔，數下詔督弼與范仲淹等，又開天章閣，給筆札，使書其所欲爲者；且命仲淹主西事，弼主北事。弼上當世之務十餘條及安邊十三策，大略以進賢退不肖、止僥倖、去宿弊爲本，欲漸易監司之不才者，使澄汰所部吏，於是小人始不悅矣。

元昊遣使以書來，稱男不稱臣。弼言：「契丹臣元昊而我不臣，則契丹爲無敵於天下，不可許。」乃却其使，卒臣之。四年，契丹受禮雲中，且發兵會元昊伐呆兒族，於河東爲近，帝疑二邊同謀。弼曰：「兵出無名，契丹不爲也。元昊本與契丹約相左右，今契丹獨獲重幣，元昊有怨言，故城威塞以備之。呆兒屢寇威塞，契丹疑元昊使之，故爲是役，安能合而寇我哉？」或請調發爲備，弼曰：「如此正墮其計，臣請任之。」帝乃止，契丹卒不動。夏竦不得志，中弼以飛語。弼懼，求宣撫河北，還，以資政殿學士出知鄆州。歲餘，讒不驗，加給事中，移青州，兼京東路安撫使。

河朔大水，民流就食。弼勸所部民出粟，益以官廩，得公私廬舍十餘萬區，散處其人，以便薪水。官吏自前資、待缺、寄居者，皆賦以祿，使即民所聚，選老弱病瘠者廩之，仍書其勞，約他日爲奏請受賞。率五日，輒遣人持酒肉飯糗慰藉，出於至誠，人人爲盡力。山林陂澤之利可資以生者，聽流民擅取。死者爲大冢葬之，目曰「叢冢」。明年，麥大熟，民各以遠近受糧歸，凡活五十餘萬人，募爲兵者萬計。帝聞之，遣使褒勞，拜禮部侍郎。弼曰：「此守臣職也。」辭不受。前此，救災者皆聚民城郭中，爲粥食之，蒸爲疾疫，及相蹈藉，或待哺數日不得粥而仆，名爲救之，而實殺之。自弼立法簡便周盡，天下傳以爲式。

王則叛，齊州禁兵欲應之，或詣弼告。齊非弼所部，恐事泄變生，適中貴人張從訓銜命至青，弼度其可用，密付以事，使馳至齊，發吏卒取之，無得脫者。即自劾顓擅之罪，帝益嘉之，復以爲禮部侍郎，又辭不受。遷大學士，徙知鄭、蔡、河陽，加觀文殿學士，改宣徽南院使、判并州。至和二年，召拜同中書門下平章事、集賢殿大學士，與文彥博並命。宣制之日，士大夫相慶於朝。帝微覘知之，以語學士歐陽脩曰：「古之命相，或得諸夢卜，豈若今日人情如此哉？」脩頓首賀。帝弗豫，大臣不得見，中外憂慄。弼、彥博入問疾，因託禳禬事止宿連夕，每事皆關白乃行，宮內肅然，語在彥博傳。嘉祐三年，進昭文館大學士、監修國史。

弼爲相，守典故，行故事，而傅以公議，無容心於其間。當是時，百官任職，天下無事。六年三月，以母憂去位，詔爲罷春宴。故事，執政遭喪皆起復。帝虛位五起之，弼謂此金革變禮，不可施於平世，卒不從命。英宗立，召爲樞密使。居二年，以足疾求解，拜鎭海軍節度使、同中書門下平章事、判揚州，封祁國公，進封鄭。

熙寧元年，徙判汝州。詔入覲，許肩輿至殿門。神宗御內東門小殿，令其子掖以進，且命毋拜，坐語，從容訪以治道。弼知帝果於有爲，對曰：「人主好惡，不可令人窺測；可測，則姦人得以傅會。當如天之監人，善惡皆所自取，然後誅賞隨之，則功罪無不得其實矣。」又問邊事，對曰：「陛下臨御未久，當布德行惠，願二十年口不言兵。」帝默然。至日昃乃退。欲以集禧觀使留之，力辭赴郡。明年二月，召拜司空兼侍中，賜甲第，悉辭之，以左僕射、門下侍郎同平章事。

時有爲帝言災異皆天數，非關人事得失所致者。弼聞而歎曰：「人君所畏惟天，若不畏天，何事不可爲者！此必姦人欲進邪說，以搖上心，使輔拂諫爭之臣，無所施其力。是治亂之機，不可以不速救。」卽上書數千言，力論之。又言：「君子小人之進退，繫王道之消長，願深加辨察，勿以同異爲喜怒、喜怒爲用捨。陛下好使人伺察外事，故姦險得志。又多出親批，若事事皆中，亦非爲君之道；脫十中七八，積日累月，所失亦多。今中外之務漸有更張，大抵小人惟喜生事，願深燭其然，無使有悔。」是時久旱，羣臣請上尊號及用樂，帝不許，而以同天節契丹使當上壽，故未斷其請。弼言此盛德事，正當以此示之，乞幷罷上壽。帝從之，卽日雨。弼又上疏，願益畏天戒，遠姦佞，近忠良。帝手詔褒答之。

王安石用事，雅不與弼合。弼度不能爭，多稱疾求退，章數十上。神宗將許之，問曰：「卿卽去，誰可代卿者？」弼薦文彥博，神宗默然，良久曰：「王安石何如？」弼亦默然。拜武寧節度使、同中書門下平章事、判河南，改亳州。青苗法出，弼以謂如是則財聚於上，人散於下，持不行。提舉官趙濟劾弼格詔旨，侍御史鄧綰又乞付有司鞫治，乃以僕射判汝州。安石曰：「弼雖責，猶不失富貴。昔鯀以方命殛，共工以象恭流，弼兼此二罪，止奪使相，何由沮姦？」帝不答。弼言：「新法，臣所不曉，不可以治郡。願歸洛養疾。」許之。遂請老，加拜司空，進封韓國公致仕。弼雖家居，朝廷有大利害，知無不言。郭逵討安南，乞詔逵擇利進退，以全王師；契丹爭河東地界，言其不可許；星文有變，乞開廣言路；又請速改新法，以解倒縣之急。帝雖不盡用，而眷禮不衰，嘗因安石有所建明，卻之曰：「富弼手疏稱『老臣無所告訴，但仰屋竊歎』者，卽當至矣。」其敬之如此。

元豐三年，王堯臣之子同老上言：「故父參知政事時，當仁宗服藥，嘗與弼及文彥博議立儲嗣，會翌日有瘳，其事遂寢。」帝以問彥博，對與同老合，帝始知至和時事。嘉弼不自言，以爲司徒。六年八月，薨，年八十。手封遺奏，使其子紹庭上之。其大略云：

陛下卽位之初，邪臣納說圖任之際，聽受失宜，上誤聰明，浸成禍患。今上自輔臣，下及多士，畏禍圖利，習成敝風，忠詞讜論，無復上達。臣老病將死，尙何顧求？特以不忍上負聖明，輒傾肝膽，冀哀憐愚忠，曲垂采納。

去年永樂之役，兵民死亡者數十萬。今久戍未解，百姓困窮，豈諱過恥敗不思救禍之時乎？天地至仁，寧與羌夷校曲直勝負？願歸其侵地，休兵息民，使關、陝之間稍遂生理。兼陝西再團保甲，又葺教場，州縣奉行，勢侔星火，人情惶駭，難以復用，不若寢罷以綏懷之。臣之所陳，急於濟事。若夫要道，則在聖人所存，與所用之人君子、小人之辨耳。陛下審觀天下之勢，豈以爲無足慮邪？

帝覽奏震悼，輟朝三日，內出祭文致奠，贈太尉，謚曰文忠。

弼性至孝，恭儉好修，與人言必盡敬，雖微官及布衣謁見，皆與之亢禮，氣色穆然，不見喜愠。其好善嫉惡，出於天資。常言：「君子與小人並處，其勢必不勝。君子不勝，則奉身而退，樂道無悶。小人不勝，則交結搆扇，千岐萬轍，必勝而後已。迨其得志，遂肆毒於善良，求天下不亂，不可得也。」其終身皆出於此云。元祐初，配享神宗廟庭。哲宗篆其碑首曰「顯忠尚德」，命學士蘇軾撰文刻之。紹聖中，章惇執政，謂弼得罪先帝，罷配享。至靖康初，詔復舊典焉。

紹庭字德先，性靖重，能守家法。弼薨，兩女與婿及甥皆同居，紹庭待之與父時不殊，一家之事毫髮不敢變，族里稱焉。歷宗正丞、提舉三門白波輦運、通判絳州。建中靖國初，除提舉河北西路常平，辭曰：「熙寧變法之初，先臣以不行青苗被罪，臣不敢爲此官。」徽宗嘉之，擢祠部員外郎。未幾，出知宿州。卒，年六十八。子直柔，紹興中，同知樞密院事，別有傳。

文彥博字寬夫，汾州介休人。其先本敬氏，以避晉高祖及宋翼祖諱改焉。少與張昪、高若訥從潁昌史炤學，炤母異之，曰：「貴人也。」待之甚厚。及進士第，知翼城縣，通判絳州〔二〕，爲監察御史，轉殿中侍御史。

西方用兵，偏校有臨陳先退、望敵不進者，大將守著令皆申覆。彥博言：「此可施之平居無事時爾。今擁兵數十萬，而將權不專，兵法不峻，將何以濟？」仁宗嘉納之。黃德和之誣劉平降虜也，以金帶賂平奴，使附己說以證。平家二百口皆械繫。詔彥博置獄于河中，鞫治得實。德和黨援盛，謀翻其獄，至遣他御史來。彥博拒不納，曰：「朝廷慮獄不就，故遣君。今案具矣，宜亟還，事或弗成，彥博執其咎。」德和并奴卒就誅。以直史館爲河東轉運副使。麟州〔三〕餉道回遠，銀城河外有唐時故道，廢弗治，彥博父洎爲轉運使日，將復之，未及而卒。彥博嗣成父志，益儲粟。元昊來寇，圍城十日，知有備，解去。遷天章閣待制、都轉運使，連進龍圖閣、樞密直學士、知秦州〔四〕，改益州。嘗擊毬鈐轄廨，聞外喧甚，乃卒長杖一卒，不伏。呼入問狀，令引出與杖，又不受，復呼入斬之，竟毬乃歸。召拜樞密副使、參知政事。

貝州王則反，明鎬討之，久不克。彥博請行，命爲宣撫使，旬日賊潰，檻則送京師。拜同中書門下平章事、集賢殿大學士。薦張瓌、韓維、王安石等恬退守道，乞褒勸以厲風俗。與樞密使龐籍議省兵，凡汰爲民及給半廪者合八萬，論者紛然，謂必聚爲盜，帝亦疑焉。彥博曰：「今公私困竭，正坐兵冗。脫有難，臣請死之。」其策訖行，歸兵亦無事。進昭文館大學士。御史唐介劾其在蜀日以奇錦結宮掖，因之登用。介既貶，彥博亦罷爲觀文殿大學士、知許州，改忠武軍節度使、知永興軍。至和二年，復以吏部尚書同中書門下平章事、昭文館大學士，與富弼同拜，士大夫皆以得人爲慶，語見弼傳。

三年正月，帝方受朝，疾暴作，扶入禁中。彥博呼內侍史志聰問狀，對曰：「禁密不敢漏言。」彥博叱之曰：「爾曹出入禁闥，不令宰相知天子起居，欲何爲邪？自今疾勢增損必以告，不爾，當行軍法。」又與同列劉沆、富弼謀啓醮大慶殿，因留宿殿廬。志聰曰：「無故事。」彥博曰：「此豈論故事時邪？」知開封府王素夜叩宮門上變，不使入；明旦言，有禁卒告都虞候欲爲亂。沆欲捕治，彥博召都指揮使許懷德，問都虞候何如人，懷德稱其愿可保。彥博曰：「然則卒有怨，誣之耳。當亟誅之以靖衆。」乃請沆判狀尾，斬於軍門。

先是，弼用朝士李仲昌策，自澶州商胡河穿六漯渠，入橫壠故道〔五〕。北京留守賈昌朝素惡弼，陰約內侍武繼隆，令司天官二人俟執政聚時，於殿庭抗言國家不當穿河于北方，致上體不安。彥博知其意有所在，然未有以制之。後數日，二人又上言，請皇后同聽政，亦繼隆所教也。史志聰以其狀白執政。彥博視而懷之，不以示同列，而有喜色，徐召二人詰之曰：「汝今日有所言乎？」曰：「然。」彥博曰：「天文變異，汝職所當言也。何得輒預國家大事？汝罪當族！」二人懼，色變。彥博曰：「觀汝直狂愚耳，未忍治汝罪，自今無得復然。」二人退，乃出狀示同列。同列皆憤怒曰：「奴敢爾僭言，何不斬之？」彥博曰：「斬之，則事彰灼，於中宮不安。」衆皆曰：「善。」既而議遣司天官定六漯方位，復使二人往。繼隆白請留之，彥博曰：「彼本不敢妄言，有教之者耳。」繼隆默不敢對。二人至六漯，恐治前罪，更言六漯在東北，非正北也。帝疾愈，彥博等始歸第。當是時，京師業業，賴彥博、弼持重，衆心以安。沆密白帝曰：「陛下違豫時，彥博擅斬告反者。」彥博聞之，以沆判呈，帝意乃解。御史吳中復乞召還唐介。彥博因言，介頃爲御史，言臣事多中臣病，其間雖有風聞之誤，然當時責之太深，請如中復奏。時以彥博爲厚德。久之，以河陽三城節度使同平章事、判河南府，封潞國公，改鎭保平、判大名府。又改鎭成德，遷尙書左僕射、判太原府。俄復鎭保平、判河南。丁母憂，英宗卽位，起復成德軍節度使，三上表乞終喪，許之。

初，仁宗之不豫也，彥博與富弼等乞立儲嗣。仁宗許焉，而後宮將有就館者，故其事緩。已而彥博去位，其後弼亦以憂去。彥博旣服闋，復以故官判河南，有詔入覲。英宗曰：「朕之立，卿之力也。」彥博竦然對曰：「陛下入繼大統，乃先帝聖意，皇太后協贊之力，臣何力之有？兼陛下登儲纂極之時，臣方在外，皆韓琦等承聖志受顧命，臣無與焉。」帝曰：「備聞始議，卿於朕有恩。」彥博遜避不敢當。帝曰：「暫煩西行，卽召還矣。」尋除侍中，徙鎭淮南、判永興軍，入爲樞密使、劍南西川節度使。

熙寧二年，相陳升之，詔：「彥博朝廷宗臣，其令升之位彥博下，以稱遇賢之意。」彥博曰：「國朝樞密使，無位宰相上者，獨曹利用嘗在王曾、張知白上。臣忝知禮義，不敢效利用所爲，以紊朝著。」固辭乃止。夏人犯大順，慶帥李復圭以陳圖方略授鈐轄李信等，趣使出戰。及敗，乃妄奏信罪。彥博暴其非，宰相王安石曲誅信等，秦人寃之。慶州兵亂，彥博言於帝曰：「朝廷行事，務合人心，宜兼采衆論，以靜重爲先。陛下厲精求治，而人心未安，蓋更張之過也。祖宗法未必皆不可行，但有偏而不擧之敝爾。」安石知爲己發，奮然排之曰：「求去民害，何爲不可？若萬事隳脞，乃西晉之風，何益於治？」御史張商英欲附安石，摭樞密使他事以搖彥博，坐不實貶。彥博在樞府九年，又以極論市易司監賣果實，損國體斂民怨，爲安石所惡，力引去。拜司空、河東節度使、判河陽，徙大名府。身雖在外，而帝眷有加。

時監司多新進少年，轉運判官汪輔之輒奏彥博不事事，帝批其奏以付彥博曰：「以侍中舊德，故煩卧護北門，細務不必勞心。輔之小臣，敢爾無禮，將別有處置。」未幾，罷去。初，選人有李公義者，請以鐵龍爪治河，宦者黃懷信沿其制爲濬川杷，天下指笑以爲兒戲，安石獨信之，遣都水丞范子淵行其法。子淵奏用杷之功，水悉歸故道，退出民田數萬頃。詔大名核實，彥博言：「河非杷可濬，雖甚愚之人，皆知無益，臣不敢雷同罔上。」疏至，帝不悅，復遣知制誥熊本等行視，如彥博言。子淵乃請覲，言本等見安石罷，意彥博復相，故傅會其說。御史蔡確亦論本奉使無狀。本等皆得罪，獨彥博勿問。尋加司徒。

元豐三年，拜太尉，復判河南。於是王同老言至和中議儲嗣事，彥博適入朝，神宗問之，彥博以前對英宗者復于帝曰：「先帝天命所在，神器有歸，實仁祖知子之明，慈聖擁佑之力，臣等何功？」帝曰：「雖云天命，亦繫人謀。卿深厚不伐善，陰德如丙吉，眞定策社稷臣也。」彥博曰：「如周勃、霍光，是爲定策。自至和以來，中外之臣獻言甚衆，臣等雖嘗有請，弗果行。其後韓琦等訖就大事，蓋琦功也。」帝曰：「發端爲難，是時仁祖意已定，嘉祐之末、止申前詔爾。正如丙吉、霍光，不相揜也。」遂加彥博兩鎮節度使，辭不拜。將行，賜宴瓊林苑，兩遣中謁者遺詩祖道，當世榮之。

王中正經制邊事，所過稱受密旨募禁兵，將之而西。彥博以無詔拒之，中正亦不敢募而去。久之，請老，以太師致仕，居洛陽。元祐初，司馬光薦彥博宿德元老，宜起以自輔。宣仁后將用爲三省長官，而言事者以爲不可，乃命平章軍國重事，六日一朝，一月兩赴經筵，恩禮甚渥。然彥博無歲不求退，居五年，復致仕。紹聖初，章惇秉政，言者論彥博朋附司馬光，詆毀先烈，降太子少保。卒，年九十二。崇寧中，預元祐黨籍。後特命出籍，追復太師，謚曰忠烈。

彥博逮事四朝，任將相五十年，名聞四夷。元祐間，契丹使耶律永昌、劉霄來聘，蘇軾館客，與使入覲，望見彥博於殿門外，却立改容曰：「此潞公也邪？」問其年，曰：「何壯也！」軾曰：「使者見其容，未聞其語。其綜理庶務，雖精練少年有不如；其貫穿古今，雖專門名家有不逮。」使者拱手曰：「天下異人也。」既歸洛，西羌首領温溪心有名馬，請於邊吏，願以餽彥博，詔許之。其爲外國所敬如此。

彥博雖窮貴極富，而平居接物謙下，尊德樂善，如恐不及。其在洛也，洛人邵雍、程顥兄弟皆以道自重，賓接之如布衣交。與富弼、司馬光等十三人，用白居易九老會故事，置酒賦詩相樂，序齒不序官，爲堂，繪像其中，謂之「洛陽耆英會」，好事者莫不慕之。神宗導洛通汴，而主者遏絕洛水，不使入城中，洛人頗患苦之。彥博因中使劉惟簡至洛，語其故，惟簡以聞。詔令通行如初，遂爲洛城無窮之利。

彥博八子，皆歷要官。第六子及甫，初以大理評事直史館，與邢恕相善。元祐初，爲吏部員外郎，以直龍圖閣知同州。彥博平章軍國，及甫由右司員外郎引嫌改衞尉、光祿少卿。彥博再致仕，及甫知河陽，召爲太僕卿，權工部侍郎，罷爲集賢殿修撰、提舉明道宮。蔡渭、邢恕持及甫私書造梁燾、劉摯之謗，逮詣詔獄，及甫有憾於元祐，從而實之，亦坐奪職。未幾，復之，卒。

論曰：國家當隆盛之時，其大臣必有耆艾之福，推其有餘，足芘當世。富弼再盟契丹，能使南北之民數十年不見兵革。仁人之言，其利博哉！文彥博立朝端重，顧盼有威，遠人來朝，仰望風采，其德望固足以折衝禦侮於千里之表矣。至於公忠直亮，臨事果斷，皆有大臣之風，又皆享高壽於承平之秋。至和以來，共定大計，功成退居，朝野倚重。熙、豐而降，弼、彥博相繼以老，憸人無忌，善類淪胥，而宋業衰矣！書曰：「番番良士，膂力既愆，我尚有之。」豈不信然哉！

校勘記

〔一〕夏守贇　「贇」原作「斌」，據本書卷二九〇本傳、長編卷一二七改。

〔二〕通判絳州　按東都事略卷六七本傳、琬琰集下編卷一三文潞公彥博傳都說他「改太常博士、通判兗州」。疑此有誤。

〔三〕麟州　原作「鄜州」，據同上二書同卷同傳改。

〔四〕秦州　原作「泰州」，據同上二書同卷同傳改。

〔五〕自澶州商胡河穿六漯渠入橫壠故道　「商胡」原作「商湖」，據本書卷九一河渠志、長編卷一八一改。「六漯渠」，當作「六塔渠」。編年綱目卷一五：至和二年「十二月，修六塔渠」。注云「道河入橫隴故道」。「渠」，本書卷九一河渠志、長編卷一八一作「河」；「漯」，各書都作「塔」。下文同。

宋史卷三百一十四

列傳第七十三

范仲淹 子純祐〔一〕 純禮 純粹　范純仁 子正平

范仲淹字希文，唐宰相履冰之後。其先，邠州人也，後徙家江南，遂爲蘇州吳縣人。仲淹二歲而孤，母更適長山朱氏，從其姓，名說。少有志操，既長，知其世家，迺感泣辭母，去之應天府，依戚同文學。晝夜不息，冬月憊甚，以水沃面；食不給，至以糜粥繼之，人不能堪，仲淹不苦也。舉進士第，爲廣德軍司理參軍，迎其母歸養。改集慶軍節度推官，始還姓，更其名。

監泰州西溪鹽稅，遷大理寺丞，徙監楚州糧料院，母喪去官。晏殊知應天府，聞仲淹名，召寘府學。上書請擇郡守，舉縣令，斥游惰，去冗僭，愼選舉，撫將帥，凡萬餘言。服除，以殊薦，爲祕閣校理。仲淹汎通六經，長於易，學者多從質問，爲執經講解，亡所倦。嘗推其奉以食四方遊士，諸子至易衣而出，仲淹晏如也。每感激論天下事，奮不顧身，一時士大夫矯厲尙風節，自仲淹倡之。

天聖七年，章獻太后將以冬至受朝，天子率百官上壽。仲淹極言之，且曰：「奉親于內，自有家人禮，顧與百官同列，南面而朝之，不可爲後世法。」且上疏請太后還政，不報。尋通判河中府，徙陳州。時方建太一宮及洪福院，市材木陝西。仲淹言：「昭應、壽寧，天戒不遠。今又侈土木，破民產，非所以順人心、合天意也。宜罷修寺觀，減常歲市木之數，以蠲除積負。」又言：「恩倖多以內降除官，非太平之政。」事雖不行，仁宗以爲忠。

太后崩，召爲右司諫。言事者多暴太后時事，仲淹曰：「太后受遺先帝，調護陛下者十餘年，宜掩其小故，以全后德。」帝爲詔中外，毋輒論太后時事。初，太后遺誥以太妃楊氏爲皇太后，參決軍國事。仲淹曰：「太后，母號也，自古無因保育而代立者。今一太后崩，又立一太后，天下且疑陛下不可一日無母后之助矣。」

歲大蝗旱，江、淮、京東滋甚。仲淹請遣使循行，未報。乃請間曰：「宮掖中半日不食，當何如？」帝惻然，迺命仲淹安撫江、淮，所至開倉振之，且禁民淫祀，奏蠲廬舒折役茶、江東丁口鹽錢，且條上救敝十事。

會郭皇后廢，率諫官、御史伏閤爭之，不能得。明日，將留百官揖宰相廷爭，方至待漏院，有詔出知睦州。歲餘，徙蘇州。州大水，民田不得耕，仲淹疏五河，導太湖注之海，募人興作，未就，尋徙明州，轉運使奏留仲淹以畢其役，許之。拜尚書禮部員外郎、天章閣待制，召還，判國子監，遷吏部員外郎、權知開封府。

時呂夷簡執政，進用者多出其門。仲淹上百官圖，指其次第曰：「如此爲序遷，如此爲不次，如此則公，如此則私。況進退近臣，凡超格者，不宜全委之宰相。」夷簡不悅。他日，論建都之事，仲淹曰：「洛陽險固，而汴爲四戰之地，太平宜居汴，卽有事必居洛陽。當漸廣儲蓄，繕宮室。」帝問夷簡，夷簡曰：「此仲淹迂闊之論也。」仲淹迺爲四論以獻，大抵譏切時政。且曰：「漢成帝信張禹，不疑舅家，故有新莽之禍。臣恐今日亦有張禹，壞陛下家法。」夷簡怒訴曰：「仲淹離間陛下君臣，所引用，皆朋黨也。」仲淹對益切，由是罷知饒州。殿中侍御史韓瀆希宰相旨，請書仲淹朋黨，揭之朝堂。於是祕書丞余靖上言曰：「仲淹以一言忤宰相，遽加貶竄，況前所言者在陛下母子夫婦之間乎？陛下既優容之矣，臣請追改前命。」太子中允尹洙自訟與仲淹師友，且嘗薦己，願從降黜。館閣校勘歐陽修以高若訥在諫官，坐視而不言，移書責之。由是，三人者皆坐貶。明年，夷簡亦罷，自是朋黨之論興矣。仲淹既去，士大夫爲論薦者不已。仁宗謂宰相張士遜曰：「向貶仲淹，爲其密請建立皇太弟故也。今朋黨稱薦如此，奈何？」再下詔戒敕。

轉運使。仲淹在饒州歲餘，徙潤州，又徙越州。元昊反，召爲天章閣待制、知永興軍，改陝西都轉運使。會夏竦爲陝西經略安撫、招討使，進仲淹龍圖閣直學士以副之。夷簡再入相，帝諭仲淹使釋前憾。仲淹頓首謝曰：「臣鄉論蓋國家事，於夷簡無憾也。」

延州諸砦多失守，仲淹自請行，遷戶部郎中兼知延州。先是，詔分邊兵：總管領萬人，鈐轄領五千人，都監領三千人。寇至禦之，則官卑者先出。仲淹曰：「將不擇人，以官爲先後，取敗之道也。」於是大閱州兵，得萬八千人，分爲六，各將三千人，分部教之，量賊衆寡，使更出禦賊。時塞門、承平諸砦既廢，用种世衡策，城青澗以據賊衝，大興營田，且聽民得互市，以通有無。又以民遠輸勞苦，請建鄜城爲軍，以河中、同、華中下戶稅租就輸之。春夏徙兵就食，可省糴十之三，他所減不與。詔以爲康定軍。

明年正月，詔諸路入討，仲淹曰：「正月塞外大寒，我師暴露，不如俟春深入，賊馬瘦人饑，勢易制也。況邊備漸修，師出有紀，賊雖猖獗，固已懾其氣矣。鄜、延密邇靈、夏，西羌必由之地也。第按兵不動，以觀其釁，許臣稍以恩信招來之。不然，情意阻絕，臣恐偃兵無期矣。若臣策不效，當舉兵先取綏、宥，據要害，屯兵營田，爲持久計，則茶山、橫山之民，必挈族來歸矣。拓疆禦寇，策之上也。」帝皆用其議。仲淹又請修承平、永平等砦，稍招還流亡，定堡障，通斥候，城十二砦，於是羌漢之民，相踵歸業。

久之，元昊歸陷將高延德，因與仲淹約和，仲淹爲書戒喻之。會任福敗於好水川，元昊答書語不遜，仲淹對來使焚之。大臣以爲不當輒通書，又不當輒焚之，宋庠請斬仲淹，帝不聽。降本曹員外郎、知耀州，徙慶州，遷左司郎中，爲環慶路經略安撫、緣邊招討使。初，元昊反，陰誘屬羌爲助，而環慶酋長六百餘人，約爲鄉道，事尋露。仲淹以其反復不常也，至部卽奏行邊，以詔書犒賞諸羌，閱其人馬，爲立條約：「若讎已和斷，輒私報之及傷人者，罰羊百、馬二，已殺者斬。負債爭訟，聽告官爲理，輒質縛平人者，罰羊五十、馬一。賊馬入界，追集不赴隨本族，每戶罰羊二，質其首領。賊大入，老幼入保本砦，官爲給食；卽不入砦，本家罰羊二；全族不至，質其首領。」諸羌皆受命，自是始爲漢用矣。

改邠州觀察使，仲淹表言：「觀察使班待制下，臣守邊數年，羌人頗親愛臣，呼臣爲『龍圖老子』，今退而與王興、朱觀爲伍，第恐爲賊輕矣。」辭不拜。慶之西北馬鋪砦，當後橋川口，在賊腹中。仲淹欲城之，度賊必爭，密遣子純祐與蕃將趙明先據其地，引兵隨之。諸將不知所向，行至柔遠，始號令之，版築皆具，旬日而城成，卽大順城是也。賊覺，以騎三萬來戰，佯北，仲淹戒勿追，已而果有伏。大順既城，而白豹、金湯皆不敢犯，環慶自此寇益少。

明珠、滅臧勁兵數萬，仲淹聞涇原欲襲討之，上言曰：「二族道險，不可攻，前日高繼嵩已喪師。平時且懷反側，今討之，必與賊表裏，南入原州，西擾鎭戎，東侵環州，邊患未艾也。若北取細腰、胡蘆衆泉爲堡障，以斷賊路，則二族安，而環州、鎭戎徑道通徹，可無憂矣。」其後，遂築細腰、胡蘆諸砦。

葛懷敏敗於定川，賊大掠至潘原，關中震恐，民多竄山谷間。仲淹率衆六千，由邠、涇援之，聞賊已出塞，乃還。始，定川事聞，帝按圖謂左右曰：「若仲淹出援，吾無憂矣。」奏至，帝大喜曰：「吾固知仲淹可用也。」進樞密直學士、右諫議大夫。仲淹以軍出無功，辭不敢受命，詔不聽。

時已命文彥博經略涇原，帝以涇原傷夷，欲對徙仲淹，遣王懷德喩之。仲淹謝曰：「涇原地重，第恐臣不足當此路。與韓琦同經略涇原，並駐涇州，琦兼秦鳳，臣兼環慶。涇原有警，臣與韓琦合秦鳳、環慶之兵，犄角而進；若秦鳳、環慶有警，亦可率涇原之師爲援。臣當與琦練兵選將，漸復橫山，以斷賊臂，不數年間，可期平定矣。願詔龐籍兼領環慶，以成首尾之勢。秦州委文彥博，慶州用滕宗諒總之。孫沔亦可辦集。渭州，一武臣足矣。」帝采用其言，復置陝西路安撫、經略、招討使〔三〕，以仲淹、韓琦、龐籍分領之。仲淹與琦開府涇州，而徙彥博帥秦，宗諒帥慶，張亢帥渭。

仲淹爲將，號令明白，愛撫士卒，諸羌來者，推心接之不疑，故賊亦不敢輒犯其境。元昊請和，召拜樞密副使。王舉正懦默不任事，諫官歐陽修等言仲淹有相材，請罷舉正用仲淹，遂改參知政事。仲淹曰：「執政可由諫官而得乎？」固辭不拜，願與韓琦出行邊。命爲陝西宣撫使，未行，復除參知政事。會王倫寇淮南，州縣官有不能守者，朝廷欲按誅之。仲淹曰：「平時諱言武備，寇至而專責守臣死事，可乎？」守令皆得不誅〔三〕。

帝方銳意太平，數問當世事，仲淹語人曰：「上用我至矣，事有先後，久安之弊，非朝夕可革也。」帝再賜手詔，又爲之開天章閣，召二府條對，仲淹皇恐，退而上十事：

一曰明黜陟。二府非有大功大善者不遷，內外須在職滿三年，在京百司非選舉而授，須通滿五年，乃得磨勘，庶幾考績之法矣。二曰抑僥倖。罷少卿、監以上乾元節恩澤；正郎以下若監司、邊任，須在職滿二年，始得蔭子；大臣不得薦子弟任館閣職，任子之法無冗濫矣。三曰精貢舉。進士、諸科請罷糊名法，參考履行無闕者，以名聞。進士先策論，後詩賦，諸科取兼通經義者。賜第以上，皆取詔裁。餘優等免選注官，次第人守本科選。進士之法，可以循名而責實矣。四曰擇長官。委中書、樞密院先選轉運使、提點刑獄、大藩知州；次委兩制、三司、御史臺、開封府官、諸路監司舉知州、通判；知州通判舉知縣、令。限其人數，以舉主多者從中書選除。刺史、縣令，可以得人矣。五曰均公田。外官廩給不均，何以求其爲善耶？請均其入，第給之，使有以自養，然後可以責廉節，而不法者可誅廢矣。六曰厚農桑。每歲預下諸路，風吏民言農田利害，堤堰渠塘，州縣選官治之。定勸課之法以興農利，減漕運。江南之圩田，浙西之河塘，隳廢者可興矣。七曰修武備。約府兵法，募畿輔彊壯爲衞士，以助正兵。三時務農，一時敎戰，省給贍之費。畿輔有成法，則諸道皆可舉行矣。八曰推恩信。赦令有所施行，主司稽違者，重置於法；別遣使按視其所當行者，所在無廢格上恩者矣。九曰重命令。法度所以示信也，行之未幾，旋卽釐改。請政事之臣參議可以久行者，删去煩冗，裁爲制敕行下，命令不至於數變更矣。十曰減徭役。戶口耗少而供億滋多，省縣邑戶少者爲鎭，併使、州兩院爲一，職官白直，給以州兵，其不應受役者悉歸之農，民無重困之憂矣。

天子方信嚮仲淹，悉采用之，宜著令者，皆以詔書畫一頒下；獨府兵法，衆以爲不可而止。

又建言：「周制，三公分兼六官之職，漢以三公分部六卿，唐以宰相分判六曹。今中書，古天官冢宰也，樞密院，古夏官司馬也；四官散於羣有司，無三公兼領之重。而二府惟進擬〔四〕差除，循資級，議賞罰，檢用條例而已。上非三公論道之任，下無六卿佐王之職，非治法也。臣請倣前代，以三司、司農、審官、流內銓、三班院、國子監、太常、刑部、審刑、大理、羣牧、殿前馬步軍司，各委輔臣兼判其事。凡官吏黜陟、刑法重輕、事有利害者，並從輔臣予奪；其體大者，二府僉議奏裁。臣請自領兵賦之職，如其無補，請先黜降。」章得象等皆曰不可。久之，乃命參知政事賈昌朝領農田，仲淹領刑法，然卒不果行。

初，仲淹以忤呂夷簡，放逐者數年，士大夫持二人曲直，交指爲朋黨。及陝西用兵，天子以仲淹士望所屬，拔用之。及夷簡罷，召還，倚以爲治，中外想望其功業。而仲淹以天下爲己任，裁削倖濫，考覆官吏，日夜謀慮興致太平。然更張無漸，規摹闊大，論者以爲不可行。及按察使出，多所舉劾，人心不悅。自任子之恩薄，磨勘之法密，僥倖者不便，於是謗毁稍行，而朋黨之論浸聞上矣。

會邊陲有警，因與樞密副使富弼請行邊。於是，以仲淹爲河東、陝西宣撫使，賜黃金百兩，悉分遺邊將。麟州新罹大寇，言者多請棄之，仲淹爲修故砦，招還流亡三千餘戶，蠲其稅，罷榷酤予民。又奏免府州商稅，河外遂安。比去，攻者益急，仲淹亦自請罷政事，迺以爲資政殿學士、陝西四路安撫使〔五〕、知邠州。其在中書所施爲，亦稍稍沮罷。

以疾請鄧州，進給事中。徙荆南，鄧人遮使者請留，仲淹亦願留鄧，許之。尋徙杭州，再遷戶部侍郎，徙青州。會病甚，請潁州，未至而卒，年六十四。贈兵部尙書，謚文正。初，仲淹病，帝常遣使賜藥存問，旣卒，嗟悼久之。又遣使就問其家，旣葬，帝親書其碑曰「褒賢之碑」。

仲淹內剛外和，性至孝，以母在時方貧，其後雖貴，非賓客不重肉。妻子衣食，僅能自充。而好施予，置義莊里中，以贍族人。汎愛樂善，士多出其門下，雖里巷之人，皆能道其名字。死之日，四方聞者，皆爲歎息。爲政尙忠厚，所至有恩，邠、慶二州之民與屬羌，皆畫像立生祠事之。及其卒也，羌酋數百人，哭之如父，齋三日而去。四子：純祐、純仁、純禮、純粹。

純祐字天成，性英悟自得，尙節行。方十歲，能讀諸書；爲文章，籍籍有稱。父仲淹守蘇州，首建郡學，聘胡瑗爲師。瑗立學規良密，生徒數百，多不率教，仲淹患之。純祐尙未冠，輒白入學，齒諸生之末，盡行其規，諸生隨之，遂不敢犯。自是蘇學爲諸郡倡。寶元中，西夏叛，仲淹連官關陝，皆將兵。純祐與將卒錯處，鉤深擿隱，得其才否。由是仲淹任人無失，而屢有功。仲淹帥環慶，議城馬鋪砦，砦偪夏境，夏懼扼其衝，侵撓其役。純祐率兵馳據其地，夏衆大至，且戰且役，數日而成，一路恃之以安。純祐事父母孝，未嘗違左右，不應科第。及仲淹以讒罷，純祐不得已，蔭守將作監〔六〕主簿，又爲司竹監，以非所好，卽解去。從仲淹之鄧，得疾昏廢，臥許昌。富弼守淮西，過省之，猶能感慨道忠義，問弼之來公耶私耶，弼曰「公」。純祐曰「公則可」。凡病十九年卒，年四十九。子正臣，守太常寺太祝。

純禮字彝叟，以父仲淹蔭，爲祕書省正字，簽書河南府判官，知陵臺令兼永安縣。永昭陵建，京西轉運使配木石塼甓及工徒於一路，獨永安不受令。使者以白陵使韓琦，琦曰：「范純禮豈不知此？將必有說。」他日，衆質之，純禮曰：「陵寢皆在邑境，歲時繕治無虚日，今乃與百縣均賦，曷若置此，使之奉常時用乎。」琦是其對。還朝，用爲三司鹽鐵判官，以比部員外郎出知遂州。

瀘南有邊事，調度苛棘，純禮一以靜待之，辨其可具者，不取於民。民圖像于廬，而奉之如神，名曰「范公庵」。草場火，民情疑怖，守吏惕息俟誅。純禮曰：「草濕則生火，何足怪！」但使密償之。庫吏盜絲多罪至死，純禮曰：「以棼然之絲而殺之，吾不忍也。」聽其家趣買以贖，命釋其株連者。除戶部郎中、京西轉運副使。

元祐初，入爲吏部郎中，遷左司。又遷太常少卿、江淮荆浙發運使。以光祿卿召，遷刑部侍郎，進給事中。純禮凡所封駮，正名分紀綱，皆國體之大者。張耒〔七〕除起居舍人，病未能朝，而令先供職。純禮批勑曰：「臣僚未有以疾謁告，不赴朝參先視事者。耒未能供職，豈不能見君？壞禮亂法，所不當爲。」聞者皆悚動。御史中丞擊執政，將遂代其位，先以諷純禮。純禮曰：「論人而奪之位，寧不避嫌邪？命果下，吾必還之。」宰相卽徙純禮刑部侍郎，而後出命。轉吏部，改天章閣待制、樞密都承旨，去知亳州、提擧明道宮。

徽宗立，以龍圖閣直學士知開封府。前尹以刻深爲治，純禮曰：「寬猛相濟，聖人之訓。今處深文之後，若益以猛，是以火濟火也。方務去前之苛，猶慮未盡，豈有寬爲患也。」由是一切以寬處之。中旨鞫享澤村民謀逆，純禮審其故，此民入戲場觀優，歸途見匠者作桶，取而戴於首曰：「與劉先主如何？」遂爲匠擒。明日入對，徽宗問何以處之，對曰：「愚人村野無所知，若以叛逆蔽罪，恐辜好生之德，以不應爲杖之，足矣。」曰：「何以戒後人？」曰：「正欲外間知陛下刑憲不濫，足以爲訓爾。」徽宗從之。

拜禮部尚書，擢尚書右丞。侍御史陳次升乞除罷言官並自內批，不由三省進擬，右相曾布力爭不能得，乞降黜次升。純禮徐進曰：「次升何罪？不過防柄臣各引所親，且去不附己者爾。」徽宗曰：「然。」乃寢布議。

呂惠卿告老，徽宗問執政，執政欲許之。純禮曰：「惠卿嘗輔政，其人固不足重，然當存國體。」曾布奏：「議者多憂財用不足，此非所急也，願陛下勿以爲慮。」純禮曰：「古者無三年之蓄，曰國非其國。今大農告匱，帑庾枵空，而曰不足慮，非面謾邪？」因從容諫曰：「邇者朝廷命令，莫不是元豐而非元祐。以臣觀之，神宗立法之意固善，吏推行之，或有失當，以致病民。宣仁聽斷，一時小有潤色，蓋大臣識見異同，非必盡懷邪爲私也。今議論之臣，有不得志，故挾此藉口。以元豐爲是，則欲賢元豐之人；以元祐爲非，則欲斥元祐之士。其心豈恤國事？直欲快私忿以售其姦，不可不深察也。」

又曰：「自古天下汨亂，繫於用人。祖宗於此，最得其要。太祖用呂餘慶，太宗用王禹偁，眞宗用張知白，皆從下列置諸要途。人君欲得英傑之心，固當不次飭拔。必待薦而後用，則守正特立之士，將終身晦迹矣。」左司諫江公望論繼述事當執中道，不可拘一偏。徽宗出示其疏，純禮贊之曰：「願陛下以曉中外，使知聖意所嚮，亦足以革小人徇利之情。乞褒遷公望，以勸來者。」

純禮沉毅剛正，曾布憚之，激駙馬都尉王詵曰：「上欲除君承旨，范右丞不可。」詵怒。會詵館遼使，純禮主宴，詵誣其輒斥御名，罷爲端明殿學士、知潁昌府，提舉崇福宮。崇寧中，啓黨禁，貶試少府監，分司南京。又貶靜江軍節度副使，徐州安置，徙單州。五年，復左朝議大夫，提舉鴻慶宮。卒，年七十六〔八〕。

純粹字德孺，以蔭遷至贊善大夫、檢正中書刑房，與同列有爭，出知滕縣，遷提舉成都諸路茶場。元豐中，爲陝西轉運判官。時五路出師伐西夏：高遵裕出環慶，劉昌祚出涇原，李憲出熙河，种諤出鄜延，王中正出河東。遵裕怒昌祚後期，欲按誅之，昌祚憂恚病臥，其麾下皆憤焉。純粹恐兩軍不協，致生他變，勸遵裕往問昌祚疾，其難遂解。神宗責諸將無功，謀欲再舉。純粹奏：「關陝事力單竭，公私大困，若復加騷動，根本可憂。異時言者必職臣是咎，臣寧受盡言之罪于今日，不忍默默以貽後悔。」神宗納之，進爲副使。

吳居厚爲京東轉運使，數獻羨賦。神宗將以徐州大錢二十萬緡助陝西，純粹語其僚曰：「吾部雖急，忍復取此膏血之餘？」卽奏：「本路得錢誠爲利，自徐至邊，勞費甚矣。」懇辭弗受。入爲右司郎中。哲宗立，居厚敗，命純粹以直龍圖閣往代之，盡革其苛政。時蘇軾自登州召還，純粹與軾同建募役之議，軾謂純粹講此事尤爲精詳。

復代兄純仁知慶州。時與夏議分疆界，純粹請棄所取夏地，曰：「爭地未棄，則邊隙無時可除。如河東之葭蘆、吳堡，鄜延之米脂、義合〔九〕、浮圖，環慶之安疆，深在夏境，於漢界地利形勢，略無所益。而蘭、會之地，耗蠹尤深，不可不棄。」所言皆略施行。純粹又言：「諸路策應，舊制也。自徐禧罷策應，若夏兵大舉，一路攻圍，力有不勝，而鄰路拱手坐觀，其不拔者幸爾。今宜修明戰守救援之法。」朝廷是之。及夏侵涇原，純粹遣將曲珍救之，曰：「本道首建應援牽制之策，臣子之義，忘軀徇國，無謂鄰路被寇，非我職也。」珍卽日疾馳三百里，破之於曲律，擣橫山，夏衆遁去。元祐中，除寶文閣待制，再任，召爲戶部侍郎，又出知延州。

紹聖初，哲宗親政，用事者欲開邊釁，御史郭知章遂論純粹元祐棄地事，降直龍圖閣。明年，復以寶文閣待制知熙州。章惇、蔡卞經略西夏，疑純粹不與共事，改知鄧州。歷河南府、滑州，旋以元祐黨人奪職，知均州。徽宗立，起知信州，復故職，知太原，加龍圖閣直學士，再臨延州。改知永興軍。尋以言者落職，知金州，提舉鴻慶宮。又責常州別駕，鄂州安置，錮子弟不得擅入都。會赦，復領祠。久之，以右文殿修撰提舉太清宮。黨禁解，復徽猷閣待制，致仕。卒，年七十餘。

純粹沉毅有幹略，才應時須，嘗論賣官之濫，以爲：「國法固許進納取官，然未嘗聽其理選。今西北三路，許納三千二百緡買齋郎，四千六百緡買供奉職，並免試注官。夫天下士大夫服勤至于垂死，不霑世恩，其富民猾商，捐錢千萬，則可任三子，切爲朝廷惜之。」疏上，不聽。凡論事剴切類此。

純仁字堯夫，其始生之夕，母李氏夢兒墮月中，承以衣裾，得之，遂生純仁。資警悟，八歲，能講所授書。以父任爲太常寺太祝。中皇祐元年進士第，調知武進縣，以遠親不赴；易長葛，又不往。仲淹曰：「汝昔日以遠爲言，今近矣，復何辭？」純仁曰：「豈可重於祿食，而輕去父母邪？雖近，亦不能遂養焉。」仲淹門下多賢士，如胡瑗、孫復、石介、李覯之徒，純仁皆與從游。晝夜肄業，至夜分不寢，置燈帳中，帳頂如墨色。

仲淹沒，始出仕，以著作佐郎知襄城縣。兄純祐有心疾，奉之如父，藥膳居服，皆躬親時節之。賈昌朝守北都，請參幕府，以兄辭。宋庠薦試館職，謝曰：「輦轂之下，非兄養疾地也。」富弼責之曰：「臺閣之任豈易得？何庸如是。」卒不就。襄城民不蠶織，勸使植桑，有罪而情輕者，視所植多寡除其罰，民益賴慕，後呼爲「著作林」。兄死，葬洛陽。韓琦、富弼貽書洛尹，使助其葬，既葬，尹訝不先聞。純仁曰：「私室力足辦，豈宜慁公爲哉？」

簽書許州觀察判官、知襄邑縣。縣有牧地，衞士牧馬，以踐民稼，純仁捕一人杖之。牧地初不隸縣，主者怒曰：「天子宿衞，令敢爾邪？」白其事于上，劾治甚急。純仁言：「養兵出於稅畝，若使暴民田而不得問，稅安所出？」詔釋之，且聽牧地隸縣。凡牧地隸縣，自純仁始。時旱久不雨，純仁籍境內賈舟，諭之曰：「民將無食，爾所販五穀，貯之佛寺，候食闕時吾爲糶之。」衆賈從命，所蓄十數萬斛。至春，諸縣皆饑，獨境內民不知也。

治平中，擢江東轉運判官，召爲殿中侍御史，遷侍御史。時方議濮王典禮，宰相韓琦、參知政事歐陽脩等議尊崇之。翰林學士王珪等議，宜如先朝追贈期親尊屬故事。純仁言：

「陛下受命仁宗而爲之子，與前代定策入繼之主異，宜如王珪等議。」繼與御史呂誨等更論奏，不聽。純仁還所授告敕，家居待罪。既而皇太后手書尊王爲皇，夫人爲后。純仁復言：「陛下以長君臨御，奈何使命出房闈，異日或爲權臣矯託之地，非人主自安計。」尋詔罷追尊，起純仁就職。純仁請出不已，遂通判安州，改知蘄州。歷京西提點刑獄、京西陝西轉運副使。

召還，神宗問陝西城郭、甲兵、糧儲如何，對曰：「城郭粗全，甲兵粗修，糧儲粗備。」神宗愕然曰：「卿之才朕所倚信，何爲皆言粗？」對曰：「粗者未精之辭，如是足矣。願陛下且無留意邊功，若邊臣觀望，將爲他日意外之患。」拜兵部員外郎，兼起居舍人、同知諫院。奏言：「王安石變祖宗法度，掊克財利，民心不寧。書曰：『怨豈在明，不見是圖。』願陛下圖不見之怨。」神宗曰：「何謂不見之怨？」對曰：「杜牧所謂『天下之人，不敢言而敢怒』是也。」神宗嘉納之，曰：「卿善論事，宜爲朕條古今治亂可爲監戒者。」乃作尚書解以進，曰：「其言，皆堯、舜、禹、湯、文、武之事也。治天下無以易此，願深究而力行之。」加直集賢院、同修起居注。

神宗切於求治，多延見疏逖小臣，咨訪闕失。純仁言：「小人之言，聽之若可采，行之必有累。蓋知小忘大，貪近昧遠，願加深察。」富弼在相位，稱疾家居。純仁言：「弼受三朝眷倚，當自任天下之重，而恤己深於恤物，憂疾過於憂邦，致主處身，二者胥失。弼與先臣素厚，臣在諫省，不敢私謁以致忠告，願示以此章，使之自省。」又論呂誨不當罷御史中丞，李師中不可守邊。

及薛向任發運使，行均輸法於六路。純仁言：「臣嘗親奉德音，欲修先王補助之政。今乃效桑羊均輸之法，而使小人爲之，掊克生靈，斂怨基禍。安石以富國強兵之術，啓迪上心，欲求近功，忘其舊學。尙法令則稱商鞅，言財利則背孟軻，鄙老成爲因循，棄公論爲流俗，異己者爲不肖，合意者爲賢人。劉琦、錢顗等一言，便蒙降黜。在廷之臣，方大半趨附，陛下又從而驅之，其將何所不至。道遠者理當馴致，事大者不可速成，人材不可急求，積敝不可頓革。儻欲事功亟就，必爲憸佞所乘，宜速還言者而退安石，答中外之望。」不聽。遂求罷諫職，改判國子監，去意愈確。執政使諭之曰：「毋輕去，已議除知制誥矣。」純仁曰：「此言何爲至於我哉，言不用，萬鍾非所顧也。」

其所上章疏，語多激切。神宗悉不付外，純仁盡錄申中書，安石大怒，乞加重貶。神宗曰：「彼無罪，姑與一善地。」命知河中府，徙成都路轉運使。以新法不便，戒州縣未得遽行。安石怒純仁沮格，因讒者遣使欲捃摭私事，不能得。使者以他事鞭傷傳言者，屬官喜謂純仁曰：「此一事足以塞其謗，請聞于朝。」純仁既不奏使者之過，亦不折言者之非。後竟坐失察僚佐燕游，左遷知和州，徙邢州。未至，加直龍圖閣、知慶州。

過闕入對，神宗曰：「卿父在慶著威名，今可謂世職。卿隨父既久，兵法必精，邊事必熟。」純仁揣神宗有功名心，卽對曰：「臣儒家，未嘗學兵，先臣守邊時，臣尚幼，不復記憶，且今日事勢宜有不同。陛下使臣繕治城壘，愛養百姓，不敢辭；若開拓侵攘，願別謀帥臣。」神宗曰：「卿之才何所不能，顧不肯爲朕悉心爾。」遂行。

秦中方饑，擅發常平粟振貸。僚屬請奏而須報，純仁曰：「報至無及矣，吾當獨任其責。」或謗其所全活不實，詔遣使按視。會秋大稔，民讙曰：「公實活我，忍累公邪？」晝夜爭輸還之。使者至，已無所負。邠、寧間有叢冢，使者曰：「全活不實之罪，於此得矣。」發冢籍骸上之。詔本路監司窮治，迺前帥楚建中所封也。朝廷治建中罪，純仁上疏言：「建中守法，申請間不免有殍死者，已坐罪罷去。今緣按臣而及建中，是一罪再刑也。」建中猶贖銅三十斤。環州种古執熟羌爲盜，流南方，過慶呼寃，純仁以屬吏，非盜也。古避罪讕訟，詔御史治于寧州。純仁就逮，民萬數遮馬涕泗，不得行，至有自投于河者。獄成，古以誣告謫。亦加純仁以他過，黜知信陽軍。

移齊州。齊俗凶悍，人輕爲盜刼。或謂：「此嚴治之猶不能戢，公一以寬，恐不勝其治矣。」純仁曰：「寬出於性，若強以猛，則不能持久；猛而不久，以治凶民，取玩之道也。」有西司理院，繫囚常滿，皆屠販盜竊而督償者。純仁曰：「此何不保外使輸納邪？」通判曰：「此釋之，復紊，官司往往待其以疾斃於獄中，是與民除害爾。」純仁曰：「法不至死，以情殺之，豈理也邪？」盡呼至庭下，訓使自新，即釋去。期歲，盜減比年大半。

巧罷，提舉西京留司御史臺。時耆賢多在洛，純仁及司馬光，皆好客而家貧，相約爲眞率會，脫粟一飯，酒數行，洛中以爲勝事。復知河中，諸路閱保甲妨農，論救甚力。錄事參軍宋儋年暴死，純仁使子弟視喪，小殮，口鼻血出。純仁疑其非命，按得其妾與小吏姦，因會，寘毒鼈肉中。純仁問食肉在第幾巡，曰：「豈有旣中毒而尙能終席者乎？」再訊之，則儋年素不食鼈，其曰毒鼈肉者，蓋妾與吏欲爲變獄張本，以逃死爾。實儋年醉歸，毒於酒而殺之。遂正其罪。

哲宗立，復直龍圖閣、知慶州。召爲右諫議大夫，以親嫌辭，改天章閣待制兼侍講，除給事中。時宣仁后垂簾，司馬光爲政，將盡改熙寧、元豐法度。純仁謂光：「去其泰甚者可也。差役一事，尤當熟講而緩行，不然，滋爲民病。願公虛心以延衆論，不必謀自己出；謀自己出，則諂諛得乘間迎合矣。役議或難回，則可先行之一路，以觀其究竟。」光不從，持之益堅。純仁曰：「是使人不得言爾。若欲媚公以爲容悅，何如少年合安石以速富貴哉。」又云：「熙寧按問自首之法，旣已改之，有司立文太深，四方死者視舊數倍，殆非先王寧失不經之意。」純仁素與光同志，及臨事規正，類如此。初，种古因誣純仁停任。至是，純仁薦爲永興軍路鈐轄，又薦知隰州。每自咎曰：「先人與种氏上世有契義，純仁不肖，為其子孫所訟，寧論曲直哉。」

元祐初，進吏部尚書，數日，同知樞密院事。初，純仁與議西夏，請罷兵棄地，使歸所掠漢人，執政持之未決。至是，乃申前議，又請歸一漢人予十縑。事皆施行。邊俘鬼章以獻，純仁請誅之塞上，以謝邊人，不聽。議者欲致其子，收河南故地，故赦不殺。後又欲官之，純仁復固爭，然鬼章子卒不至。

三年，拜尚書右僕射兼中書侍郎。純仁在位，務以博大開上意，忠篤革士風。章惇得罪去，朝廷以其父老，欲畀便郡，既而中止。純仁請置往咎而念其私情。鄧綰帥淮東，言者斥之不已。純仁言：「臣嘗為綰誣奏坐黜，今日所陳為綰也，左降不宜錄人之過太深。」宣仁后嘉納。因下詔：「前日希合附會之人，一無所問。」

學士蘇軾以發策問為言者所攻，韓維無名罷門下侍郎補外。純仁奏軾無罪，維盡心國家，不可因譖黜官。及王覿言事忤旨，純仁慮朋黨將熾，與文彥博、呂公著辨於簾前，未解。純仁曰：「朝臣本無黨，但善惡邪正，各以類分。彥博、公著皆累朝舊人，豈容雷同罔上。昔先臣與韓琦、富弼同慶曆柄任，各舉所知。當時飛語指為朋黨，三人相繼補外。造謗者公相慶曰：『一網打盡。』此事未遠，願陛下戒之。」因極言前世朋黨之禍，并錄歐陽脩朋黨論以進。

知漢陽軍吳處厚傅致蔡確安州車蓋亭詩，以爲謗宣仁后，上之。諫官欲寘於典憲，執政右其說，唯純仁與左丞王存以爲不可。爭之未定，聞太師文彥博欲貶於嶺嶠，純仁謂左相呂大防曰：「此路自乾興以來，荆棘近七十年，吾輩開之，恐自不免。」大防遂不敢言。及確新州命下，純仁於宣仁后簾前言：「聖朝宜務寬厚，不可以語言文字之間曖昧不明之過，誅竄大臣。今舉動宜與將來爲法，此事甚不可開端也。且以重刑除惡，如以猛藥治病，其過也，不能無損焉。」又與王存諫於哲宗，退而上疏，其略云：「蓋如父母之有逆子，雖天地鬼神不能容貸，父子至親，主於恕而已。若處之必死之地，則恐傷恩。」確卒貶新州。

大防奏確黨人甚盛，不可不問。純仁面諫朋黨難辨，恐誤及善人。遂上疏曰：「朋黨之起，蓋因趣向異同，同我者謂之正人，異我者疑爲邪黨。既惡其異我，則逆耳之言難至；既喜其同我，則迎合之佞日親。以至眞僞莫知，賢愚倒置，國家之患，率由此也。至如王安石，止因喜同惡異，遂至黑白不分，至今風俗，猶以觀望爲能，後來柄臣，固合永爲商鑑。今蔡確不必推治黨人，旁及枝葉。臣聞孔子曰：『舉直錯諸枉，能使枉者直。』則是舉用正直，而可以化枉邪爲善人，不仁者自當屏迹矣。何煩分辨黨人，或恐有傷仁化。」司諫吳安詩、正言劉安世交章擊純仁黨確，純仁亦力求罷。

明年，以觀文殿學士知潁昌府。踰年，加大學士、知太原府。其境土狹民衆，惜地不葬。純仁遣僚屬收無主燼骨，别男女異穴，葬者三千餘。又推之一路，葬以萬數計。夏人犯境，朝廷欲罪將吏。純仁自引咎求貶。秋，有詔貶官一等，徙河南府，再徙潁昌。

召還，復拜右僕射。因入謝，宣仁后簾中諭曰：「或謂卿必先引用王覿、彭汝礪，卿宜與呂大防一心。」對曰：「此二人實有士望，臣終不敢保位蔽賢，望陛下加察。」純仁將再入也，楊畏不悦，嘗有言，純仁不知。至是，大防約畏爲助，欲引爲諫議大夫。純仁曰：「諫官當用正人，畏不可用。」大防曰：「豈以畏嘗言公邪？」純仁始知之。後畏叛大防，凡有以害大防者，無所不至。宣仁后寢疾，召純仁曰：「卿父仲淹，可謂忠臣。在明肅皇后垂簾時，唯勸明肅盡母道；明肅上賓，唯勸仁宗盡子道。卿當似之。」純仁泣曰：「敢不盡忠。」

宣仁后崩，哲宗親政，純仁乞避位。哲宗語呂大防曰：「純仁有時望，不宜去，可爲朕留之。」且趣入見，問：「先朝行青苗法如何？」對曰：「先帝愛民之意本深，但王安石立法過甚，激以賞罰，故官吏急切，以致害民。」退而上疏，其要以爲「青苗非所當行，行之終不免擾民也」。

是時，用二三大臣，皆從中出，侍從、臺諫官，亦多不由進擬。純仁言：「陛下初親政，四方拭目以觀，天下治亂，實本於此。舜舉皋陶，湯舉伊尹，不仁者遠。縱未能如古人，亦須極天下之選。」又羣小力排宣仁后垂簾時事，純仁奏曰：「太皇保佑聖躬，功烈誠心，幽明共監，議者不恤國事，一何薄哉。」遂以仁宗禁言明肅垂簾事詔書上之。曰：「望陛下稽倣而行，以戒薄俗。」

蘇轍論殿試策問，引漢昭變武帝法度事。哲宗震怒曰：「安得以漢武比先帝？」轍下殿待罪，衆不敢仰視。純仁從容言：「武帝雄才大略，史無貶辭。轍以比先帝，非謗也。陛下親事之始，進退大臣，不當如訶叱奴僕。」右丞鄧潤甫越次曰：「先帝法度，爲司馬光、蘇轍壞盡。」純仁曰：「不然，法本無弊，弊則當改。」哲宗曰：「人謂秦皇、漢武。」純仁曰：「轍所論，事與時也，非人也。」哲宗爲之少霽。轍平日與純仁多異，至是乃服謝純仁曰：「公佛地位中人也。」轍竟落職知汝州。

全臺言蘇軾行呂惠卿告詞，訕謗先帝，黜知英州。純仁上疏曰：「熙寧法度，皆惠卿附會王安石建議，不副先帝愛民求治之意。至垂簾之際，始用言者，特行貶竄，今已八年矣。言者多當時御史，何故畏避不卽納忠，今乃有是奏，豈非觀望邪？」御史來之邵言高士敦任成都鈐轄日不法事，及蘇轍所謫太近。純仁言：「之邵爲成都監司，士敦有犯，自當按發。轍與政累年，之邵已作御史，亦無糾正，今乃繼有二奏，其情可知。」

純仁凡薦引人材，必以天下公議，其人不知自純仁所出。或曰：「爲宰相，豈可不牢籠天下士，使知出於門下？」純仁曰：「但朝廷進用不失正人，何必知出於我邪？」哲宗既召章惇爲相，純仁堅請去，遂以觀文殿大學士加右正議大夫知潁昌府。入辭，哲宗曰：「卿不肯爲朕留，雖在外，於時政有見，宜悉以聞，毋事形迹。」徙河南府，又徙陳州。初，哲宗嘗言：「貶謫之人，殆似永廢。」純仁前賀曰：「陛下念及此，堯、舜用心也。」

既而呂大防等竄嶺表，會明堂肆赦，章惇先期言：「此數十人，當終身勿徙。」純仁聞而憂憤，欲齋戒上疏申理之。所親勸以勿爲觸怒，萬一遠斥，非高年所宜。純仁曰：「事至於此，無一人敢言，若上心遂回，所繫大矣。不然，死亦何憾。」乃疏曰：「大防等年老疾病，不習水土，炎荒非久處之地，又憂虞不測，何以自存。臣曾與大防等共事，多被排斥，陛下之所親見。臣之激切，止是仰報聖德。向來章惇、呂惠卿雖爲貶謫，不出里居。臣向曾有言，深蒙陛下開納，陛下以一蔡確之故，常軫聖念。今趙彥若已死貶所，將不止一蔡確矣。願陛下斷自淵衷，將大防等引赦原放。」疏奏，忤惇意，詆爲同罪，落職知隨州。

明年，又貶武安軍節度副使，永州安置。時疾失明，聞命怡然就道。或謂近名，純仁曰：「七十之年，兩目俱喪，萬里之行，豈其欲哉？但區區之愛君，有懷不盡，若避好名之嫌，則無爲善之路矣。」每戒子弟毋得小有不平，聞諸子怨章惇，純仁必怒止之。江行赴貶所，舟覆，扶純仁出，衣盡濕。顧諸子曰：「此豈章惇爲之哉？」既至永，韓維責均州，其子訴維執政日與司馬光不合，得免行。純仁之子欲以純仁與光議役法不同爲請，純仁曰：「吾用君實薦，以至宰相。昔同朝論事不合則可，汝輩以爲今日之言，則不可也。有愧心而生者，不若無愧心而死。」其子乃止。

居三年，徽宗即位，欽聖顯肅后同聽政，即日授純仁光祿卿，分司南京，鄧州居住。遣中使至永賜茶藥，諭曰：「皇帝在藩邸，太皇太后在宮中，知公先朝言事忠直，今虛相位以待，不知目疾如何，用何人醫之。」純仁頓首謝。道除右正議大夫、提舉崇福宮。不數月，以觀文殿大學士、中太一宮使詔之。有曰：「豈唯尊德尙齒，昭示寵優；庶幾鯁論嘉謀，日聞忠告。」純仁以疾，捧詔而泣曰：「上果用我矣，死有餘責。」徽宗又遣中使賜茶藥，促入覲，仍宣渴見之意。

純仁乞歸許養疾，徽宗不得已許之。每見輔臣問安否，乃曰：「范純仁，得一識面足矣。」遂遣上醫視疾。疾小愈，丐以所得冠帔改服色酬醫。詔賜醫章服，令以冠帔與族姪。疾革，以宣仁后誣謗未明爲恨。呼諸子口占遺表，命門生李之儀次第之。其略云：「蓋嘗先天下而憂，期不負聖人之學，此先臣所以教子，而微臣資以事君。」又云：「惟宣仁之誣謗未明，致保佑之憂勤不顯。」又云：「未解疆場之嚴，幾空帑藏之積。有城必守，得地難耕。」凡八事。建中靖國改元之旦，受家人賀。明日，熟寐而卒，年七十五。詔賻白金三十兩，敕許洛官給其葬、賵開府儀同三司，謚曰忠宣，御書碑額曰「世濟忠直之碑」。

純仁性夷易寬簡，不以聲色加人，誼之所在，則挺然不少屈。自爲布衣至宰相，廉儉如一，所得奉賜，皆以廣義莊；前後任子恩，多先疏族。沒之日，幼子、五孫猶未官。嘗曰：「吾平生所學，得之忠恕二字，一生用不盡。以至立朝事君，接待僚友，親睦宗族，未嘗須臾離此也。」每戒子弟曰：「人雖至愚，責人則明；雖有聰明，恕己則昏。苟能以責人之心責己，恕己之心恕人，不患不至聖賢地位也。」又戒曰：「六經，聖人之事也。知一字則行一字。要須『造次顚沛必於是』，則所謂『有爲者亦若是』爾。豈不在人邪？」

弟純粹在關陝，純仁慮其於西夏有立功意。與之書曰：「大輅與柴車爭逐，明珠與瓦礫相觸，君子與小人鬥力，中國與外邦校勝負，非唯不可勝，兼亦不足勝，不唯不足勝，雖勝亦非也。」親族有請教者，純仁曰：「惟儉可以助廉，惟恕可以成德。」其人書於坐隅。有文集五十卷，行于世。子正平、正思。

正平字子夷，學行甚高，雖庸言必援孝經、論語。父純仁卒，詔特增遺澤，官其子孫，正平推與幼弟。紹聖中，爲開封尉，有向氏於其墳造慈雲寺。戶部尚書蔡京以向氏后戚，規欲自結，奏拓四鄰田廬。民有訴者，正平按視，以爲所拓皆民業，不可奪；民又撾鼓上訴，京坐罰金二十斤，用是蓄恨正平。

及當國，乃言正平嬌撰父遺表。又謂李之儀所述純仁行狀，妄載中使蔡克明傳二聖虛佇之意，遂以正平逮之儀、克明同詣御史府。正平將行，其弟正思曰：「議行狀時，兄方營窀穸之事，參預筆削者，正思也，兄何爲哉？」正平曰：「時相意屬我，且我居長，我不往，兄弟俱將不免，不若身任之。」遂就獄，捶楚甚苦，皆欲誣服。獨克明曰：「舊制，凡傳聖語，受本於御前，請寶印出，注籍於內東門。」使從其家得永州傳宣聖語本有御寶，又驗內東門籍皆同。其遺表八事，諸子以朝廷大事，防後患，不敢上之，繳申潁昌府印寄軍資庫。自潁昌取至，亦實。獄遂解。正平羈管象州，之儀羈管太平州。正平家屬死者十餘人。

會赦，得歸潁昌。唐君益爲守，表其所居爲忠直坊，取所賜「世濟忠直」碑額也。正平告之曰：「此朝廷所賜，施於金石，揭於墓隧，假寵於范氏子孫則可；若於通途廣陌中爲往來之觀，以聳動庸俗，不可也。」君益曰：「此有司之事，君家何預焉？」正平曰：「先祖先君功名，人所知也。十室之邑，必有忠信，異時不獨吾家詒笑，君亦受其責矣。」竟撤去之。正平退閑久，益工詩，尤長五言，著荀里退居編，以壽終。

論曰：自古一代帝王之興，必有一代名世之臣。宋有仲淹諸賢，無愧乎此。仲淹初在制中，遺宰相書，極論天下事，他日爲政，盡行其言。諸葛孔明草廬始見昭烈數語，生平事業備見於是。豪傑自知之審，類如是乎！考其當朝，雖不能久，然先憂後樂之志，海內固已信其有弘毅之器，足任斯責，使究其所欲爲，豈讓古人哉！

純仁位過其父，而幾有父風。元祐建議攻熙、豐太急，純仁救蔡確一事，所謂謀國甚遠，當世若從其言，元祐黨錮之禍，不至若是烈也。仲淹謂諸子，純仁得其忠，純禮得其靜，純粹得其略。知子孰與父哉！

校勘記

〔一〕純祐　據隆平集卷八、東都事略卷五九上范仲淹傳，和范文正公集尺牘卷上與中舍二子三監簿四太祝、范純仁范忠宣公集補編范純佑家傳、呂祖謙宋文鑑卷一三九富弼范純佑墓誌銘，當作「純佑」，下文同。

〔二〕復置陝西路安撫經略招討使　長編卷一三八作「陝西四路經略安撫招討使」。當是。

〔三〕守令皆得不誅「得不」二字原倒。按東都事略卷五九上本傳，上文所謂「不能守者」，係指知高郵軍晁仲約。富弼時在樞府，議欲誅之。仲淹以爲「高郵無兵無械，仲約之義當勉力戰守，然事有可恕，戮之恐非法意」。仁宗從之，仲約由此免死。據此，從本卷殿本考證乙正。

〔四〕進擬　原作「進擢」，據范仲淹范文正公集奏議上奏乞兩府兼判改。

〔五〕陝西四路安撫使　「安撫」原作「宣撫」，據本書卷二一一宰輔表、歐陽修歐陽文忠公文集卷二〇范仲淹神道碑銘改。

〔六〕將作監　原作「將作院」，據同上范純佑家傳、范純佑墓誌銘改。

〔七〕張耒　原作「張來」，據東都事略卷五九下范純禮傳改；本書卷四四四有張耒傳，曾任起居舍人。下文同。

〔八〕年七十六　「七」、「六」二字原倒，據東都事略卷五九下本傳、范忠宣公集補編范純禮家傳乙正。

〔九〕義合　原作「羲合」，據范忠宣公集補編范純粹家傳，參考本書卷八七地理志改。

宋史卷三百一十五

列傳第七十四

韓億 子綜 韓絳 子宗師 韓維 韓縝 子宗武

韓億字宗魏，其先眞定靈壽人，徙開封之雍丘。舉進士，爲大理評事、知永城縣，有治聲。他邑訟不決者，郡守皇甫選輒屬億治之。通判陳州，會河決，治隄費萬計，億不賦民而營築之。眞宗嘗欲召試，而與王旦有親嫌，特召見，改一官知洋州。州豪李甲，兄死迫嫂使嫁，因誣其子爲他姓，以專其貲。嫂訴於官，甲輒賂吏掠服之，積十餘年，訴不已。億視舊牘未嘗引乳醫爲證，召甲出乳醫示之，甲亡以爲辭，冤遂辨。累遷尚書屯田員外郎、知相州。河北旱，轉運使不以實聞，億獨言歲饑，願貸民租。有誣其子綱請求受金者，億請自置獄按之，事雖辨，猶降通判大名府。尋爲殿中侍御史，遷侍御史，安撫淮、浙，除開封府判官，出爲河北轉運使。

仁宗初，進直史館、知青州，以司封員外郎兼侍御史知雜事，判大理寺丞。吳植知臨江軍，使人納金於宰相王欽若，因牙吏至京師，審之，語頗洩，欽若知不可掩，執吏以聞。詔付臺治，而植自言未嘗納金，反誣吏誤以問所親語達欽若。億窮治之，蓋植以病懼廢，金未達而事已露也。植乃除名。幷按欽若，詔釋不問。三司更茶法，歲課不登，億承詔劾之，由丞相而下皆坐失當之罰，其不撓如此。自薛奎後，億獨掌臺務者踰年。

除龍圖閣待制，奉使契丹。時副使者，章獻外姻也，妄傳皇太后旨於契丹，諭以南北歡好傳示子孫之意，億初不知也。契丹主問億曰：「皇太后卽有旨，大使何獨不言？」億對曰：「本朝每遣使，皇太后必以此戒之，非欲達於北朝也。」契丹主大喜，曰：「此兩朝生靈之福也。」人謂副使既失辭，而億更以爲恩意，甚推美之。

知亳州，召知審刑院，再遷兵部郎中、同判吏部流內銓，以右諫議大夫、樞密直學士知益州。故事，益州歲出官粟六萬石，振糶貧民。是歲大旱，億倍數出粟，先期予民，民坐是不饑。又疏九升江口，下漑民田數千頃。維、茂州地接羌夷，蕃部歲至永康官場鬻馬，億慮其覘兩川，奏徙場黎州境上。拜御史中丞，請如唐制，置御史裏行。

景祐二年，以尚書工部侍郎同知樞密院事。時承平久，武備不戒，乃請二府各列上才任將帥者數十人，稍試用之。又言武臣宜知兵，而書禁不傳，請纂其要授之。於是帝親集神武秘略，以賜邊臣。

唃厮囉與趙元昊相攻，來獻捷。朝廷議加唃厮囉節制。億曰：「彼皆蕃臣也，今不能諭令解仇，乃因而加賞，非所以綏御四方也。」議遂寢。元昊歲遣人至京師，出入民間無他禁，億請下詔爲除館舍禮之，官主貿易，外雖若煩擾，實羈防之。

知開封府范仲淹獻百官圖，指宰相呂夷簡差除不平，而陰薦億可用。仲淹既貶，帝以諭億。億曰：「仲淹擧臣以公，臣之愚陛下所知；擧臣以私，則臣委質以來，未嘗交託於人。」遂除戶部、參知政事。會忻州地大震，諫官韓琦言宰相王隨、陳堯佐非輔弼才，又言億子綜爲羣牧判官，不當自請以兄綱代之，遂與宰相皆罷，知應天府，尋加資政殿學士、知成德軍。改澶州，復知亳州，官至尙書左丞，以太子少傅致仕。卒，贈太子太保，謚忠憲〔一〕。

億性方重，治家嚴飭，雖燕居，未嘗有惰容。見親舊之孤貧者，常給其昏葬。每見天下諸路有奏擿拾官吏小過者，輒顏色不懌，曰：「天下太平，聖主之心，雖昆蟲草木，皆欲使之得所。今仕者大則望爲公卿，次亦望爲侍從、職司一千石，其下亦望京朝、幕職，奈何錮之於盛世？」八子：綱、綜、絳、繹、維、縝、緯、緬。

綱，尙書水部員外郎〔二〕。慶曆中，知光化軍，性苛急，不能撫循士卒。會盜張海剽刼至境上，綱帥禁兵乘城，給餅餌多不時，民具酒食犒軍，輒收其羊豕，市錢製兵器，士皆憤怒。

又嘗命軍校作陣圖，不成，將斬之，衆益駭。一日，士方食，軍校邵興叱衆起勿食。綱怒，執數人繫獄。興懼，帥衆劫庫兵爲亂，欲殺綱。綱擕妻子縋城，由漢江而下。興等遂縱火掠城中，引衆趨蜀道，爲官兵所敗，遂斬之，餘黨悉誅。綱坐棄城除名，編管英州。

綜字仲文。蔭補將作監主簿，遷大理評事。舉進士中第，通判鄧州、天雄軍。會河溢金堤，民依丘冢者數百家。綜令曰：「能濟一人，予千錢。」民爭操舟栰以救，已而丘冢多潰。呂夷簡自北京入相，薦爲集賢校理、同知太常院。歷開封府推官，數月，遷三司戶部判官、同修起居注。

使契丹，契丹主問其家世，綜言億在先朝嘗持禮來，契丹主喜曰：「與中國通好久，父子俱使我，宜酌我酒。」綜率同使者五人起爲壽，契丹主亦離席酧之，歡甚。旣還，陳執中以爲生事，出知滑州，徙許州。

殿前指揮使許懷德從妹亡，有別產在陽翟，以無子，籍于官，懷德欲私有之，訟未決。因楊儀爲書屬綜，書至而轉運使已徙獄他州矣。綜坐得書不以聞，奪集賢校理，知袁州。未幾，復爲江東轉運使。還，再修起居注，累遷刑部員外郎、知制誥，卒。

綜嘗爲契丹館伴使，使者欲爲書稱北朝而去契丹號。綜曰：「自古未有建國而無號者。」

使慙，遂不復言。其後朝廷擇館伴契丹使者，帝曰：「孰有如韓綜者乎？」子宗道，爲戶部侍郎、寶文閣待制。

綱子宗彥，字欽聖。蔭補將作監主簿。舉進士甲科，累遷太常博士。以大臣薦，召試，爲集賢校理。歷提點京西、京東刑獄。應天府失入平民死罪，獄成未決，通判孫世寧辨正之。獄吏當坐法，而尹劉沆縱弗治；宗彥往按舉，沆復沮止之。宗彥疏沆于朝，抵吏罪。仁宗春秋高，未有嗣。宗彥上書曰：「漢章帝詔諸懷妊者賜胎養穀，人三斗，復其夫勿算一歲，著爲令。臣考尋世次，帝八子，長則和帝，而質、安以下諸帝皆其係胄，請修胎養之令。」且曰：「人君務蕃毓其民，則天亦昌衍其子孫矣。」以尙書兵部員外郎判三司鹽鐵勾院，卒。綜子宗道，歷官至戶部侍郎、寶文閣待制。

韓絳字子華。舉進士甲科，通判陳州。直集賢院，爲開封府推官。有男子冷青，妄稱其母頃在掖庭得幸，有娠而出生己，府以爲狂，奏流汝州。絳言，留之在外將惑衆。追責窮治，蓋其母嘗執役宮禁，嫁民冷緒，生一女，乃生青，遂論棄市。

歷戶部判官。江南饑，爲體量安撫使，行便民事數十條；宣州守廖詢貪暴不法，下吏寘諸理，民大悅。使還，同修起居注，擢右正言。仁宗謂絳曰：「用卿出自朕，卿凡論事，不宜沽激，當存朝廷大體，要令可行，毋使朕爲不聽諫者。」

入內都都知王守忠兼判內侍省〔三〕，絳言：「判名太重，且國朝以來，未有兼判兩省者。」詔自今勿復除。道士趙清貺出入宰相龐籍家，以賂敗，開封杖流之，道死。絳言籍諷府殺之，籍與尹俱謫去。未幾復進，絳力爭不得，遂解言職。明年，知制誥，乞守河陽，召判流內銓。河決商胡，用李仲昌議，開六塔河而患茲甚，命絳安撫河北〔四〕。時宰主仲昌，人莫敢異。絳劾其蠹國害民，罪不可貸，仲昌遂竄嶺表。遷龍圖閣直學士〔五〕、知瀛州。歐陽脩率同列言：「絳宜在朝廷，瀛非所處也。」留知諫院，糾察在京刑獄。爲翰林學士、御史中丞。

帝禱茅山求嗣，絳草祝辭，因勸帝汰出宮人，及限內臣養子，以重絕人之世，皆從之。掖庭劉氏通請謁爲姦，絳以告帝。帝曰：「非卿言朕無由知。」不數日，出劉氏及他不謹者。眞定守呂溱犯法，從官通章請貰之，絳曰：「法行當自貴者始，更相請援，則公道廢矣。」并劾諸請者，溱遂絀。富弼用張茂實掌禁兵，絳言：「人謂茂實爲先帝子，豈宜用典宿衞？」不報，闔門待罪，自言不敢復稱御史中丞。詔召之，及出，不秉笏穿朝堂，諫官論之，罷知蔡州。

數月，以翰林侍讀學士知慶州。熟羌據堡爲亂，卽日討平之。加端明殿學士、知成都府。張詠鎮蜀日，春糶米，秋糶鹽，官給券以惠貧弱，歷歲久，權歸豪右；中人奉使至蜀，使酒吏主貿易，因附益以取悅，絳悉奏罷之。召知開封府，爲三司使。請以川、陝職田穀輸常平倉，而隨其事任道里差次給直。帝歎曰：「衆方姑息，卿獨不能徇時邪！」即行之。內諸司吏數干恩澤，絳輒執不可。爲帝言：「身犯衆怒，懼有飛語。」帝曰：「朕在藩邸日，頗聞有司以國事爲人情。卿所守固善，何憚於讒？」

神宗立，韓琦薦絳有公輔器，拜樞密副使。始請建審官西院，掌武臣升朝者，以息吏姦。神宗嘗問天下遺利，絳請盡地力。因言差役之弊，願更定其法，役議自此始矣。代陳升之同制置三司條例，王安石每奏事，必曰：「臣見安石所陳非一，皆至當可用，陛下宜省察。」安石恃以爲助。

熙寧三年，參知政事。夏人犯塞，絳請行邊，安石亦請往。絳曰：「朝廷方賴安石，臣宜行。」乃以爲陝西宣撫使。既，又兼河東，幾事不可待報者，聽便宜施行，授以空名告敕，得自除吏。十二月，即軍中拜同中書門下平章事、昭文館大學士，開幕府於延安。絳素不習兵事，注措乖方，選蕃兵爲七軍，用知青澗城种諤策，欲取橫山，令諸將聽命於諤，厚賞犒蕃兵，衆皆怨望；又奪騎兵馬以與之，有抱馬首以泣者。既城囉兀，又冒雪築撫寧堡，調發騷然。已而二城陷，趣諸道兵出援，慶卒遂作亂。議者罪絳，罷知鄧州。明年，以觀文殿學士徙許州，進大學士，徙大名府。

七年，復代王安石相。既顓處中書，事多稽留不決，且數與呂惠卿爭論，乃密請帝再用安石。安石至，頗與絳異。有劉佐者，坐法免，安石欲拔用佐，絳不可。議帝前未決，卽再拜求去。帝驚曰：「此小事，何必爾？」對曰：「小事尚不伸，況大事乎！」帝爲逐佐。未幾，絳亦出知許州。

元豐元年，拜建雄軍節度使、知定州。入爲西太一宮使。六年，知河南府。夏，大雨，伊、洛間民被溺者十五六。絳發廩振恤，環城築隄，數月，水復至，民賴以免。哲宗立，更鎭江軍節度使、開府儀同三司，封康國公，爲北京留守。河決小吳，都水議傍魏城鑿渠東趨金隄，役甚棘。絳言：「功必不成，徒耗費國力，而使魏人流徙，非計也。」三奏，訖罷之。元祐二年，請老，以司空、檢校太尉致仕。明年，卒，年七十七。贈太傅，謚曰獻肅。

絳臨事果敢，不爲後慮。好延接士大夫，數薦司馬光可用，終以黨王安石復得政，是以清議少之。

子宗師，字傳道，以父任歷州縣職。既登第，王安石薦爲度支判官、提舉河北常平。累官至集賢殿修撰、知河中府，卒。初，宗師在神宗朝，數賜對，常弗忍去親側，屢辭官不拜，世以孝與之。

韓維字持國。以進士奏名禮部，方億輔政，不肯試大廷，受蔭入官。父沒後，閉門不仕。宰相薦其好古嗜學，安於靜退，召試學士院，辭不就。富弼辟河東幕府，史館修撰歐陽脩薦爲檢討、知太常禮院。禮官議祫享東向位，維請虛室以待太祖。温成后立廟用樂，維以爲不如禮，請一切裁去。議陳執中謚，以爲張貴妃治喪皇儀殿、追册位號，皆執中所建，宜曰榮靈。詔謚曰恭，維曰：「責難於君謂之恭，執中何以得此？」議訖不行，乞罷禮院。以祕閣校理通判涇州。

神宗封淮陽郡王、潁王，維皆爲記室參軍。王每事咨訪，維悉心以對，至拜起進趨之容，皆陳其節。嘗與論天下事，語及功名。維曰：「聖人功名，因事始見，不可有功名心。」王拱手稱善。聞維引疾請郡，上章留之。時禁中遣使泛至諸臣家，爲王擇妃。維上疏曰：「王孝友聰明，動履法度，方嚮經學，以觀成德。今卜族授室，宜歷選勳望之家，謹擇淑媛，考古納采、問名之義，以禮成之，不宜苟取華色而已。」

左、右史闕，英宗訪除授例，執政曰：「用館閣久次及進士高第者。」帝曰：「第擇人，不必專取高科。」執政以維對，遂同修起居注、侍邇英講。帝初免喪，簡默不言。維上疏曰：「邇英閣者，陛下燕閒之所也。侍於側者，皆獻納論思之臣。陳於前者，非經則史。可以博咨訪之義，窮仁義之道，究成敗之原。今禮制終畢〔六〕，臣下傾耳以聽玉音，陛下之言，此其時也。臣請執筆以俟。」進知制誥、知通進銀臺司。

御史呂誨等以濮議得罪，維諫曰：「誨等審議守職，不過欲陛下盡如先王之法而止爾。請追還前詔，令百官詳議，以盡人情；復誨等職任，以全政體。」既而責命不由門下，維又言：「罷黜御史，事關政體，而不使有司與聞，紀綱之失，無甚於此。乞解銀臺司。」不從，遂闔門待罪。有詔舉臺官二人，維言：「呂誨、范純仁有已試之效，願復其職。」翰林學士范鎮作批答不合旨，出補郡。維言：「鎮所失只在文字，當涵容之。前黜錢公輔，中外以爲太重，連退二近臣，而衆莫知其所謂，自此誰敢盡忠者？」

潁王爲皇太子，兼右庶子。神宗卽位，維進言：「百執事各有職位，當責任，若代之行事，最爲失體。天下大事不可猝爲，人君設施，自有先後。」因釋滕文公問孟子居喪之禮，推後世禮文之變，以伸規諷，帝皆嘉納。除龍圖閣直學士。

御史中丞王陶彈宰相韓琦爲跋扈，罷爲翰林學士。維言：「中丞之言是，宰相安得無罪？若其非是，安得止罷臺職？今爲學士，是遷也。」參知政事吳奎論陶事，出知青州。維言進退大臣，不當如是。詔還奎官。維又言：「執政罷免，則爲降黜；今復還官，則爲褒進。二者理難並行，此與王陶罷中丞而加學士何以異？」章上，奎還就職。維援前言求去，知汝州。數月，召兼侍講、判太常寺。

初，僖祖主已遷，及英宗祔廟，中書以爲僖祖與稷、契等，不應毁其廟。維言：「太祖戡定大亂，子孫遵業，爲宋太祖，無可議者。僖祖雖爲高祖，然仰迹功業，非有所因，若以所事稷、契事之，懼有所未安，宜如故便。」王安石方主初議，持不行。

熙寧二年，遷翰林學士、知開封府。明年，爲御史中丞，以兄絳在樞府，力辭之。安石亦惡其言保甲事，復使爲開封。始分置八廂決輕刑，轂下淸肅。時吳充爲三司使，帝曰：「維、充以文學進，及任煩劇，而皆稱職，可謂得人矣。」兼侍讀學士，充羣牧使。考試制舉人，孔文仲對策入等，以切直罷歸。維言：「陛下毋謂文仲爲一賤士，黜之何損。臣恐賢俊解體，忠良結舌，阿諛苟合者將窺隙而進，爲禍不細。」安石益惡之。

樞密使文彥博求去，帝曰：「密院事劇，當除韓維佐卿。」明日，維奏事殿中，以言不用，請郡。帝曰：「卿東宮舊人，當留以輔政。」對曰：「使臣言得行，賢於富貴；若緣攀附舊恩以進，非臣之願也。」遂出知襄州，改許州。

七年二月，召爲學士承旨。入對，帝曰：「天久不雨，朕日夜焦勞，奈何？」維曰：「陛下憂閔旱災，損膳避殿，此乃舉行故事，恐不足以應天變。當痛自責己，廣求直言。」退，又上疏曰：「近畿內諸縣，督索青苗錢甚急，往往鞭撻取足，至伐桑爲薪以易錢貨，旱災之際，重罹此苦。若夫動甲兵，危士民，匱財用於荒夷之地，朝廷處之不疑，行之甚銳。至於蠲除租稅，寬裕逋負，以救愁苦之民，則遲遲而不肯發。望陛下奮自英斷行之，過於養人，猶愈過於殺人也。」上感悟，卽命維草詔求直言。其略曰：「意者聽納不得於理與？獄訟非其情與？賦斂失其節與？忠言讜論鬱於上聞，而阿諛壅蔽以成其私者衆與？」詔出，人情大悅。有旨體量市易、免行利病，權罷方田、保甲，是日乃雨。

王安石罷，會絳入相，加端明殿學士、知河陽，復知許州。帝幸舊邸，進資政殿學士。曾鞏當制，稱其純明亮直，帝令改命詞。維知帝意，請提舉嵩山崇福宮。

帝崩，赴臨闕庭。宣仁后手詔勞問，維對曰：「人情貧則思富，苦則思樂，困則思息，鬱則思通。誠能常以利民爲本，則民富；常以憂民爲心，則民樂；賦役非人力所堪者去之，則勞困息；法禁非人情所便者蠲之，則鬱塞通。推此而廣之，盡誠而行之，則子孫觀陛下之德，不待敎而成矣。」

未幾，起知陳州，未行，召兼侍讀，加大學士。嘗言：「先帝以夏國主秉常廢，故興問罪之師。今旣復位，有蕃臣禮，宜還其故地。」因陳兵不可不息者三，地不可不棄者五。又言：

「仁宗選建儲嗣，一時忠勳皆被寵祿；范鎮首開此議，賞獨不及，願褒顯其功。」鎮於是復起用。

元祐更役法，命維詳定。時四方書疏多言其便，維謂司馬光曰：「小人議論，希意迎合，不可不察。」成都轉運判官蔡曚附會定差，維惡而劾之。執政欲廢王安石新經義，維以當與先儒之說並行，論者服其平。拜門下侍郎。御史張舜民以言事罷，王巖叟救之，折簡密詢上官均。語泄，詔巖叟分析。維曰：「臣下折簡聚談，更相督責，乃是相率爲善，何害於理？若瑣瑣責善，懼於國事無益也。」

維處東省踰年，有忌之者密爲讒愬，詔分司南京。尙書右司王存抗聲簾前曰：「韓維得罪，莫知其端，臣竊爲朝廷惜。」乃還大學士、知鄧州。兄絳爲之請，改汝州。久之，以太子少傅致仕，轉少師。

紹聖中，坐元祐黨，降左朝議大夫，再謫崇信軍節度副使，均州安置。諸子乞納官爵，聽父里居。哲宗覽奏惻然，許之。元符元年，以幸睿成宮，復左朝議大夫，是歲卒。年八十二。徽宗初，悉追復舊官。

韓縝字玉汝。登進士第，簽書南京判官。仁宗以水災求直言，縝上疏曰：「今國本未立，無以繫天下心，此陰盛陽微之應。」詞極剴切。劉沆薦其才，命編修三班敕。前此，武臣不執親喪。縝建言：「三年之服，古今通制；晉襄衰墨從戎，事出一時。」遂著令，自崇班以上聽持服。爲殿中侍御史。參知政事孫抃持祿充位；權陝西轉運副使薛向赴闕，樞密院輒畫旨除爲眞；劉永年以外戚除防禦使；內侍史志聰私役皇城親從：縝皆極論之。帝爲罷抃，寢向與永年之命，而正志聰罪。遷侍御史、度支判官，出爲兩浙、淮南轉運使，移河北。

夏諒祚死，子秉常嗣，遣使求封册。朝廷方責夏人不修職貢，欲擇人詰其使。縝適陛辭，神宗命之往。縝至驛問罪，使者引服，迨夜，奏上。帝喜，改使陝西。入知審官西院、直舍人院。以兄絳執政，改集賢殿修撰、鹽鐵副使，以天章閣待制知秦州。嘗宴客夜歸，指使傅勍被酒，誤隨入州宅，與侍妾遇，縝怒，令軍校以鐵裹杖箠殺之。勍妻持血衣，撾登聞鼓以訴，坐落職，分司南京。秦人語曰：「寧逢乳虎，莫逢玉汝。」其暴酷如此。久之，還待制、知瀛州。

熙寧七年，遼使蕭禧來議代北地界。召縝館客，遂報聘，令持圖牒致遼主，不克見而還。知開封府，禧再至，復館之。詔乘驛詣河東，與禧分畫，以分水嶺爲界。復命，賜襲衣、金帶，爲樞密都承旨，還龍圖閣直學士。元豐五年，官制行，易太中大夫、同知樞密，進知院事。

哲宗立，拜尙書右僕射兼中書侍郎。首相蔡確與章惇謀誣東朝，及確爲山陵使，縝暴其姦狀，由是東朝及外廷悉知之。確使還，欲以其屬高遵惠、張璪、韓宗文爲美官。宣仁后以訪縝，縝曰：「遵惠爲太后從父；璪者，中書郞璪之弟；宗文，臣姪也。今擢用非次，則是君臣各私其親，何以示天下？」乃止。

元祐元年，御史中丞劉摯、諫官孫覺蘇轍王覿，論縝才鄙望輕，在先朝爲奉使，割地六百里〔七〕以遺契丹，邊人怨之切骨，不可使居相位。章數十上，罷爲觀文殿大學士、知潁昌府。移永興、河南，拜安武軍節度使、知太原府，易節奉寧軍。請老，爲西太一宮使，以太子太保致仕。紹聖四年卒，年七十九。贈司空，謚曰莊敏。

縝外事莊重，所至以嚴稱。雖出入將相而寂無功烈，厚自奉養，世以比晉何曾云。子宗武。

宗武，第進士，韓宗彥鎭瀛州，辟爲河間令。値河溢，增隄護城，吏率兵五百伐材近郊，雖墓木亦不免，父老遮道泣，宗武入府白罷之。徽宗卽位，爲秘書丞，因日食上疏言：「近世事有微漸而不可不察者五：大臣不畏公論，小臣趨利附下，一也。人主怠於政事，威柄下移，怨讟歸上，二也。左右無輔拂之士，守邊無禦侮之臣，三也。開境土以速邊患，耗賦財以弊民力，四也。歲穀不登，倉庾空竭，民人流亡，盜賊數起，五也。根治朋黨，追復私怨，正士黜廢，耆老殲亡，旋起大獄，害及善類。文章號令，衰於前世。大河決溢，饑饉荐臻。執政大臣，人懷異意，排去舊怨，以立新黨，徒爲紛紛，無憂國忘家之慮。誠願躬攬權綱，收還威柄，敷言奏功，考察名實，不以侍御之好、鍾鼓之娛爲樂。仁祖惻怛至誠，以收天下之心；神宗厲精不息，以舉天下之事：皆所宜法。」不報。

哲宗將祔廟，中旨索省中書畫甚急。宗武言：「先帝祔廟，陛下哀慕方深，而丹青之玩，取索不已，播之于外，懼損聖德。陛下踐祚，如日初升，當講劘典訓，開廣聖學，好玩易志，正古人所戒也。」疏入，皇太后見之，怒曰：「是皆內侍數輩所爲爾。」欲盡加罰，帝委曲申救，乃已。明日，太后對宰相獎歎，令俟諫官員闕卽用之。尋除都官員外郎，改開封府推官。丐外，爲淮南轉運判官。前使者貸上供錢，禁庭遣使來索。宗武奏具狀，詞極鯁切，坐貶秩，罷歸。久之，蔡京欲以知潁州。帝語祕書事，京不敢復言，遂致仕。官累太中大夫，年八十二卒。

論曰：王稱〔六〕曰：「昔袁安未嘗以贓罪鞫人，史氏以其仁心，足以覃乎後昆。韓億不恱攟人小過，而君子知其後必大，皆盛德事也。億有子位公府，而行各有適。絳適於同，維適於正，縝適於嚴。嗚呼，維其賢哉！」

校勘記

〔一〕忠憲　原作「忠獻」，據隆平集卷七本傳、張方平樂全集卷三七韓億神道碑銘改。

〔二〕綱尚書水部員外郎　據本段文字，疑卷目「韓億子綜」之「子」下當有「綱」字。

〔三〕入內都都知王守忠兼判內侍省　「知」上一「都」字原脫，「侍」原作「行」。按長編卷一七五說，皇祐五年九月「壬辰，入內都都知、延福宮使、武信軍留後王守忠爲入內內侍省、內侍省都都知，諫官韓絳言：『宦者兼判二省，國朝所未有也。』」宋會要職官三六之一〇，記王守忠除官事略同。據補改。

〔四〕命絳安撫河北　「安撫」原作「宣撫」，按嘉祐元年六月，韓絳以知制誥爲河北體量安撫使，見宋會要職官四一之九一。東都事略卷五八本傳亦作「以絳安撫河北」，據改。

〔五〕龍圖閣直學士　「直」字原脫，據東都事略卷五八本傳、范純仁范忠宣公集卷一五韓絳墓誌銘補。

〔六〕今禮制終畢　「禮制」原作「體制」，據東都事略卷五八、琬琰集下編卷一七韓侍郎維傳改。

〔七〕六百里　按琬琰集下編卷二〇韓太保縝傳作「七百里」，東都事略卷五八本傳、徐自明宰輔編年錄卷九引孫覺等奏疏都作「七百餘里」。

〔八〕王稱　原作「王偁」，據宋會要崇儒五之四〇、東都事略卷五八韓億傳論改。